福建省森林游憩价值评价研究

陈钦 著

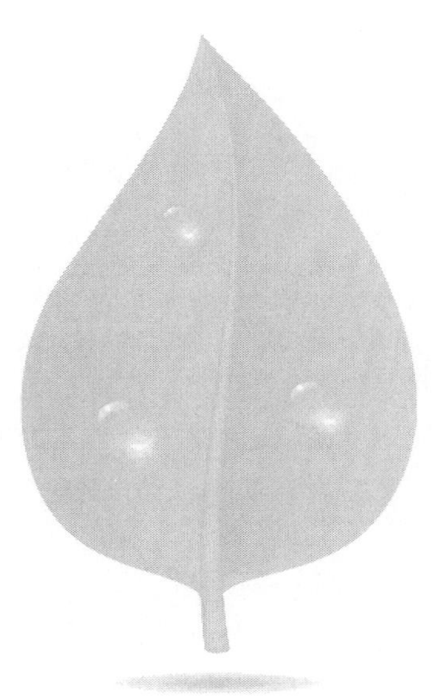

中国农业出版社
北京

图书在版编目（CIP）数据

福建省森林游憩价值评价研究 / 陈钦著．—北京：中国农业出版社，2020.11

ISBN 978-7-109-27555-3

Ⅰ.①福…　Ⅱ.①陈…　Ⅲ.①森林旅游—旅游资源评价—研究—福建　Ⅳ.①F592.757

中国版本图书馆 CIP 数据核字（2020）第 210591 号

中国农业出版社出版

地址：北京市朝阳区麦子店街 18 号楼

邮编：100125

责任编辑：石飞华

版式设计：杜　然　　责任校对：沙凯霖

印刷：北京印刷一厂

版次：2020 年 11 月第 1 版

印次：2020 年 11 月北京第 1 次印刷

发行：新华书店北京发行所

开本：700mm×1000mm　1/16

印张：14.25

字数：300 千字

定价：58.00 元

前　言

随着可持续发展理念的普及，追求人与自然的和谐发展成为人们的共识。在这一背景下，低碳出行、森林游憩逐渐成为热门的旅游方式。人们利用空闲的时间，前往自然环境中进行健康、生态、环保的观光游览已经愈发流行。森林游憩活动作为生态旅游的一种主要形式，已成为人们休闲旅游活动的重要组成部分。

森林游憩资源价值评估具有以下几个方面的意义：①有利于重新确立林业在国民经济中的地位。目前，中国经济持续发展，对资源的需求量不断增加。林业作为一个巨大的环境资源部门，具有社会、经济、生态效益，但其效益究竟有多大仍在研究中，因此评估其自身具有的诸多效益对重新确立林业在国民经济中的地位具有重要意义。②有利于加快中国对于生态资源价值评估的研究进程。中国对生态资源和非市场化资源的价值评估在理论基础、计量模型、计量方法的研究上还处在探索阶段，本研究对促进中国森林资源价值评估与国际交流具有参考意义。③评估森林资源的游憩价值，有利于管理部门对森林资源的游憩价值有一个更清晰的认识，促使管理部门有针对性地开发利用森林资源，从而对充分利用森林资源、挖掘森林旅游潜力具有重要意义。④分析森林公园游憩资源间接使用价值和非使用价值的支付意愿及其影响因素，可以为福建省森林公园游憩资源保护、开发、管理提供参考，促使相关部门制定科学的开发、管理措施，以提升森林游憩价值、吸引游客目光、提高游客满意度以及重游意愿，促进福建省森林游憩的可持续发展。

本书首先阐述了理论基础与研究方法。在对国内外现存的生态旅游地的游憩价值评估方法进行梳理和比较的基础上，选取选择实验法作为本书主要研究方法，以森林自然保护区、森林公园、湿地自然保护区为研究对象，并选取福建省武夷山（森林）自然保护区和梅花山（森林）自然保护区、武夷山国家森林公园和九龙谷国家森林公园、闽江河口（湿地）自然保护区以及泉州湾河口（湿地）自然保护区作为调研样本。

其次，梳理了国内外研究现状。对国内外有关森林游憩资源价值研究的相关文献和评估理论、方法进行梳理，对游憩资源价值评估中广泛使用的旅行费用法和条件价值法的应用原理和条件进行分析，归纳了它们的特点和不足，并对国内外研究现状进行了简要分析和总结。

第三，介绍了福建省森林游憩资源概况，分析了福建省森林游憩现状及其问题。通过访谈式问卷调查与实地考察相结合的方式来获取样本资料，并且比较全面地论述了样本单位的情况。

第四，对福建省（森林）自然保护区游憩价值进行评价。将（森林）自然保护区游憩资源价值的影响因素分为自然资源因素、社会因素、管理因素与成本因素，依据调查问卷的有效数据对武夷山（森林）自然保护区和梅花山（森林）自然保护区游客的社会经济特征和消费行为进行统计分析，并运用选择实验法、Logistic 模型分析和测算其游憩价值，得出福建省（森林）自然保护区游憩资源在目前状态、最佳状态及最差状态下的价值。

第五，对福建省森林公园游憩价值进行评价。依据调查问卷的有效数据对武夷山森林公园和九龙谷森林公园游客的社会经济特征和消费行为进行统计分析，并运用选择实验法、Logistic 模型分析和测算其游憩价值，得出福建省森林公园游憩资源在目前状态、最佳状态及最差状态下的价值。

第六，对福建省（湿地）自然保护区游憩价值进行评价。依据调查问卷的有效数据对闽江河口（湿地）自然保护区和泉州湾河口（湿地）自然保护区游客的社会经济特征和消费行为进行统计分析，并运用选择实验法、

Logistic 模型分析和测算其游憩价值，得出福建省（湿地）自然保护区游憩资源在目前状态、最佳状态及最差状态下的价值。

第七，基于选择实验法测算了福建省森林游憩总价值。依据（森林）自然保护区、森林公园与（湿地）自然保护区游憩价值的评价结果，测算了福建省森林游憩总价值。同时，在总结研究结论的基础上提出了森林游憩价值的提升对策。

第八，计算了福建省天阶山国家森林公园、旗山国家森林公园、猫儿山国家森林公园和福州国家森林公园游憩的直接使用价值。

第九，基于消费者剩余理论和 Tobit 模型测算了福建省天阶山国家森林公园和旗山国家森林公园游憩的间接使用价值。

第十，采用支付意愿法估算了福建省森林公园游憩资源的非使用价值，并且采用 Logistic 等计量模型分析了非使用价值的影响因素。

第十一，总结了天阶山、旗山国家森林公园游憩价值的评价结果，推算了福建省森林公园游憩价值，并且针对山区（天阶山）与市郊（旗山）两种类型的森林公园游憩分别提出相关的建议。

本著作是福建省林业局与福建省林业科学研究院课题“福建省森林生物多样性和游憩功能监测与评价技术研究”“基于社会调查的福建省森林游憩价值评价技术研究”与福建农林大学科技创新专项基金项目的研究成果。课题组成员以及研究生杨秀云、白斯琴、程秋旺、林泽霖、于赟等，为项目研究的顺利完成做了大量工作。在资料收集过程中，福建省林业局计财处、科技处，福建省林业科学研究院，样本市（区、县）林业局与样本单位的领导和工作人员等给予了大力支持；在问卷调查过程中，得到校友们的大力帮助；在资料整理与数据处理过程中，研究生们做了许多工作。在此一并表示衷心的感谢！

还要感谢单位领导、同事与家人对我研究工作的大力支持和帮助。

福建农林大学经济学院　陈钦

2020 年 1 月 30 日

目 录

第二篇　基于消费者剩余理论的福建省森林公园游憩价值评价

第一篇

基于选择实验法的福建省森林游憩价值评价

1 引言

1.1 研究背景与研究意义

1.1.1 研究背景

近几十年来旅游业以超乎人们想象的速度发展，尤其是在中国大陆，随着经济快速发展，人们收入水平的提高，旅游业蓬勃发展。中国旅游业真正蓬勃发展的时间不超过 20 年，却创造了巨大的社会效益与经济效益。根据 2017 年中国旅游业统计公报，2017 年国内游客达到 50.01 亿人次，较上年同比增长 12.8%；国内旅游收入 4.57 万亿元，增长 15.9%；入境旅游 1.39 亿人次，增长 0.8%；国际旅游收入 1 234 亿美元，增长 2.9%；国内居民出境旅游 1.31 亿人次，增长 7.0%。全年实现旅游总收入 5.40 万亿元，增长 15.1%。旅游业的蓬勃发展，带动了大批相关产业的兴起和当地经济的快速发展。旅游业已成为促进中国经济发展的马车之一，甚至成为某些地区的支柱产业。

社会的发展改变了人们与自然环境之间互动的关系。随着生活价值观的改变、生态环境意识的普遍提高以及消费方式的改变，人们的生态保护观念日益普及，户外游憩需求大量增加。森林游憩被认为是兼顾健康旅游和促进当地经济发展的热门户外旅游方式。目前森林旅游发展速度较快，各地都致力于开发森林公园旅游。一些国有林场、国有采育场也正在开发森林旅游。

森林旅游业已经成为许多经济发达且森林资源丰富的国家主要产业之一。以美国为例。1985 年美国成立了户外游憩总统委员会，1987 年制定并实施了“美国伟大的户外游憩战略”。美国森林面积 2.98 亿公顷，占国土面积的 33%，其中 28%为国有林。全国 92%以上林地都允许公众进入。据统计，早在 20 世纪 80 年代，美国森林游憩消费已达 3 000 亿美元，也就是说美国人将 1/8 的收入都花在了森林游憩上。新西兰是世界上开展森林游憩较早的国家之一，其国土面积的 1/3 是国家公园或自然保护区。从 1919 年政府倡导森林旅游至今，新西兰已有 65%的森林用于森林游憩活动。它的森林经营遵循美国的多用途管理模式，允许公众进入和享受国有森林，为公众提供广泛的游憩机会，以提高新西兰公众对新西兰森林保护的意识，在维持和美化森林景观的同时发展森林游乐区，使新西兰的森林游憩稳步健康发展。日本也是森林资源丰富的国家，全国森林覆盖率达 67%。日本大规模的森林旅游始于 1973 年，为了促进森林旅游发展，交通部门开设了森林浴列车、森林浴旅行专线。为了发挥森林的多种功能，日本政府制定了限制性采伐措施来加强对森林游憩林的管理。日本每年约有 8 亿人次参加森林旅游活动（骆珎熹，2017）。

目前中国森林旅游业一直处于快速发展的阶段，使森林旅游区周边的4 768个村庄走向了脱贫致富的道路（戴辉明，2018）。2017 年全国森林旅游的游客量达到 13.9 亿人次，占当年国内旅游总人数的 28%，创造社会综合产值 1.15 万亿元（中国绿色时报，2018 年 3 月 22 日）。森林旅游直接收入从 2012 年的 618 亿元增长到 2017 年的 1 400 亿元，年增长率保持在 18%以上，5 年来全国森林旅游的游客量累计达到 46 亿人次，年均增长 15.5%（中国日报，2018 年 1 月 26 日）。

森林公园是森林旅游发展的重点，其年接待游客量超过全国森林旅游游客量的 70%，年接待游客量超过 100 万人次、年森林旅游收入超过 1 亿元的森林公园数量超过 110 家（证券时报网，2018 年 1 月 31 日）。截至 2017 年年底，中国森林公园总数达 3 505 处，规划总面积 2 028.19 万公顷。其中，国家级森林公园 881 处、国家级森林旅游区 1 处。全国森林公园共投入建设资金 573.89 亿元。全国森林公园的游步道总长度达 8.77 万公里、旅游车船 3.5 万台（艘），接待床位 105.68 万张、餐位 205.31 万个，从事森林公园管理和服务的职工达 17.63 万人。广东、浙江、山东、江西、河南、福建等 12 个省森林公园数量都超过 170 处。2017 年全国森林公园共接待游客 9.62 亿人次，直接旅游收入 878.5 亿元，带动社会综合收入近 8 800 亿元，其中 1 147 处森林公园免费接待公众，年接待游客达 2.83 亿人次，公共服务效益显著（中国绿色时报，2018 年 4 月 26 日）。

为充分掌握福建省森林旅游发展情况，评估统计福建省森林旅游产业产值，福建省林业调查规划院对全省森林旅游产业收入进行评估统计，在充分调查摸底的基础上，编制形成《2018 年福建省森林旅游收入测算评估报告》，并经专家进行论证。根据评估统计报告显示，2017 年福建省森林旅游总收入为1 354.40亿元，占全省旅游总收入 5 083 亿元的 26.65%，其中计入林业产业总产值的直接收入为 730 亿元。

森林公园拥有良好的生态环境、优美的自然景色和新鲜的空气等可重复利用的自然资源，符合人们对森林游憩、绿色旅游的需求，并由此创造出了巨大的社会效益和经济效益。然而，森林公园旅游在带来巨大经济效益的同时，其产生的负面效应已引起广泛的重视。在旅游高峰期内，各大国家森林公园旅游景点均出现了人挤人的局面。显然，外出旅行不是看风景而是看人，已成为一些游客的切身感受。森林公园的过度使用产生的问题主要体现在以下几个方面：第一，给自然资源和生态环境造成损害。如由于游客过多的探踏、攀折等行为影响植被的生长甚至出现土壤退化等现象；水资源遭到污染后影响藻类、鱼类等动植物的生存。这些问题的凸显，破坏了森林公园的生态平衡。第二，游客数量过多导致的拥挤问题减少了每位游客的效用，降低了游客的满意度。第三，影响了森林旅游的可持续发展。人们本想借节假日出去旅游的机会，让自己在欣赏自然风光的同时放松身心、疏解平日工作的压力，但在旅游结束后往往发现旅游比工作更累，使得旅游失去了其本来的意义。在越来越重视人与环境可持续发展、人文关怀的今天，如何在保护自然资源的同时满足游客合理的需求成为一个有待解决的问题。这就需要对森林公园游憩资源的价值有一个科学的认识。科学合理地评估森林公园游憩资源的价值，识别森林公园游憩资源价值组成要素的相对价值，有利于对森林公园发展做出科学合理的规划，让森林公园在其承载力范围内发挥最大的经济效益和社会效益。

除了森林公园，森林自然保护区、湿地自然保护区、林场、采育场等也是潜在的旅游资源，有必要研究它们在保护的前提下，如何合理开发，拓展人们的旅游空间，让人们能够享受大自然的美好，同时提高旅游收入。

1.1.2　研究意义

森林游憩资源价值受到多种因素影响，如自然资源因素、社会因素、管理因素与成本因素。在对森林游憩价值进行评估时，需要充分考虑各个因素之间的相互影响，选择实验法就是一种能够融合多种因素进行价值评估的方法。而且，采用选择实验法可以分别得出福建省森林游憩资源在目前、最佳及最差三种状态下的价值。本研究是对森林游憩资源价值评估方法的一次新的探索，对于补充和完善中国森林游憩资源价值的评估方法有重要的理论意义。

改革开放以来，沿海地区率先发展，大部分山区处于经济欠发达状态，是中国经济中薄弱的一环。在乡村振兴的大背景下，产业兴旺成为不少山区扶贫攻坚的主要方式，而山区因为自身历史、地理位置等原因，无力依靠自身完成脱贫致富的任务，又难以招商引资大规模地发展第一、第二产业，只能依靠自身独有的生态资源优势，发展生态旅游业。福建省拥有“八山一水一分田”，山区地域广袤，扶贫攻坚任务尤为严峻，对于引进新业态，促进山区产业兴旺，实现脱贫致富的意愿极为强烈。而森林游憩作为旅游业态中的一个重要组成部分，大多在山区，正是福建省山区发展的新活力。因此，科学地评估森林游憩资源的价值，并识别森林游憩资源价值各个组成要素的相对价值，有助于森林资源的管理者做出科学合理规划，实现在保护森林资源的同时，发展森林旅游；使得森林生态系统在其承载力范围内发挥最大的经济效益和社会效益。此外，对森林游憩资源价值的正确评估，可以为相关政府部门制定法律法规和政策提供重要依据，有助于实现森林游憩资源的合理开发和利用，促进中国森林旅游业的可持续发展。

1.2 研究方法

本书采用定性和定量相结合的研究方法。将选择实验法作为森林自然保护区、森林公园以及湿地自然保护区游憩资源价值评估的主要方法；采用实地访谈式问卷调查法获得相关数据；利用描述性统计分析法分析了森林游憩地游客的基本特征，接着运用 Tobit 模型测算了森林公园游憩的间接使用价值，采用 Logistic 模型分析了森林公园游憩非使用价值的影响因素。

1.2.1 选择实验法

假设被调查者的效用函数用U表示（吕欢欢，2013），则：

$$U(X_{ni})=V(X_{ni})+\varepsilon_{ni} \tag{1-1}$$

公式（1-1）中$U(X_{ni})$表示第n个人选择i方案的直接效用函数；$V(X_{ni})$表示第n个人选择i方案的间接效用函数；ε_{ni}表示第n个人选择i方案的随机变量，即不能直接观测到的扰动项；X_{ni}表示第n个人选择i方案的属性特征。

由于每个被调查者都会从选择集中选出对自己来说效用最大的那个方案，因此选择集C中选择i方案而不选择其他方案j的概率P_{ni}可以表述为（吕欢欢，2013）：

$$P_{ni}=\Pr[U_{ni}>U_{nj},\ \forall j\in C,\ i\neq j]=\Pr[V_{ni}-V_{nj}>\varepsilon_{ni}-\varepsilon_{nj},\ \forall j\in C,\ i\neq j] \tag{1-2}$$

只有知道了干扰项之间的分布情况，才能得到更加明确的概率函数表达式。McFadden（1974）证明了在假设情况下当且仅当干扰项之间相互独立同分布，且服从极值分布时的分布函数为：

$$P(\varepsilon_{ij}\leqslant t)=F(t)=\exp\{-\exp(t)\} \tag{1-3}$$

公式（1-3）的分布函数说明，在选择集中任一可替代方案被选择的概率均服从 Logistic 分布，因此能够用最常用的模型——条件 Logistic 模型表示。

$$P_{ni}=\frac{e^{\lambda V_{ni}}}{\sum_{j\in C}e^{\lambda V_{nj}}} \tag{1-4}$$

公式（1-4）中λ是标量参数，通常取 1。同时，如果公式（1-1）中的V_{ni}是线性函数，则$V_{ni}=\beta_i X_{ni}$。β_i是用模型估算出的i方案的效用的系数。模型参数估计采用常见的极大似然估计，其对数似然函数为：

$$\ln L=\sum_{i=1}^{N}\sum_{j=1}^{J}Y_{ij}\ln\left[\frac{\exp(\beta_i X_{ij})}{\sum_{j=1}^{J}\exp(\beta_i X_{ij})}\right] \tag{1-5}$$

公式（1-5）中Y_{ij}表示当第i个人选择第j个备选属性集时为 1，否则为

0。所以对于每一个 i，有且只有一个 $Y_{ij}=1$。

此外，Hanemann（1984）提出了符合需求理论的福利测算公式，一旦得到了参数向量的估计值 β，便可进一步测算出由于属性集变化引起的福利变化值。如由初始状态 X^0 到替代状态 X^1 的福利变化为：

$$CS=-\frac{1}{\alpha}\left\{\ln\left[\sum\exp(\beta X_{ij}^{1})\right]-\ln\left[\sum\exp(\beta X_{ij}^{0})\right]\right\} \quad (1-6)$$

公式（1－6）中 α 表示收入的福利值，通常用成本属性的系数表示。根据公式（1－6），可以进一步通过属性系数与成本属性系数之比，计算出由环境各属性水平边际变化所导致的价值变化（David Hoyos，2010），可表示为（吕欢欢，2013）：

$$WTP_i=-\beta_i/\beta_M \quad (1-7)$$

公式（1－7）中 β_i 为森林生态旅游资源各属性项的估计系数；β_M 通常用成本项的估计系数表示。

1.2.2　变量选择

本研究的自变量分为四类，即自然因素、社会因素、管理因素和成本因素。其中，自然因素主要包括植被覆盖率、溪水清澈度、天然特色景观数量等变量；社会因素主要包括人流量、知名度等变量；管理因素主要包括交通便利性、服务设施数量等变量；成本因素主要包括旅行花费等变量。变量名称及其赋值如表 1－1 所示。

表 1－1　变量名称及赋值表

变量类别	变量名称	变量赋值
因变量：		
	游憩价值	非常高＝2；一般＝1；不高＝0
自变量：		
自然因素	植被覆盖率	非常高＝5；高＝4；一般＝3；低＝2；非常低＝1
	溪水清澈度	非常清澈＝5；清澈＝4；一般＝3；不清澈＝2；非常不清澈＝1
	天然特色景观数量	5 处以上特色景观＝3；3 处至 4 处＝2；1 处至 2 处＝1
社会因素	人流量	非常多＝5；多＝4；一般＝3；少＝2；非常少＝1
	知名度	高＝3；中＝2；低＝1
管理因素	交通便利性	非常方便＝5；方便＝4；一般＝3；不方便＝2；非常不方便＝1
	服务设施数量	5 处以上休息区＝3；3 处至 4 处＝2；1 处至 2 处＝1
成本因素	旅行花费	实际值（元）

1.3 技术路线

本研究的技术路线见图 1-1。

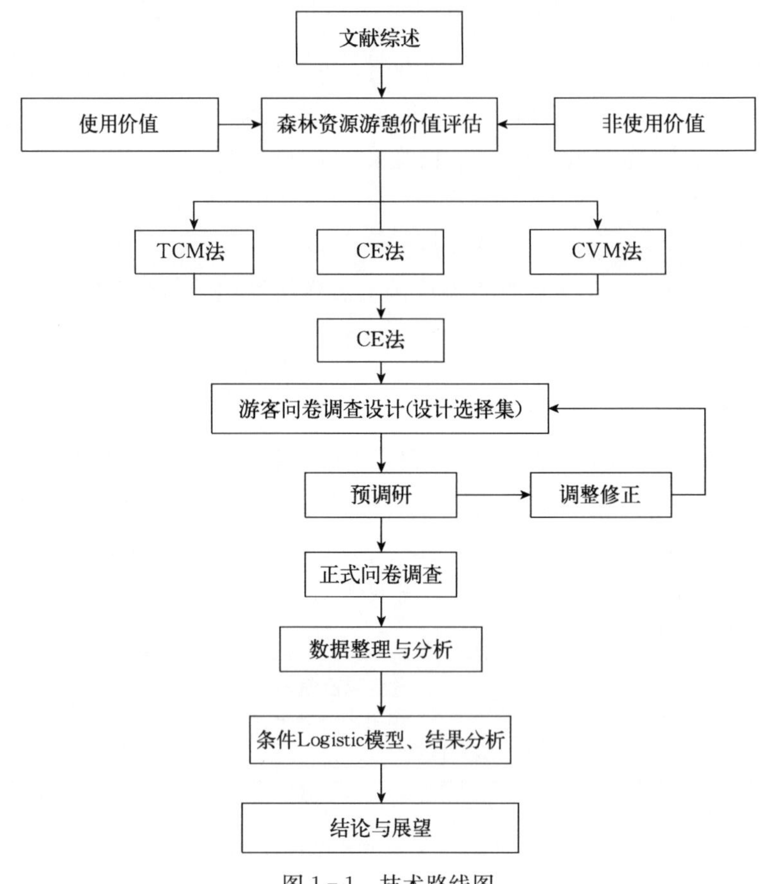

图 1-1 技术路线图

2 理论基础与文献综述

本章主要阐述本研究的理论基础，梳理国内外学者关于森林游憩价值及其评价方法等方面的研究现状。

2.1 理论基础

2.1.1 理性经济人假设

理性经济人假设是西方经济学在做经济分析时的一个基础假设，即做出经济行为的主体在经济决策中必然保持理性，他们追求的目标就是使自身利益最大化，也就是说消费者追求效用最大化；厂商追求利润最大化；要素所有者追求收入最大化；政府追求目标决策最优化。该理论最初是由亚当·斯密在《国富论》中提出的，他认为“在假定的市场环境中，人都是利己的，面临选择时，总是会选择对自己更有利的。”该假设也可以用于资源价值评估，因为在进行问卷调查时，都是假设被调查者从自身利益出发，理性地做出回答，反映支付意愿。

2.1.2 消费者剩余理论

消费者剩余理论最早由马歇尔提出，他从边际效用价值论演绎出消费者剩余的概念。该理论是经济学中一个极为重要的概念，指的是消费者在一定情况下对一件商品或者一项服务的实际支付价格与愿意为其支付的最高价格之间的差值，即消费者剩余等于消费者的理论支付价格减去消费者的实际支付价格。理论支付价格是指消费者愿意为其支付的价格。可见，当消费者剩余为 0 时，消费者的实际支付价格等于其理论支付价格。消费者剩余是衡量消费者福利的重要指标，被广泛地作为一种分析工具来应用。1977 年迪克西特和斯蒂格利茨将内在规模经济引进一般均衡模型，推出了市场考虑最适度边际利润而社会考虑消费者剩余的结论。一般认为，消费者剩余达到最大的条件是边际效用等于边际支出。消费者剩余的大小衡量了消费者对于商品或者服务的态度，也为厂商制定一个合理的价格提供了帮助。

影响消费者剩余的因素有很多。一是垄断的影响，垄断导致产量减少、资源浪费和技术上的低效率。垄断不仅使消费者剩余向生产者剩余转移，而且还涉及竭力防止这类转移的成本；二是政府规制的影响，对于政府规制而言，通常都会具有维护公共利益的目标。政府会在政策的规制中，更注重于维护小集团的利益；三是寻租的影响，寻租与消费者剩余之间有内在的联系；四是税收的影响，不合理的税制会导致消费者剩余的减少；五是国际贸易和关税的影响，国际贸易可以促进竞争，增加商品和服务的可选性，从而使消费者受益；六是产权制度的影响，私有产权的高效性主要表现为所有者剩余的最大化，但它往往会侵蚀资源的其他剩余，比如劳动者剩余或消费者剩余。

2.1.3 机会成本假设

机会成本是经济学原理中一个重要的概念，是指当把一定的经济资源用于生产某种产品时放弃的另一些产品生产上最大的收益，也可以理解为在面临多方案择一决策时，被舍弃的选项中的最高价值者是本次决策的机会成本。机会成本泛指一切在做出选择后其中一个最大的损失，如果在选择中放弃选择最高价值的选项，那么其机会成本将会是首选。而做出选择时，应该要选择最高价值的选项（机会成本最低的选项），而放弃选择机会成本最高的选项，即失去越少越明智。利用机会成本概念进行经济分析的前提条件是：①资源是稀缺的；②资源具有多种用途；③资源已经得到充分利用；④资源可以自由流动。在旅行费用法应用于森林游憩价值评价中，计算被调查者旅行费用时，需要考虑被调查者的时间机会成本。

机会成本的法则是递增法则，该法则是指：在既定的经济资源和生产技术条件下，每增加一单位一种产品的产量所产生的机会成本递增，即要放弃更多其他产品的产量。资源有限及要素间的不完全替代性是机会成本呈递增趋势的原因：一方面，由于资源有限，随着一种产品产量的增加，用于生产其他产品的经济资源逐渐减少，造成该经济资源相对稀缺，价格增加，在所放弃的其他产品产量不变的情况下，所放弃的最大收益即机会成本递增；另一方面，由于存在边际技术替代率递减规律，即在维持产量不变的前提下，当一种生产要素的投入量不断增加时，每一单位的这种生产要素所能替代的另一种生产要素的数量是递减的，换言之，机会成本递增。“机会成本”的概念说明，任何稀缺资源的使用，不论在实际中是否为之而支付代价，总会形成机会成本。因此，这一概念拓宽和深化了对消耗在一定生产活动中的经济资源的成本的理解。通过对相同的经济资源在不同的生产用途中所得到的不同收入的比较，将使得经济资源从所得收入相对低的生产用途上，转移到所得收入相对高的生产用途上，以提高资源配置效率。

2.1.4 效用价值理论

效用价值论是指以物品满足人的欲望的能力或人对物品效用的主观心理评价及其形成过程的经济理论。它同劳动价值论相对立。在 19 世纪 60 年代前主要表现为一般效用论，自 19 世纪 70 年代后主要表现为边际效用论。

物品因具有使用价值而成为商品，但是在实际使用或交换商品的过程中，每位消费者对于商品价值的估计是不同的，这个估计基于消费者对于商品能够为其带来多少的效用，而这种基于消费者主观意识上的对于商品价值的判断便是效用价值。按照效用价值理论，类似于风景区这类的旅游资源或者古董这类的收藏品都无法准确地估计它的价值，无论是使用价值还是非使用价值。因为对于不同的消费者它的价值是波动的，每个消费者的主观感受不一样，对于其价值定义也不一致。在实际应用该理论的过程中，对于这类物品价值量的估计主要取决于消费者在获得和使用该类物品所付出的代价以及所产生的效用。以景区为例，便是取决于消费者为了享用景区的游憩资源所付出的各类成本，包括时间成本，再加上其所产生的效用。由于游憩资源的珍稀程度不同，为了享用游憩资源所付出的各类成本也不尽相同，最直观的便是各个景区的门票费用。

目前具有珍稀资源，特别是历史悠久，具备人文与自然景观的景区更受游客欢迎。结合到本研究样本九龙谷国家森林公园，因为其具有独特的人文及自然景观，并且能够很大程度上满足消费者的欲望，所以九龙谷国家森林公园具有较高的游憩效用。

2.1.5　环境资源价值理论

环境资源价值是指环境资源本身存在的价值以及对生产、消费等直接或间接地提供贡献或帮助所产生的价值。环境资源的价值可以分为：①使用价值，或称作有用性价值，指某物品在被使用或消费时满足人类某种需要或偏好的能力；②非使用价值，或称作内在价值。详见表 2 - 1。

表 2 - 1　环境资源价值组成

使用价值		非使用价值
直接使用价值	间接使用价值	
具有能满足人们某种需要的效能的物品或材料，如衣服、食物等。	对日常经济活动起调节辅助作用的活动所产生的价值，如：保持水土、净化空气等。	如存在价值、遗产价值、选择价值。

森林是自然景观资源，属于环境资源的一种，自然也拥有使用价值与非使用价值。森林具有极为突出的间接使用价值，例如可以为人们提供森林游憩活动，在涵养水源、保持水土、净化空气等方面有着极大的作用，并且人们可以无偿的享受这种效用；森林也会有木材和林副产品等具有直接使用价值的物品产出。综上，森林有着较为典型的使用价值；在非使用价值方面，森林为后代

保留了较为完整的自然风景和资源，留下了选择的机会，具有较高的非使用价值。

2.1.6 公共物品理论

(1) 公共物品的分类

经济学的物品分为公共物品和私人物品。公共物品是全体社会成员都可以使用的物品，不通过市场实现生产和分配，具有正外部效应。萨缪尔森指出，纯公共物品是全体成员都可以使用，且可以同时使用的物品，某个人对公共物品的使用不会影响他人的使用。

公共物品的三个明显特性为：效用不可分割性、非排他性和消费的非竞争性。私人物品的效用可以分割，谁付款，谁受益。公共物品的效用不可分割，如国防、治安等。公共物品的非排他性是指，社会成员不需要支付费用就可以使用该物品，某个人享用该物品并不能排除他人享用该物品的权利，即每个社会成员都可以从该物品中获得效用。非竞争性是指个体使用该物品不影响他人的使用，增加一个消费者，成本不会增加，即边际生产成本为零。公共物品分为纯公共物品和准公共物品两类，纯公共物品同时具备以上三个特性，准公共物品不同时具备这三个特性。

准公共物品分为两类，即竞争非排他的物品和排他非竞争的物品。布坎南将具有非竞争性但不具备非排他性，即具有集体消费所有权的物品称作俱乐部物品，奥斯特罗姆将具备非排他性但不具备非竞争性的物品称作公共池塘资源。根据两位学者的分类，准公共物品分为俱乐部物品和公共池塘资源。公共物品的分类见表 2-2。

表 2-2 公共物品的分类

分类	细分	效用能否分割	非排他性	非竞争性	举例说明
纯公共物品	纯公共物品	否	是	是	国防、治安
准公共物品	俱乐部物品	部分可以	否	是	有线电视
	公共池塘资源	部分可以	是	否	城市行道树

在现实生活中，纯公共物品很少。大部分物品不同时具备公共物品的所有特性，这些物品被称作准公共物品。

俱乐部物品是排他非竞争的物品，社会成员需要支付费用才可以享用该物品，但增加消费者几乎不会带来成本的上升。例如有线电视，公众需要支付一定的费用才可以收看，而且不同家庭可以同时收看，不会相互影响。由于这些物品是面向全社会供应，增加一个消费者使用几乎不会带来成本的上升，该类物品就属于俱乐部物品。

公共池塘资源是竞争非排他的物品，社会成员不需要支付费用就可以享用该物品，但当消费者的数量达到一定规模时，某个人消费该物品会影响他人的使用。一些公益物品具有该特性，如城市遮阴的行道树，市民在市区行道树下等红绿灯不要付费，实际上也难以收费。但是在夏天中午上下班高峰期时，在树下等红绿灯的人多了，就会出现拥挤现象，行道树下乘凉就存在竞争性。因此，该类物品属于公共池塘资源。

（2）森林自然保护区、森林公园、湿地自然保护区的准公共物品特性

根据公共物品的特性，森林游憩资源的效用不可分割，具有一定的排他性以及某种程度的竞争性。

森林游憩资源的效用不可分割。森林游憩资源为人们提供了游憩、休闲的场所，公众使用森林游憩资源的效用是不可分割的，森林资源的各种游憩效用和功能是一个整体，无法分离。

就公共物品非排他性而言，城市园林、行道树都是难以排他的，具有非排他性，公众无需支付费用就可以到城市园林中娱乐休闲，所有的消费者都可以获得身心的享受，某一个市民进入城市园林并不排除其他人进入的权利。而山区森林公园具有排他性，可以收取门票；自然保护区也具有排他性。

森林游憩资源的竞争性表现在其有限的环境承载力上。在淡季时，游客少，在森林自然保护区、森林公园、湿地自然保护区游玩不存在竞争性。但是在旅游旺季，游客量不断上升，尤其是节假日，游客量甚至超过其承载能力，森林自然保护区、森林公园、湿地自然保护区就会出现拥挤现象，此时某个人对森林游憩资源的使用就会影响他人的使用。因此，森林自然保护区、森林公园、湿地自然保护区在游客量增多表现出拥挤时，具有竞争性。

以上分析表明，森林自然保护区、森林公园、湿地自然保护区具备了公共物品的某些特性。因此，森林自然保护区、森林公园、湿地自然保护区属于准公共物品。公共物品的价值可以由所有使用该物品的个体所获得的效用来估算。个体的效用等于其支付意愿，即实际支出与消费者剩余之和。因此，全部个体支付意愿的和就代表了该公共物品的总效用，即公共物品的价值。森林游憩价值也可以按照这个方法进行估算。

2.1.7　帕累托最优理论

帕累托最优理论是意大利经济学家维弗雷多·帕累托提出的，他在关于经济效率和收入分配的研究中最早使用了这个概念。帕累托最优理论包含帕累托效率、帕累托改进。帕累托改进是指资源分配的一种理想状态，假定固有的一群人和可分配的资源，从一种分配状态到另一种状态的变化中，在没有使任何

人境况变坏的前提下，至少一个人境况变得更好。帕累托最优状态就是不可能再有帕累托改进的余地，帕累托改进是达到帕累托最优的路径和方法。帕累托最优是公平与效率的“理想王国”。帕累托最优回答的是效率问题。从社会福利角度出发，用效率来评价总体经济运行有其合理性，因为如果资源配置未达到帕累托最优，那么，总有一些人能改善境况而没有人会受损，也就是说，社会福利总量肯定能上升，那么通过一种恰当的分配方法，能使所有人的境况都有所改善。帕累托最优的目的是充分利用有限的人力、物力、财力，优化资源配置，争取实现以最小的成本创造最大的效益。

在现实社会中，要达到没有任何人情况变坏，至少一个人情况变好，这样的状态是很难完全实现的。因此，常采用补偿的方式来使很多帕累托改进的过程得以进行，而这种补偿更多的是体现在经济和物质方面的补偿。当补偿达到了人们的心理期望，帕累托改进就能顺利进行。福建省森林游憩资源的开发与利用，也是一个帕累托改进的过程。政府、景区管理者和社区居民都在力求达到一个最优的状态，但在森林游憩资源开发的过程中势必会影响其他参与者的利益，尤其是政府和景区管理者对森林游憩资源的开发使得当地居民受到较多约束，因而出现门票分成、赎买、租赁等补偿方式，这就要求对福建省森林游憩资源进行较为科学的价值评估，为补偿政策的制定提供参考。

2.2 国内外森林游憩价值研究现状

2.2.1 国外森林游憩价值研究现状

关于森林游憩的研究最早开始于对森林美学的探讨，在18世纪20年代到80年代之间，森林美学理论的先驱者Carlowitz和Trunk等开始对森林的美学问题进行了探索。在18世纪70年代末，英国林学家William Gilpin出版了其作品《森林风景论》，该书主要论述了森林风景的构成和美的特征，为森林美学的发展奠定了理论基础，也加强了人们对于森林具有多样化功能的认识，了解到森林不仅具有经济价值，也具备生态价值与社会价值。进入19世纪后，随着学者们对于森林美学的研究越发深入，各国林学家踊跃参与森林美学的研究，1830年Borch的著作《森林美论》问世，在书中他反对经济利益至上的观点，认为森林美学的经济效益与其社会效益是一致的，并提出了应用美学的建设理念。《森林美论》还特别地对森林的开放问题进行了讨论，讨论的结果是森林本身便是为民众服务的，所以要向民众开放，供其游憩和观赏，特别是在城市郊区以及人多的地方（Rackham O，1986）。同时期的克恩依希在著作《森林抚育》一书中写到“美化森林是文明的表现，对提高国民精神素质有极大的作用，对于林学家来说，也会由于这一贡献而提高对职业的自豪感，从而提高对林业的认识”（崔俊岭，1988）。森林美学这门学科正式诞生的时间则是1885年，其标志性事件是冯·萨里施正式出版了其著作《森林美学》，该书的出版也象征着森林美学正式作为一门学科矗立在世界知识的森林中。

1872年3月1日美国黄石国家（森林）公园建立。这个世界上第一个国家（森林）公园的建立，也标志着森林公园游憩已经开始初步成为一个产业。随后世界各国纷纷开始建立国家森林公园：1887年班夫国家公园建立，这是加拿大的第一个国家公园；随后，英国的“国家托拉斯”也于1895年成立，主要负责的是确保土地能够得到合理的使用以及建立自然保护区来保护生态环境；瑞典紧随其后，在1909年一年内便设立了8个国家公园。目前，国家公园采取一切可能的措施来最大限度地保护自然资源及自然环境，以期为公众所享受并为子孙后代留下自然遗产的举动，已经被世人所认可与接受，并有志愿者主动参与其中（尤建林，韦新良，李东，黄俊臻，赵明水，2009）。

美国在20世纪70年代到80年代在森林游憩价值评估方面的研究总数已达90项，进入90年代后，不仅发达国家在这方面的研究继续深化，而且许多发展中国家也纷纷加入这一行列，使得森林游憩价值的研究进展更加迅速。森林游憩价值评估研究几乎涉及了森林中进行的各种游乐活动，如野营、观光、漫游、钓鱼、划船、滑雪、探险、狩猎等，并且研究的数量较大。据不完全统计，截至1993年，这方面研究的数量已达400余项。随着研究的深入，研究方向进一步细化，研究也更为深入。例如英国Willis和Benson于1987年开始对林业委员会的林地游憩价值进行评估，其结果为1 400万英镑至4 500万英镑（Willis K G，Benson J F，1989）；Benson于1990年又对该项目进行了研究，得出英国林业委员会的林地森林游憩价值约为5 300万英镑；他们还对森林游憩价值的分量进行了研究，得出英国林业委员会林地野生生物的游憩价值约为1 540万英镑，景观使用价值约为1 060万英镑，可进入设施的使用价值为1 540万英镑，各种游乐设备的使用价值为550万英镑，参观中心的使用价值为610万英镑。在上述的这些研究中，大量使用了旅行费用法和条件价值法。这两种方法也是目前最为流行的森林游憩价值评估方法。

2.2.2　国内森林游憩价值研究现状

国内对于森林游憩的具体研究开始较晚，虽然在20世纪50年代到60年代便已经开始了对于森林生态效益方面的研究，但是对于森林公园游憩价值的相关研究是从20世纪80年代以后才开始进行的。经过接近40年的不断研究，伴随着价值理论、评价理论和市场理论等基本理论框架的初步形成，中国在森林公园游憩价值的评估上取得了较大进展，也展示了森林公园游憩的巨大潜力和发展空间。陈应发、高岚等认为森林游憩的概念与森林旅游的概念是一致的

（陈应发，1993；高岚，戴广翠，1996）；陈鑫峰、沈国舫（2000）则认为森林游憩和森林旅游两者在概念上是完全不一样的，森林游憩主要是指人们在闲暇之余，充分利用其空闲时间，在日常环境周围的森林环境中进行的，目的是为恢复脑力和体力、让自己获得放松的所有活动的总称，而森林旅游更加强调有目的性的空间上的移动。陈应发、陈放鸣（1994）认为基于环境物品价值理论，森林游憩的经济价值主要有使用价值和非使用价值两种；魏勇生、刘森茂（2002）则认为森林游憩是属于生态旅游的一部分；易逸瑜、张庆费、安齐、陈月华（2018）在森林游憩概念的基础上，提出城市森林游憩是指人们在闲暇时间内，在城市森林环境中进行的，能获得愉悦感受、放松心情和身心健康的游憩活动。可见，目前关于森林游憩的定义是：森林游憩是人们在闲暇之余，充分利用其空闲时间，在周边的森林环境中进行的，目的为恢复脑力和体力、让自己获得放松却又不会破坏森林环境的所有活动的总称。

1982 年夏天，张家界国家森林公园建立。这是中国的第一个国家森林公园，也标志着中国对森林公园游憩资源的正式利用开始了。随后，各省政府看到森林公园能够带来相当规模的经济效益，也能带来不低的环境效益和社会效益，便紧随其后纷纷开始建立各省的森林公园。

2.3 森林游憩价值评估方法研究现状

根据 Turner K R、Pearce D、Bateman I（1994）研究结果，价值评估方法可以分为两大类：一类是能通过需求曲线来评估物品价值的方法，叫做市场需求方法；另一类是不能通过需求曲线来评估物品价值的方法，叫做非市场需求方法。市场需求方法分为揭示偏好法和陈述偏好法；非市场需求方法包括剂量反应法、预防性支出法、机会成本法、人力资本法和替代成本法等（图 2-1）。

旅游地作为一种具有市场需求的环境物品，其游憩价值的研究大都通过市场需求方法中的揭示偏好法和陈述偏好法来实现。揭示偏好法通过研究市场中的互补产品和替代产品需求来揭示对某环境物品的需求，主要包括旅行费用法和享乐价格法；陈述偏好法通过构建某环境物品的假想市场，并详细询问受访者对其支付意愿，来获取某环境物品的价值，主要包括条件价值法与选择实验法。

2.3.1 享乐价格法

享乐价格法（Hedonic Priced Method，HPM）作为自然资源价值核算的方法之一，进行价值评估的基础是享乐模型。享乐模型是基于商品的价值，取决于商品各方面的属性给予消费者的满足这一效用论的观点而建立起来的价值

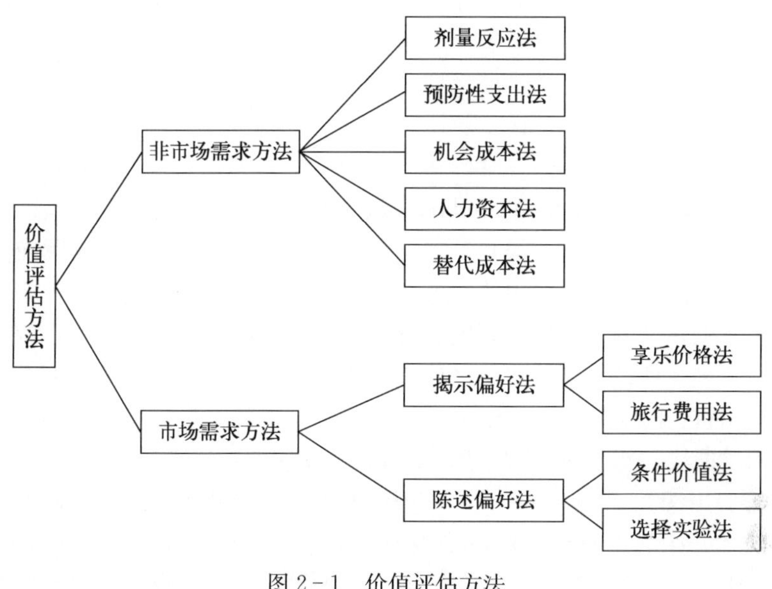

图 2-1　价值评估方法

（来源：OECD 1995）

评估模型（Seenprachawong U，2003）。它在经济学的意义上是指人们从其消费的商品或服务上获得的效用或满足程度。

享乐价格法是从相关市场交易的成本和价格的角度来核算环境资源的经济价值。该方法的基础是实际的交易价格、购买价格等。享乐价格法最广泛的应用领域是房产、财产等市场，它进行价值评估的基础是房产等商品不是同质的，其价值可以根据这类商品的一系列特征进行区分。该方法认为房产的价格受很多因素的影响：房间的数量、到工作地点的距离、公园的大小等，其中一个很重要的因素就是当地环境的质量，例如，四周的景色，距树木茂盛的公园或水域的远近（Eiswerth M E，Englin J，Fadali E，2000）。理论上，享乐价格法可以被用于对房产附近的城郊森林、公园等的游憩价值进行评估。公寓或住房的价格就反映了居民对就近公园或其他游憩地的支付意愿。应用享乐价格法进行旅游资源价值评估时，因子调查法被用于对其价值进行核算（Seenprachawong U，2003）。游客对资源每个吸引要素的评价反映了游客的满意度、舒适度，从而反映了游憩资源价值的高低。旅游资源个体吸引要素的价值则通过一系列有效房产等的购买价格的回归分析得到。

享乐价格法在应用中也有一些问题和局限性。首先，该方法在应用时需有所研究时限内的大量数据，而这些数据都是很难收集的。另外，享乐价格法在实践应用中还有诸如共线性、模型方程形式的选择以及可分离性等问题。而且应用享乐价格法进行游憩价值评估是以其他居民区居民不在评估对象休闲为前提的。

2.3.2 旅行费用法

（1）国外研究现状

旅行费用法（Travel Cost Method，TCM）是揭示偏好评估法的代表，即通过个人行为来分析判断个人偏好，它将游客在旅行过程中产生的实际花费折算成森林游憩资源所带来的愉悦体验的货币价值，并以此来进行评价。旅行费用法主要用于森林公园、风景名胜区、游乐休闲场所的使用价值评估。旅行费用法以消费者剩余理论为基础，通过计算游客往返于景区所支付的所有费用（交通费、食宿费、门票等）和所付出的时间，建立森林游憩需求与森林游憩费用之间的需求曲线，然后利用该需求函数计算出游客的消费者剩余（徐赫，2010）。

旅行费用法在20世纪70年代到80年代后半段开始流行，在此期间，旅行费用法才开始真正地在全球范围内流行起来并得到了推广（Mitchell R E，2005）；到了20世纪80年代后，随着对森林游憩和旅行费用法的不断深入研究，森林游憩的新研究方法——享乐价格法也被提了出来（Choong K L，1997；Smith V K，1997）。而旅行费用法最先也并不是直接应用于对森林游憩资源价值的评定，而是被应用于对各种游憩活动的游憩价值的评定。譬如Loomis J B和Walsh R G（1986）运用旅行费用法对在河流边进行垂钓活动是否具备游憩价值以及游憩价值具体的值进行了研究与评估；Clawson M和Knetsch J（1986）运用旅行费用法对美国爱达荷州的森林狩猎活动是否具备游憩价值进行了研究和评估；Michael I、Ockwood、Kathy Tracy（1995）也是通过使用旅行费用法对悉尼世纪公园的游憩资源价值进行评价研究，研究结果显示，悉尼世纪公园的游憩价值远远超过公园当年的经济收入，表明该公园还有巨大的游憩潜力可以挖掘。

旅行费用法可以分为区域旅行费用模型（Zonal Travel Cost Model，ZTCM）和个人旅行费用模型（Individual Travel Cost Model，ITCM）。其中，ZTCM是对某一区域人群的娱乐活动总值进行划分，而ITCM是针对个人消费者的娱乐活动总值进行划分。两者在统计对象上存在极大的差异。首先，ZTCM方法的统计对象具有集聚的特点，强调的是人群单位的属性；而ITCM模型除了强调人群单位的属性外，还必须具有个人的属性。与ZTCM不同的是，ITCM非常强调应用个人数据来推算整个模型。由于ITCM模型可信度较高，所以可假设人们价值观不变，实现数据在时空上的转移，将其放在不同的年代或是不同的区域，依然可以使用。由此可知，当使用ITCM方法时，在个人旅游地点变化时，可以不用对问卷进行再次设计或调查，可直接用于评估现有不存在的环境资源。相反，ZTCM 模型就无法实现在时空上的转移或对换，其必须在特定的时间和场所，经过问卷调查后才能对其评价对象进行研究。从上述特点来看，ITCM 优于 ZTCM。但是，若考虑模型推导的稳定度，ZTCM 则优于 ITCM。因此，在对具体对象进行评估时，要根据事物的稳定性选择不同的模型进行分析（蔡银莺，张安录，2008）。

（2）国内研究现状

靳乐山（1999）使用旅行费用法对圆明园公园 1996 年的环境服务价值进行了评估，评估结果显示 1996 年圆明园公园的整体环境服务价值约为 1.17 亿元。郭剑英、王乃昂（2008）运用旅行费用法评估敦煌 2001 年的旅游资源价值，评估结果显示敦煌 2001 年的旅游价值约为 7.8 亿元。董雪旺、张捷、蔡永寿、卢韶婧（2012）运用旅行费用法对 2009 年九寨沟国家级自然保护区的游憩资源价值进行评估，得出九寨沟国家级自然保护区 2009 年游憩资源价值约为 48.90 亿元。何爱红、王森、王亦龙（2011）运用旅行费用法对 2009 年莲花山国家级自然保护区的游憩资源价值进行了评估，评估结果显示 2009 年莲花山自然保护区游憩资源价值约为 70.3 万元。

李会杰、张宏敏、孙敬克、刘玉红、张灵（2017）通过模拟旅行费用法对平顶山的城郊农田休闲娱乐生态服务价值进行了评估，并测得 2013 年至 2014 年平顶山的城郊农田休闲娱乐生态服务价值为每平方公里 26.16 万元至 61.03 万元。欧阳勋志、廖为明、黄晓全（2006）在对婺源县 2002 年森林景观游憩资源价值的评估上则是运用创新的旅行费用法——分区旅行费用法，该方法是运用群体随机抽样的方法对研究区域的游客进行问卷调查，详细地询问游客的个人属性，特别是其客源地，并根据获得的调查数据，将游客按照客源地划分群体或者区间，依照数据及划分好的区间来建立回归模型，最终通过计算得出婺源县 2002 年森林景观游憩资源的经济价值约为 1.02 亿元。

李巍、李文军（2003）认为，现有的三类旅行费用法模型——分区旅行费用法（ZTCM）、一般个人旅行费用法（ITCM）和高级个人旅行费用法（AITCM），都不能完美地适用于评估九寨沟景区，因而提出了一种改进的旅行费用分析方法——旅行费用区间法（TCIA）。这种方法与之前的三种方法相比，最大的创新在于它不是以游客客源地来划分区间，而是用游客的旅行费用作为区间。旅行费用也不是简单的游客的直接货币消费，还包括了游客为此付出的机会成本，一般指时间成本。并将该方法运用于评估 2000 年九寨沟国家自然保护区的自然资源游憩价值，评估结果为九寨沟 2000 年的自然资源游憩价值约为 10.19 亿元。随着研究的不断深入和发展，旅行费用区间法逐渐流行起来。高悦、沈昊婧、李孔明（2008）在对东湖风景区 2008 年游憩资源价值进行评估时也是应用了该方法，最终评估的结果显示东湖风景区 2008 年游憩资源价值约为 16.75 亿元。陈逸如（2018）以旅行费用区间法对万州长江南岸的游憩价值进行了评估测算，得出万州长江南岸的游憩价值约为 7 576 万元，且对游客的吸引力随客源地距离的增加而降低，但是对于景区周边地区游客的吸引力较大，重游率很高。刘东煊、黄羿、朱伟俊、常向阳（2019）以旅行费用区间法对珠海国家湿地公园进行了游憩资源价值评估，测得该湿地公园有着巨大的休闲游憩资源，每年游憩价值约为 5.07 亿元。

2.3.3 条件价值法

（1）国外研究现状

条件价值法（Contingent Valuation Method，CVM）是陈述偏好评估法的代表，它以调查为基础，因此也被称为意愿调查评估法，主要采用问卷调查等方法直接询问受访者来获取消费者在虚拟的市场里的经济行为，并通过调查得到的消费者支付意愿来对研究的商品或者服务的具体价值进行评估的一种方法（高悦，沈昊婧，李孔明，2008）。条件价值法不仅能够评价生态区、森林公园及旅游景区的有形价值，还能够评价它们的文化价值、历史价值等无形价值。该方法最初是由 Ciriacy Wantrup 于 1947 年提出的，1963 年 Davis 首次将条件价值法应用于实践，即用于研究美国缅因州林地宿营、狩猎的娱乐价值，通过调查捕鹅者对捕鹅的收益进行价值评估。而后，在自然资源两种主要的非使用价值——选择及存在价值被广泛认知后，此方法很快流行，并被看作环境经济文献中总经济价值评估的一种重要方法。特别是在 20 世纪 60 年代以后，在对旅游资源游憩价值评估的研究中，学者们逐渐发现了旅行费用法的不足：难以全面地评估目标区域的游憩价值，人们愿意为此付出的支付意愿不在评估范围内。为了解决这一问题，条件价值法被提了出来并开始逐渐地应用于自然资源游憩价值的评估。也就是说，当一些惯常揭示偏好的方法（如旅行费用法）不能评估一些非使用价值时，对这些价值进行评估的唯一方法就是条件价值法（Venkatachalam L，2004；Mitchell R E，1989）。

20 世纪 70 年代以来，条件价值法逐渐地被用于评估自然资源的游憩娱乐、狩猎和美学效益的经济价值（Richard T，1998）。Liisa Tyrvainen（1998）运用条件价值法对芬兰科里国家森林公园的游憩资源价值进行研究，研究结果显示在所有的受访者中大约 1/2 的人对于保护科里国家森林公园有支付意愿。Riccardo Scarpa（2000）运用条件价值法对爱尔兰的自然保护区进行了游憩资源价值的研究，以期对爱尔兰是否兴建自然保护区提出建议，研究的结果表明爱尔兰的自然保护区有着巨大的潜力，游憩资源所能带来的经济效益接近每年 50 万英镑，这足以诱使当地政府兴建一个自然保护区。Mitchell R E（2005）使用条件价值法对非市场情况下的公共商品的价值进行估算，他们通过问卷调查的方式来获取受访者对非市场情况下的公共商品的经济支付意愿，并借此来评估公共商品的价值并将其货币化。Pieter J H、Van Beukering、Herman S J Cesar（2003）通过条件价值法研究苏门答腊岛的勒塞尔国家公园的游客对公园三种利用情况下的支付意愿，三种利用情况分别为“森林采伐”“选择利用”以及“保持”，并结合旅行费用法对该公园的总的游憩资源价值进行评估，评估结果显示勒塞尔国家公园在“保持”这种利用情况下的游憩价值是最大的。Tore Soderqvist、Hakan Eggert、Bjorn Olsson（2005）运用条件价值法对瑞典海岸带经济价值进行货币化评估；Jonathan Bilberman、Kathleen L Andereck（2006）运用此方法对美国西部越野休闲活动的游乐价值进行货币化评估；Kleber运用此方法对厄瓜多尔的加拉帕戈斯国家公园价值进行评价（Venkatachalam L，2004）。国外学者对条件价值法的研究主要侧重空气、水质、景观等的经济效益评价和如何在实践应用中避免各种偏差。但是，条件价值法是一种基于虚拟市场的价值评估方法，其假想性使得研究者对其信度和效度缺乏信任，评估结果的精度成为学术界广泛争议的焦点。

随后学者们逐渐意识到了旅行费用法和条件价值法两者之间的缺陷和优势，并发现二者之间能够互补，且效果极佳，于是慢慢出现了将条件价值法与旅行费用法相结合并应用于游憩资源价值研究。Donnelly D M、Nelson L J（1986）运用旅行费用法和条件价值法对美国爱达荷州鹿狩猎的价值进行评价；Choong-Ki Lee、Sang-Yoel Han（2002）将旅行费用法和条件价值法结合起来对5个各具特色的韩国国家公园的游憩资源价值进行评估，结果显示这5个公园现存的游憩价值，包括其使用价值和非使用价值，都已经远远超过其自身的运营成本和维护成本的总额。最终的结论是，研究的成果会因为研究区域的不同而不同，并非所有区域的游憩价值都是类似的。

（2）国内研究现状

随着国外条件价值法开始成为评定游憩资源价值的主流方法，国内也有众多的学者引进了条件价值法，并应用于游憩资源价值评估。譬如薛达元（2000）就应用条件价值法对长白山自然保护区非使用价值进行评估，结果显示长白山自然保护区的生物多样性的非使用价值达到了43.19亿元，且其中存在价值是其非使用价值的主要组成部分。曹辉、兰思仁（2002）运用条件价值法对福州国家森林公园的森林景观资产进行了预测评估，预测结果显示福州国家森林公园的景观收益在2001年至2022年期间平均每年约为1.2亿元。杨志耕、张颖（2010）基于条件价值法对2008年井冈山的森林游憩资源价值进行评估，结果显示2008年井冈山森林游憩总经济价值在12.59亿元至18.92亿元。赵强、李秀梅、张琪、陈爱萍（2011）在对2008年千佛山景区的游憩资源价值进行评估时使用了条件价值法，评估结果显示 2008 年千佛山风景区游憩资源价值为 6 547.38 万元。

随着研究的深入，国内学者也发现了条件价值法的不足进而开始将旅行费用法和条件价值法结合起来对游憩资源价值进行评价。尤建林（2009）就将旅行费用法和条件价值法结合起来对天目山国家级自然保护区 2007 年游憩资源价值进行了评估，结果显示 2007 年天目山国家级自然保护区的森林游憩价值约为 4 亿元，消费者剩余为 8 599.6 万元，存在较大的发展空间。杨秀云（2012）也将旅行费用法和条件价值法二者结合起来对旗山国家森林公园 2010 年游憩资源价值进行了评估，结果显示 2010 年旗山森林公园游憩资源的使用价值为 3 632.8 万元，非使用价值则达到了 30 377.35 万元。成程、肖燚、欧阳志云、饶恩明（2013）对武陵源风景区 2010 年游憩资源价值进行了评估，结果显示 2011 年武陵源风景区的自然景观价值为 89.01 亿元，其中使用价值为 79.30 亿元，非使用价值为 9.71 亿元。

2.3.4 选择实验法

（1）国外研究现状

目前在西方发达国家中流行另一种评估环境资源价值的方法：选择实验法（CE）。相对于条件价值法只能评估一种属性发生改变的情况，选择实验法可以同时估计多种属性发生改变的情况。选择实验法可以估计一组特征属性在相互作用下各自对消费者的相对价值。选择实验法所具有的优点使得它在国外得到普遍的认可和使用。其中具有代表性的是 Carlsson F、Frykblom P、Liljenstolpe C（2003）运用选择实验法并采用随机参数模型对湿地环境属性进行了价值评价，并得出了生物多样性和基础设施对游客效用影响最大。Horne P、Boxall P、Adamowicz W（2005）使用选择实验法研究了在森林景观和物种数量不同水平的假设下，游客对 5 个相邻城市旅游景点的环境质量的感知和偏好，得到了游客更喜欢森林风光和物种多样性的结论。Jacobsen B、Boiesen J、Thorsen B、Strange N（2008）使用选择实验法研究居民的旅游偏好，发现游客因地域和文化背景不同对国家公园环境质量的感知也有显著的差异，最后得出了国家公园的娱乐价值，并且针对不同地域和文化的游客制订了游憩价值提升方案。

（2）国内研究现状

中国对于选择实验法的研究起步较晚，现有利用选择实验法对游憩价值进行估算的文章较少，张凌云（2009）运用选择实验法对济南灵岩寺文化遗址的景区开发进行研究，得出了出土挖掘和保存灵岩遗迹是最优的选择，而“高质量的游客设施”却是最不重要的。马爱慧、张安录（2013）在对湖北武汉市民的耕地生态补偿意愿的研究上使用了选择实验法，研究结果表明，对保护耕地资源而言，市民更关注耕地周边景观与生态环境属性，并愿意为耕地周边景观与生态环境的改善每年支付 154 元。吕欢欢（2013）将选择实验法运用在了沈阳国家森林公园上，测算出沈阳国家森林公园的经济价值为每年人均 27.63 元，最佳状态下资源组合的经济价值可以达到每年人均 131.32 元，最差状态下资源组合的经济价值为每年人均－156.22 元。在其选取的植被覆盖率、水资源的质量、拥挤度、休息处垃圾数量等四个要素中，其相对重要程度排名从第一到第四依次为：拥挤度、植被覆盖率、休息处垃圾数量、水资源的质量。王晋楠（2014）在对四川成都三圣花乡的村镇景观游憩价值评估上运用了选择实验法，用三种 Logistic 模型计量得出当三圣花乡的生态环境、乡土民居、乡村生活生产景观与服务性景观均达到最好状态时，游客每人每次支付意愿分别为 410.8 元、391.7 元和 418.8 元，按照三圣花乡 2012 年游客量 1 200 万人次计算，推算出三圣花乡的游憩价值分别为 49.3 亿元、47.0 亿元和 50.3 亿元。

2.3.5　费用支出法

费用支出法是将游客在旅行过程中所直接支付的费用总和作为研究区域的游憩资源经济价值的一种相对简单的游憩资源价值评估方法。游客在旅游地的直接花费包括食宿费、交通费、门票费、娱乐费用等。费用支出法是最简单的一种对研究区域游憩资源价值进行评估的方法，它只对游客已经产生的费用进行计算，并不对游客未来的消费进行趋势预测，也不考察游客的支付意愿，因此不需要过于复杂的计量模型，而且其所需要的数据也比较容易得到，一般适用于对已经开发完毕、运营管理十分成熟的景区或名胜古迹进行游憩资源价值评估。它的局限性十分明显，如果是对于一些还未开发或者正在开发中的游憩资源的价值评估就难以适用，对于部分不收取门票费用的免费游玩景区也无法准确地评估其游憩资源的价值。

2.4　游憩价值影响因素研究现状

不同的评估方法在应用过程中，由于计算所需的变量有很大差别，其影响评估结果的因素也是不同的。如条件价值法在应用于游憩价值评估的实践中，景区的级别、社会经济特征、游客数量、家庭特征及其对景区环境质量的感知状况都会直接影响价值评估的结果。自然保护区的存在，也可以增加游客的支付意愿，从而提高了当地游憩价值，如 Riccardo Scarpa、Susan M Chilton（2006）通过比较研究发现，在爱尔兰新增一个自然保护区，每年可以增加游憩收益将近 50 万英镑。于洋、王尔大（2009）运用计数统计模型对滨海游憩价值影响因素进行了分析。另外，不同评估方法的适用性成为影响游憩资源价值的重要因素，比如国内目前进行的游憩价值评估较少采用条件价值法，主要是基于对中国国情的考虑，由于国内通常缺乏对消费者进行市场调查的传统，因此被调查者可能因为难于理解这一方式而不能给出他们真实的支付意愿，并且这一方法的调查结果往往取决于被调查者如何理解某一环境变化可能对其自身的影响，被调查者的环境意识以及政府对环境信息的公开程度等都会影响评估结果的准确性。此外，可能存在因收入过低，被调查者往往支付能力不足，从而出现支付意愿低于实际价值的情况。

2.5 森林碳汇对森林游憩的影响研究

程希平（2015）认为森林植物通过光合作用，吸收二氧化碳，放出氧气，把大气中的二氧化碳转化为碳水化合物，以生物量的形式固定贮存下来，这个过程叫作碳汇。绿色植物通过光合作用将太阳能转化为化学能，并将大气中的二氧化碳转化成有机物，为生物界提供枝叶、茎根、果实、种子，提供最基本的物质和能量来源。这一转化过程，就是森林固碳。森林的生长可以吸收并固定二氧化碳，森林是二氧化碳的吸收器、贮存库和缓冲器。因此，森林被誉为“天然氧吧”。

丁浩、陈荣坤（2010）研究认为由于人体本身新陈代谢排放和大气中二氧化碳向室内扩散等原因，人居建筑室内的二氧化碳经常超标，从而危害人体健康。二氧化碳是恶化室内空气质量的主要气体，国内外均以空气中二氧化碳浓度作为评价室内空气质量的标准之一。所以，降低室内二氧化碳的存量具有重要作用。森林里的绿色植物通过光合作用，吸收二氧化碳并释放氧气，从而达到净化空气的目的。另一方面它还对空气中各种尘埃的过滤、吸收和对有毒气体的净化起到重要作用。程希平（2015）认为与城市中充斥着各种污染物相比，由于森林具有净化空气的功能，森林保持着良好的大气环境质量，空气中的二氧化硫、二氧化氮、总悬浮颗粒物等污染物相对较少。

此外，赵久金、李玉敏等（2012）表示，森林植物通过光合作用释放氧气，氧气是人体进行新陈代谢的关键物质，是人体生命活动的第一需要，氧气的浓度是评价森林环境质量的一项重要指标。张丽娟、姜春艳等（2014）说明了绿色植被面积减少会导致氧气释放量减少。森林是陆地绿色生态系统的主体，具有固碳释氧的重要生态功能，地球上60%以上的氧气来自森林生态系统。肖功武（1983）研究认为每公顷阔叶林在生长季节，每天可吸收1吨二氧化碳，释放730千克氧气。每个成年人每天约呼出二氧化碳0.9千克，吸收氧气0.73千克，所以每人只需有10平方米森林就可以得到足够新鲜的氧气。因此，城市人应该多走出城市，走向森林，多做“空气浴”，在高浓度氧气的森林中漫步、旅游，增进身心健康。黄水生、姜爱萍等（2009）认为森林生态系统通过光合作用与呼吸作用与大气交换二氧化碳与氧气，从而对维持大气中的二氧化碳与氧气的动态平衡起着不可替代的作用。因此，森林固碳释氧对促进森林游憩，提高森林游憩价值具有重要作用。

2.6　森林中负氧离子对森林游憩的影响研究

罗雪（2015）认为空气中的各种分子结构因为受到自然界的射线影响而释放出一定量的电子，在常规大气压下，被释放出的电子很快和空气中的中性分子结合，形成负离子。这些被电离所产生的大量负离子和空气中的氧气相结合，即形成了负氧离子。由于空气中的氧气含量相对较多，所以负离子基本上都和氧气相互结合而形成负氧离子。

麦国荣（1989）认为，部分负离子被氧吸收成为负氧离子，山野树木是它的储蓄所，可长期、大量“储存”；在树木较少、尘埃较多的地区，由于正离子较多，与负氧离子接触后，负电荷消失导致负氧离子减少，而森林中的树冠组成类似接收天线，捕捉正离子，使其不与负氧离子接触，所以森林中的负氧离子经常保特高浓度。据调查，森林中每立方厘米约有 2 万个负氧离子；城市室外 200 个，室内 40 个。毛成忠、于乃莲等（2014）利用连续 15 个月逐小时对比观测资料，比较分析了典型城市区和森林区负氧离子特征，结果显示：城市区负氧离子平均浓度为每立方厘米 240 个，森林区为每立方厘米 1 470 个，森林区明显高于城市区 5～6 倍；森林区负氧离子中“小离子”约占 8 成，“中离子”约占 2 成，而城市区“中离子”几乎为零。通过以上对城市区与森林区负氧离子浓度的比对可以得出，森林是负氧离子重要的产生源。

曾曙才、苏志尧等（2006）表示，现代医学发现，当空气负（氧）离子达到一定浓度时，能调节人体生理机能，促进新陈代谢，缓解疲劳，改善睡眠。周德平、佟维华等（2015）提到，每天吸入适量的负氧离子，持之以恒，对健康大有裨益，可使人精力旺盛，消除疲劳和倦怠，提高工作效率，改善睡眠，缓解神经衰弱。负氧离子还能杀菌，降低疾病发病率，预防感冒和呼吸道疾病，缓解心、脑血管疾病的症状。基于以上优点，人们逐渐开始重视负氧离子及其对人体的生理效应作用。因此，空气负（氧）离子也被称为“空气中的维生素”。

卓凌、廖成章等（2016）认为空气负（氧）离子除了对人体健康有着促进作用外，还能反映空气质量，是生态环境状况的重要正向指标。王恩瑞、郭琴等（2015）说明了森林的树冠、枝叶的尖端放电以及光合作用过程的光电效应均会促使空气电解，产生大量的空气负离子。植物释放的挥发性物质如植物精气（又叫芬多精）等也能促进空气电离，从而增加空气负离子浓度。空气负氧离子水平可表征空气的洁净度、空气新鲜度等，空气负离子的含量也是空气质量评价的主要参考指数之一。

李慧（2008）表示，了解森林负氧离子的重要作用，开展对森林负氧离子的研究，认清负氧离子对森林游憩价值的影响，不仅有利于保障人们的身心健康，保护自然生态环境，提升人们的生存质量，改善人们的生存空间，还对合理开发自然资源和指导林分结构优化调整，营造生态效益更高的森林及森林资源结构都具有重要的理论价值和现实意义。

罗雪（2015）认为一般负氧离子含量高的地方，人的生活质量和健康程度也相对较高，正是因为森林负氧离子的含量丰富，长期生活在城市里的人们应该尽量多参加户外活动，进入到森林中补充“维生素”。此外，依托优美自然环境和清新空气质量的森林游憩具有较强的参与性，旅游者不仅可以从森林中体会到游憩的快乐，形成以自然景观为主体并融合人文内涵为对象的旅游形式，旅游者还能够通过与自然环境的近距离接触，了解自然、享受自然，增加自然环境知识，增强生态环保意识，从而形成自觉保护自然、保护环境的文明旅游方式，提升森林生态旅游的品质，提高森林游憩的价值。

随着森林游憩的兴起及人们保健意识的增强，空气负氧离子作为一种重要的森林游憩资源越来越受到人们的重视，它对于提高森林游憩价值具有重要的意义。利用周末或者节假日，到森林里呼吸一下新鲜空气，对游客具有较大的吸引力，森林游憩这种富于特色的休闲方式现已成为一种时尚。人们走进森林中之所以能感受到空气清新、心情舒畅、心旷神怡，主要原因是森林空气中含有大量的空气负（氧）离子。

2.7 研究现状述评

从国外游憩资源价值评估的研究进展中可以看出：国外游憩资源价值评估起步很早，研究成果比较多，其评估方法及过程正在向系统化方向发展，而且英美等许多发达国家已经通过立法形式将游憩资源的价值评估作为环境决策的重要内容，这大大增强了其成果的可操作性。

针对旅行费用法不适用于评价非市场资源价值，条件价值法弥补了旅行费用法的不足，提高了非市场资源价值评价的准确性，但也有不足之处，表现在它是基于假设的资源市场条件下对消费者进行的调查方法，因此在其应用过程中容易产生各种偏差。迄今国外已有很多研究成果被用于指导政府及景区管理部门的决策及政策制定，同时，经济学、社会学、环境学等学科的最新研究成果不断被吸收，特别是环境经济学中有关非市场商品价值评估的一些典型方法，如旅行费用法与条件价值法相结合，享乐价格法以及选择实验法被广泛用于游憩资源价值评估中，促使国外游憩资源价值评估的理论和方法不断创新。但是另一方面，国外对游憩资源价值评估的研究也存在一些问题。首先，其研究视野还不够开阔，研究案例也多是森林游憩地或者一些保护区，而对人文旅游资源价值进行评估的案例较少。其次，建立在福利经济学基础上的旅游资源价值评估的理论基础和方法体系还不够完善，值得商榷，特别是目前一些比较流行的游憩价值核算方法在实践应用中存在一定的局限性，仍需不断调整与改进。

相对而言，国内关于游憩资源价值评估的研究起步较晚，研究成果较少，可操作性与国外研究存在一定的差距，国内关于游憩资源价值评估的研究方法大多借鉴外国。旅行费用法和条件价值法是常见的评价方法，但是都有各自的缺陷，旅行费用法不适用于非市场资源的价值评估；条件价值法在应用于中国游憩资源价值评估时，由于国内通常缺乏对消费者进行市场调查的传统，因此被调查者可能因为难于理解这一方式而不能给出他们真实的支付意愿，并且这一方法的调查结果往往取决于被调查者如何理解某一环境变化可能对其自身的影响，被调查者的环境意识以及政府对环境信息的公开程度等都会影响到评估结果的准确性。这些因素都会影响条件价值法的核算结果。中国对选择实验法的研究起步较晚，在游憩资源评价中运用更少。

归纳起来，中国在游憩资源价值评价研究领域已取得一定的进展，但仍存在一些不足和问题，具体如下：

一是缺乏对理论方法的深入探讨。一方面还没有找到比国外更好的理论和方法；另一方面对国外的基本理论和方法也缺乏系统的掌握和了解，包括效用理论、福利经济学以及价值评价方法等，导致许多研究没有正确地运用这些理论与方法，更没有起到指导实践的作用，部分学者有时不分情况地使用旅行费用法和条件价值法，影响了游憩资源价值评估的合理性。

二是研究范围很窄且使用方法单一。已有的研究主要限于林业资源、个别地区空气质量的价值评价，对滨海湿地资源游憩价值评价研究涉及更少。

三是部分研究成果还只是停留在学术交流上，在实际操作中作用不大，未应用到资源管理的实际工作中去。

四是中国对选择实验法的研究和使用仍存在一定的发展空间。实践已经证明，选择实验法是比旅行费用法、条件价值法更适合评估自然资源价值的方法，但至今尚未见到中国将选择实验法全面、系统地运用到森林自然保护区、湿地自然保护区等游憩资源价值评价的报道，有待完善和补充。

五是森林公园游憩资源的价值受到多种因素影响，但是目前综合考虑自然因素、社会因素、管理因素和成本因素等因素评价森林公园游憩资源价值的文献很少。

3 福建省森林游憩资源与游憩现状

根据第九次全国森林资源清查通报，福建省森林面积 1.21 亿亩[①]，森林蓄积量 7.29 亿立方米。全省共有木本植物 1 943 种、脊椎动物 1 693 种，均占全国的 1/3，是中国生物多样性最为丰富的省份之一（福建省林业局，2019）。

福建省坚持多层次、多渠道筹集资金开发森林旅游，森林旅游发展速度较快。福建省森林旅游服务设施较完善，已基本具备了集吃、住、行、游、购、娱为一体的旅游条件，森林旅游格局已基本形成（王尔斌，2016）。

3.1 森林游憩资源现状

福建位于中国东南沿海，素有“八山一水一分田”之称，森林覆盖率 66.80%，连续多年居全国首位，森林旅游资源丰富，开发森林旅游具有得天独厚的条件和优势。自 1988 年成立第一个森林公园即福州国家森林公园以来，经过 30 多年的建设发展，福建森林旅游取得了长足进步。

2003 年福建省森林旅游业稳步发展。全省加大森林旅游开发力度，新建泉州、惠安科山、安溪凤山、上杭等 4 个国家级森林公园，全省森林公园共 43 个，其中国家级 15 个，省级 28 个（福建省林业统计年鉴，2003）。

2005 年莆田市加强森林公园建设，把瑞云山、壶公山、夹漈草堂、虎堀山森林公园建设列入全市 20 个林业重点项目，作为市委、市政府提出的“项目工作攻坚年”滚动督察的重要内容，实行局领导、科室挂钩项目联系制度，加大技术指导服务力度，帮助森林公园搞好景点规划设计、建设等工作。全市森林公园完成投资 1 556 万元，占年计划投资 1 390 万元的 111.9%。至 11 月底全市森林游憩态势良好，共接待游客 44.14 万人次，同比增长 0.5%，旅游综合收入 358.8 万元，同比增长 61.6%（福建省林业统计年鉴，2005）。

2005 年厦门市城市生态景观林示范工程建设初见成效，完成了海沧、集美两区景观生态林示范工程 1 124 亩。以多树种、多层次、多色彩、多功能的设计理念，营造三季有花、四季常青、五彩缤纷的森林景观，为今后全市的景观生态林建设起到示范辐射和带动作用（福建省林业统计年鉴，2005）。2007 年厦门市生态文明建设持续深入，实施林相改造，增强城市生态功能，总投资

① 亩为非法定计量单位，15 亩＝1 公顷。

1 900 万元，完成生态风景林建设 1.25 万亩，超过年度计划 0.05 万亩，多树种、多层次、多色彩、多功能、多效益的森林生态景观逐步显现。发展生态休闲观光旅游，把全市山地规划建成森林公园、山地公园并分步实施，天竺山森林公园配套服务设施不断完善，跨入国家 4 A 级旅游景区行列，莲花山、大帽山森林公园建设有序推进（福建省林业统计年鉴，2007)。2008 年厦门市生态体系建设稳步推进，以海沧区蔡尖尾山、天竺山森林公园，集美区天马山、大帽山隧道口两侧山体，同安区北辰山景区、小坪景区，翔安区大帽山农场、小盈岭厦门界内山体为重点，投入 1 971 万元，持续加快生态风景林建设，做到集中连片，全年完成 1.23 万亩建设任务（福建省林业统计年鉴，2008)。2010 年厦门市推出的《厦门市西、北部生态休闲旅游规划》首次系统性地对厦门岛外森林资源进行游憩开发规划。规划总体布局结构为“一轴、两圈、六节点、多放射”，规划旅游产品主要包括康体娱乐休闲、乡土风情休闲等。

2007 年，福建省率先在全国开展了“森林人家”休闲健康游品牌建设。森林人家以良好的森林环境为背景，以有较高游憩价值的景观为依托，充分利用森林生态资源和乡土特色产品，融森林文化与民俗风情为一体，为游客提供吃、住、娱等服务的健康休闲型品牌旅游产品。森林人家迎合经济社会发展潮流应运而生，通过 10 多年的发展，逐步得到社会的认可，影响力不断提升。目前，森林人家不仅是福建省特色的乡村旅游知名品牌，而且已经成为国内林业行业的知名森林旅游品牌，为福建省乃至全国森林旅游产业发展做出了突出的贡献（福建省林业统计年鉴，2007)。2010 年福建省开展森林生态文化活动，把生态文化宣传和生态科普融入其中。2015 年全省积极推进生态景观林建设，采取生态赎买政策，将商品林逐步置换成生态公益林，进一步推动了森林旅游发展。

2016 年南平市森林生态景观持续提升。大力开展高速公路、高铁、国道两侧和环城一重山绿化美化，落实“千里生态绿廊”造林绿化面积 2.12 万亩，完成中心城区环城一重山森林生态景观改造提升 0.35 万亩。延平区对千里生态绿廊建设阔叶树苗木进行补助，政和县积极筹资用于环城一重山（熊山公园）森林生态景观提升。位于建瓯市川石乡后坪村的福建青冈、玉山镇榧村的香榧入选第四批“福建树王”。全市累计 9 株古树上榜保持全省最多。评选出南平市第二届“十佳乡村景观林”。邵武、顺昌、松溪等三个县（市）省级森林城市建设总体规划通过评审（福建省林业统计年鉴，2016)。

截至 2017 年年底，福建省建设了森林公园 153 处，建设面积 170 425.64 公顷，2017 年投入资金 68 108.885 万元，其中国家级森林公园 30 处，建设面积 89 228.86 公顷，2017 年投入资金 52 710.93 万元；省级森林公园 123 处，建设面积 81 196.78 公顷，2017 年投入资金 15 397.955 万元。2017 年累计接待游客 2 383.66 万人次，森林公园旅游收入达 101 191.40 万元（福建省林业统计年鉴，2017）。森林公园就像一颗颗璀璨的绿色明珠镶嵌在八闽大地上，已经成为福建省森林旅游的主要资源，福州国家森林公园的千年榕树王、东山国家森林公园的滨海风光、泰宁猫儿山国家森林公园的水上丹霞奇观等，已成为福建省森林旅游的亮点。

目前，福建省建有自然保护区 93 处（其中国家级 17 处、省级 23 处）、保护小区 3 300 多处，保护面积约 1 360 万亩，建成了布局比较合理、类型比较齐全、功能比较完善的自然保护区网络。其中武夷山国家自然保护区还被联合国列为“自然与文化双遗产名录”，同时被联合国教科文组织列为世界人与生物圈自然保护区，并以动植物标本模式产地而闻名海内外。这些自然保护区的地形、地貌、森林景观、人文景观各具特色，动植物资源丰富，对国内外游客具有极大的吸引力。

近年来，福建省森林旅游发展速度较快。全省有福州、旗山、灵石山、平潭、天柱山、东山、华安、猫儿山、三元、龙岩、仙人谷、大蜚山、崇武海滨等森林公园已对外开园，形成“吃、住、行、游、购、娱”为一体的旅游业（崔永红，2015）。2017 年，全省加强森林旅游与传统优势旅游产业整合，大力推进森林人家、森林体验基地、森林康养项目建设，重点打造一批森林特色小镇，构建具有可持续竞争力的森林旅游产品体系。

在第 20 届中国国际投资贸易洽谈会上，福建省林业厅成功推介四大森林旅游项目，包括实施“百园千道”生态产品共享工程，提升改造 100 个森林公园，建设 1 000 公里森林步道，做大做强森林人家；依托自然保护区、森林公园、湿地等旅游地建设智慧公共服务体系，发展绿色智慧旅游；积极引进社会资本，进一步开发康体养生旅游、运动休闲旅游、自驾车旅游等项目，推出野外拓展、户外露营、山地运动、森林疗养等新产品；建立生态文明和森林文化教育基地，普及生态文化知识，开展生态文明教育，繁荣森林生态文化。目前，福建已初步形成闽南滨海休闲森林旅游区、闽西客家文化森林旅游区、闽北森林生态旅游区、闽东山海风光森林旅游区等 4 个森林旅游功能区，形成蓝色滨海森林旅游带、红色文化森林旅游带、绿色生态森林旅游带等 3 条森林旅游带，形成福州、厦门、武夷山 3 个森林游憩中心。2017 年，福建接待游客超 1 亿人次，森林旅游总产值超过 800 亿元（中国绿色时报，2018）。

3.1.1 森林自然保护区概况

（1）森林自然保护区旅游收入和旅游人数

表 3－1 为福建省森林自然保护区 2000 年至 2004 年的旅游收入和旅游人

数，其中 2002 年至 2003 年增长速度快。

表 3-1　福建省森林自然保护区旅游收入和旅游人数

年份	旅游收入（万元）	旅游人数（万人）
2000	199.00	16.61
2001	224.33	27.22
2002	588.10	30.17
2003	2 392.22	77.97
2004	2 333.62	70.44

注：数据来源于福建省林业统计年鉴（自然保护区数据仅统计到 2004 年，下同）。

（2）森林自然保护区面积

2000 年福建省森林自然保护区面积为 204.46 万亩，2013 年面积为 405.03 万亩（表 3-2），增长了 0.98 倍。图 3-1 为福建省森林自然保护区 2007 年至 2013 年面积，从图中可见，全省森林自然保护区面积总体呈现上升趋势。

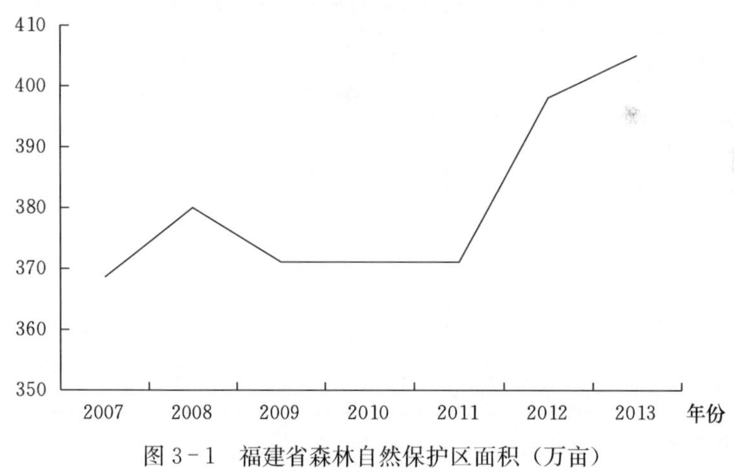

图 3-1　福建省森林自然保护区面积（万亩）

根据表 3-2 可以计算出，2009 年至 2013 年全省森林自然保护区生态公益林面积均值为 318.06 万亩，其中省级生态公益林面积均值为 42.80 万亩，国家级生态公益林面积均值为 275.26 万亩。从表中可以看出，2009 年至 2011 年连续三年生态公益林面积没有变化；2012 年至 2013 年面积有所增加。

表 3-2 福建省森林自然保护区面积

年份	生态公益林面积（万亩）			有林地面积（万亩）	总面积（万亩）
	国家级	省级	合计		
2009	270.6	39.06	309.66	351.25	371.07
2010	270.6	39.06	309.66	351.25	371.07
2011	270.6	39.06	309.66	351.25	371.07
2012	270.6	55.05	325.65	378.25	398.11
2013	293.9	41.79	335.69	384.16	405.03

注：数据来源于福建省林业统计年鉴（自然保护区数据仅统计到 2013 年，下同）。

（3）森林自然保护区其他情况

从表 3-3 可知，2007 年福建省级以上森林自然保护区 28 个，2013 年 30 个，增长缓慢；2007 年福建省森林自然保护区年末从业人员 1 491 人（其中在编人员 360 人），2013 年为 1 530 人（其中在编人员 434 人），变化不大，在编人员增长量大于年末从业人员增长量；2007 年福建省森林自然保护区事业经费 571 万元，2013 年 574 万元，基本不变；2007 年业务经费 1 669 万元，2013 年为 4 211 万元，增长 1.5 倍多。

表 3-3 福建省森林自然保护区基本情况

年份	个数	年末从业人员（人）		事业经费（万元）	业务经费（万元）
		合计	在编人员		
2007	28	1 491	360	571	1 669
2008	28	1 582	432	578	600
2009	28	1 508	411	564	1 190
2010	28	1 508	412	569	3 245
2011	28	1 516	423	569	2 418
2012	29	1 561	438	574	2 050
2013	30	1 530	434	574	4 211

注：数据来源于福建省林业统计年鉴。

（4）梅花山国家级自然保护区基本情况

从表 3-4 可知，从 2003 年至 2006 年梅花山国家级自然保护区年末从业人员处于增加趋势，2007 年以后保持不变；从 2003 年至 2013 年，总面积、有林地面积与生态公益林面积除了 2006 年略有增加，其他年份没有变化；从 2003 年至 2006 年事业经费先增加后减少，2007 年以后保持不变；业务经费波动较大，2004 年与 2005 年没有业务经费，2013 年业务经费最多，达到 350

万元。

表 3-4　梅花山国家级自然保护区基本情况

年份	年末从业人员（人）		总面积（万亩）		生态公益林面积(万亩)		事业经费（万元）	业务经费（万元）
	合计	在编人员	合计	有林地	国家级	省级		
2003	52	52	33	31	30.9	0.2	60	60
2004	105	27	33	31	30.9	0.2	80	—
2005	105	27	33	31	30.9	0.2	80	—
2006	147	27	33.25	31.85	30.9	0.2	45	156
2007	147	27	33.25	31.85	30.9	0.2	45	156
2008	147	27	33.25	31.85	30.9	0.2	45	5
2009	147	27	33.25	31.85	30.9	0.2	45	100
2010	147	27	33.25	31.85	30.9	0.2	45	10
2011	147	27	33.25	31.85	30.9	0.2	45	20
2012	147	27	33.25	31.85	30.9	0.2	45	160
2013	147	27	33.25	31.85	30.9	0.2	45	350

注：数据来源于福建省林业统计年鉴。

（5）武夷山国家级自然保护区基本情况

如表 3-5 所示，福建省武夷山国家级自然保护区 2000 年、2001 年、2004 年的旅游收入分别为 20 万元、20 万元、100 万元；旅游人数分别为 2 万人、2 万人、4 万人。

表 3-5　武夷山国家级自然保护区旅游收入和旅游人数

年份	旅游收入（万元）	旅游人数（万人）
2000	20	2
2001	20	2
2002	—	3
2003	—	—
2004	100	4

从表 3-6 可知，2006 年年末从业人员大幅度增加，其他年份没有增减；2008 年在编人员增加，其他年份基本不变；从 2003 年至 2013 年，总面积、有林地面积与生态公益林面积都没有变化；2006 年事业经费增加，其他年份没有增减；业务经费波动较大，2004 年业务经费只有 80 万元，2006 年、2007 年与 2013 年业务经费最多，达到 450 万元。

表 3-6 武夷山国家级自然保护区基本情况

年份	年末从业人员（人）		总面积（万亩）		生态公益林面积（万亩）		事业经费（万元）	业务经费（万元）
	合计	在编人员	合计	有林地	国家级	省级		
2003	93	93	84.79	83.47	—	—	—	—
2004	93	93	84.79	83.47	76.9	5.6	34.5	80
2005	93	93	84.79	83.47	76.9	5.6	34.5	80
2006	397	94	84.79	83.37	76.9	5.6	150	450
2007	397	94	84.79	83.37	76.9	5.6	150	450
2008	397	102	84.79	83.37	76.9	5.6	150	50
2009	397	102	84.79	83.37	76.9	5.6	150	120
2010	397	102	84.79	83.37	76.9	5.6	150	150
2011	397	102	84.79	83.37	76.9	5.6	150	100
2012	397	102	84.79	83.37	76.9	5.6	150	360
2013	397	102	84.79	83.37	76.9	5.6	150	450

注：数据来源于福建省林业统计年鉴。

从表 3-7 可以看出，武夷山国家级自然保护区物种（种类）数量 5 658 种，植被类型（群系）数量 57 个，植被覆盖率 98.8%，森林覆盖率 96.3%，总面积为 56 527 公顷，划分为核心区、缓冲区、实验区三个部分。核心区区划为东西两片，面积 29 272 公顷，占保护区总面积的 51.8%，区域内无居民点、农耕地和社区村民的其他生产性经营用地或项目。缓冲区在核心区外围，面积 12 395 公顷，占保护区总面积的 21.9%，区域内除了个别以毛竹、茶叶为主的小班由社区村民经营外，没有其他经营用地或项目。实验区是除核心区和缓冲区之外的区域，面积 14 860 公顷，占保护区总面积的 26.3%，区域内有居民 3 279 人，毛竹面积 6 553 公顷，茶叶面积 538 公顷，农耕地 113 公顷。

表 3-7 武夷山国家级自然保护区生态概况

	2013 年	2014 年	2015 年	2016 年	2017 年	2018 年
物种（种类）数量（种）	5 658	5 658	5 658	5 658	5 658	5 658
植被类型（群系）数量（个）	57	57	57	57	57	57
植被覆盖率（%）	98.8	98.8	98.8	98.8	98.8	98.8
森林覆盖率（%）	96.3	96.3	96.3	96.3	96.3	96.3
活立木蓄积量（立方米）	7 445 701	5 698 768	5 698 768	5 698 768	5 698 768	5 698 768
核心区面积（公顷）	29 272	29 272	29 272	29 272	29 272	29 272

（续）

	2013 年	2014 年	2015 年	2016 年	2017 年	2018 年
缓冲区面积（公顷）	12 395	12 395	12 395	12 395	12 395	12 395
实验区面积（公顷）	14 860	14 860	14 860	14 860	14 860	14 860

3.1.2　森林公园概况

（1）福建省森林公园基本情况

从表 3－8 可知，2003 年、2005 年、2008 年、2013 年、2016 年福建省森林公园旅游收入减少，其余年份旅游收入增加。2000 年福建省森林公园旅游收入为 4 185.5 万元，2013 年全省旅游收入为 63 117.08 万元，较 2000 年增长了 14.08 倍。福建省森林公园旅游收入整体呈上升趋势，其中，2009 年前变化比较缓慢，2010 年、2011 年、2012 年、2014 年增幅较大，2015 年以后增幅大幅度下降。2017 年全省森林公园旅游收入 101 191.40 万元，比 2016 年增长 7.73%。年末从业人数减少，劳动生产率提高。

2000 年福建省森林公园旅游人数为 179.30 万人；2013 年全省旅游人数为 2 065.07 万人，增长了 10.52 倍；2017 年旅游人数为 2 383.65 万人。除了 2002 年旅游人数下降外，其余年份福建省森林公园旅游人数都上升，其中 2003 年至 2007 年、2009 年至 2014 年旅游人数增长较快。从 2003 年到 2017 年国家级和省级森林公园旅游收入与旅游人数都是大幅度增长，不过省级森林公园旅游收入与旅游人数增长速度更快。

2000 年至 2012 年福建省森林公园建设面积波动比较大，2003 年建设面积增加最多，2010 年建设面积减少最多；2013 年以后变化小。2009 年建设面积最大，总体情况是建设面积先增加、后减少、之后又增加。2017 年森林公园建设面积为 170 425.64 亩。从 2003 年至 2017 年国家级森林公园建设面积略有下降，从 91 872 亩下降到 89 228.86 亩；省级森林公园建设面积有所增加，从 59 223 亩增加到 81 196.78 亩。

从表 3－8 可知，福建省森林公园年末从业人数从 2000 年开始处于增加趋势，2012 年人数最多，2013 年人数开始减少，2014 年减少最多，2017 年年末从业人数为 5 913 人。从 2003 年至 2017 年，国家级森林公园年末从业人数增长较慢，省级森林公园年末从业人数增长较快。

福建省森林公园本年投资额变化较大，不同年度波动较大，最少是 2003 年，仅投资 10 116 万元；最多是 2014 年，投资达到 78 852.23 万元，相差约 7 倍。2017 年投资额为 68 108.88 万元。从 2003 年至 2017 年国家级和省级森林公园投入都有较大幅度增长，不过国家级森林公园增长速度更快，投入更多，其中 2016 年自筹资金 40 224.5 万元，2017 年引资 42 141 万元。近十几年来，福建省森林公园投入资金多，平均发展速度快。

从表 3－8 可知，国家级森林公园数量不断增加，省级森林公园也显著增加，尤其是 2012 年增长了 1 倍多，即从 2011 年的 60 个增加到 2012 年的 128 个。2017 年省级以上森林公园数量达到 153 个，其中国家级 30 个，省级 123 个。

表 3－8　福建省森林公园基本情况表

年份	名称	个数	建设面积（亩）	全年总收入（万元）		旅游人数（万人）	年末从业人数(人)	本年度投入资金（万元）			
				合计	旅游收入			合计	国家投资	自筹	引资
2000	省级以上	19	579 048	4 674	4 185.5	179.3	1 378	—	—	—	—
2001	省级以上	19	705 949	8 312.5	6 819.85	235.45	1 898	—	—	—	—
2002	省级以上	23	811 447	10 354.8	8 573.8	202.05	522	—	—	—	—
2003	合计	43	151 095	8 835	7 040	336	1 109	10 116	4 349	2 650	3 117
	国家级	15	91 872	8 429	6 647	232	915	4 404	1 557	1 400	1 447
	省级	28	59 223	406	393	104	194	5 712	2 792	1 250	1 670
2004	合计	47	144 929	11 085	10 263	469.3	1 038	16 060	6 180	3 595	6 264
	国家级	15	91 896	10 300	9 824	273	816	9 082	3 084	1 569	4 429
	省级	32	53 033	785	439	196.3	222	6 978	3 096	2 026	1 835
2005	合计	63	158 945.4	11 768	8 550	523.15	10 511	20 506	8 983	5 523.9	6 000
	国家级	19	107 407	10 710	7 676	360.37	10 068	12 306	2 692	3 794	5 820
	省级	44	51 538	1 058	875	162.78	443	8 200.9	6 291	1 729.9	180
2006	合计	76	169 306	16 562	14 200	670	11 878	30 309	17 843	3 431	9 036
	国家级	21	111 233	14 807	12 464	345	932	12 215	3 000	1 800	7 575
	省级	55	58 740	1 755	1 736	325	10 941	18 094	14 843	1 631	1 461
2007	合计	83	175 874.2	21 955.08	18 322.59	816.7	12 480	52 895.14	33 860.74	10 201.4	8 583
	国家级	23	114 277.2	—	—	—	—	—	—	—	—
	省级	60	61 597.01	—	—	—	—	—	—	—	—
2008	合计	84	176 942	20 942.17	17 655.93	866.36	12 646	23 714.76	6 958.55	9 231.61	7 524.6
	国家级	24	114 962.7	18 664.22	15 585.68	493.28	11 648	17 189.96	5 866.55	5 362.81	5 960.6
	省级	60	61 979.31	2 277.95	2 070.25	373.08	998	6 524.8	1 092	3 868.8	1 564
2009	合计	85	187 398.9	20 418.53	19 229.47	1 091.6	1 731	23 172.18	7 772.4	9 356.68	7 162.3
	国家级	25	107 422.3	18 540.15	17 867.19	752.49	1 206	19 907.2	7 469.5	7 027.7	6 410
	省级	60	79 976.6	1 878.38	1 362.28	339.12	525	3 264.98	302.9	2 328.98	752.3

（续）

年份	名称	个数	建设面积（亩）	全年总收入（万元）		旅游人数（万人）	年末从业人数(人)	本年度投入资金（万元）			
				合计	旅游收入			合计	国家投资	自筹	引资
2010	合计	83	129 314.4	34 568.2	32 312.18	1 318.88	15 803	30 506	7 933	11 964	11 139
	国家级	27	72 034.25	32 453.9	30 312.95	753.274	13 353	27 769	7 550	9 586	11 007
	省级	56	57 280.17	2 114.39	1 999.24	565.602	2 450	2 736.7	383	2 378	132
2011	合计	88	130 247.9	51 974.57	49 276.58	1 571.36	18 245	25 395.93	6 139.5	16 033.4	3 820
	国家级	28	72 926.67	49 357.05	46 739.06	906.14	16 224	20 928.39	5 819.5	2 659.89	2 995
	省级	60	57 321.21	2 617.52	2 537.52	665.22	2 021	4 467.54	320	3 373.54	825
2012	合计	156	161 910.9	78 277.83	68 406.63	1 838.58	18 896	54 043	8 994.5	41 055	3 997
	国家级	28	72 926.67	59 251.72	54 160.18	983.87	16 430	26 217	7 362	16 534	2 318
	省级	128	88 984.26	19 026.11	14 246.45	854.71	2 466	27 826	1 632.5	24 520	1 679
2013	合计	157	161 910.9	90 919.59	63 117.08	2 065.07	18 607	29 623.25	12 270.05	14 549.6	2 803.64
	国家级	29	72 926.67	70 510.05	42 469.78	1 068.37	16 001	16 043.41	9 276.96	4 479.65	2 286.8
	省级	128	88 984.26	20 409.54	20 647.3	996.7	2 606	13 579.84	2 993.09	10 069.9	516.84
2014	合计	157	161 079.9	132 177.2	91 002.92	2 228.21	7 188	78 852.23	43 237.25	22 047.5	13 567.51
	国家级	30	72 926.67	111 943.6	74 339.57	1 156.2	1 883	49 335.42	39 988.57	2 923.85	6 423
	省级	127	88 153.26	20 233.65	16 663.35	1 072.01	5 305	29 516.81	3 248.68	19 123.6	7 144.5
2015	合计	156	167 710.5	136 361.2	96 402.48	2 268.03	6 551	39 615.79	19 076.32	13 680	6 859.5
	国家级	29	80 660.63	111 855.6	75 651.46	1 287.38	1 666	23 288.12	13 099.27	3 605.85	6 583
	省级	127	87 049.91	24 505.55	20 751.02	980.65	4 885	16 327.68	5 977.05	10 074.1	276.5
2016	合计	156	167 710.5	141 606	93 927.69	2 317.91	6 624	65 501.71	16 179.79	46 713.3	2 608.6
	国家级	29	80 660.63	118 970.9	81 059.53	1 309.23	1 789	53 616.55	11 418.48	40 224.5	1 973.6
	省级	127	87 049.91	22 635.06	12 868.16	1 008.68	4 835	11 885.16	4 761.31	6 488.85	635
2017	合计	153	170 425.64	108 911.14	101 191.40	2 383.65	5 913	68 108.88	17 312.84	8 149.04	42 647
	国家级	30	89 228.86	83 170.94	82 404.97	1 376.53	1 661	52 710.93	7 722.41	2 847.52	42 141
	省级	123	81 196.78	25 740.2	18 786.43	1 007.12	4 252	15 397.95	9 590.43	5 301.52	506

注：数据来源于福建省林业统计年鉴。

2005 年福建省森林公园的门票收入为 1 931.16 万元，2013 年门票收入为 12 646.13 万元，2014 年门票收入最多，达到 17 651.55 万元。2010 年至 2014 年森林公园的门票收入增长较快。2017 年全省森林公园的门票收入为 15 962.07万元（表 3－9），约是 2005 年的 8.27 倍，增长速度快。

表 3-9　福建省森林公园门票收入情况表

年份	门票收入（万元）
2001—2004	3 233.54
2005	1 931.16
2006	3 007.16
2007	3 677.00
2008	2 892.00
2009	3 016.00
2010	7 128.85
2011	9 407.12
2012	9 862.99
2013	12 646.13
2014	17 651.55
2015	15 750.01
2016	16 390.94
2017	15 962.07

注：数据来源于福建省森林公园建设经营情况统计表。

（2）武夷山国家森林公园基本情况

表 3-10 为武夷山国家森林公园基本情况数据，从表中可以看出，2017 年建设面积 3 085 公顷，旅游收入 143.77 万元，旅游人数 2.08 万人，年末从业人数 23 人。2005 年至 2017 年建设面积总体变化不大；2005 年至 2017 年旅游收入波动较大，2014 年旅游收入最多，达到 200 万元，2005 年和 2013 年旅游收入低，分别只有 5 万元与 6.02 万元；2005 年至 2017 年旅游人数波动较大，2015 年旅游人数最多，达到 20 万人，2005 年和 2008 年旅游人数少，分别只有 0.12 万人与 0.3 万人；2005 年至 2017 年年末从业人数先上升后下降，从 2005 年的 50 万人上升到 2012 年的 305 万人，然后下降到 2017 年的 23 万人；从投资来看，从 2008 年开始国家就没有对武夷山国家森林公园进行投资，主要靠自筹资金维持运营，其中 2015 年自筹资金最多，达到 323 万元。近几年投入少，影响了武夷山国家森林公园的旅游发展。

表 3－10　武夷山国家森林公园情况表

年份	建设面积（公顷）	全年总收入（万元）		旅游人数（万人）	年末从业人数（人）	本年度投入资金（万元）			
		合计	旅游收入			合计	国家投资	自筹	引资
2005	3 085	5	5	0.12	50	372	160	212	0
2006	3 085	85	85	2	46	182	0	182	0
2007	3 085	109.96	109.96	2	300	120	80	40	0
2008	3 085	23.86	23.86	0.3	—	54.73	0	54.73	0
2009	185	168.26	168.26	3.7	36	20	0	20	0
2010	3 085	70.31	70.31	1.2	200	—	—	—	—
2011	3 085	80	80	1.8	296	8.52	0	8.52	0
2012	3 085	128	128	2.7	305	7	0	7	0
2013	3 085	6.02	6.02	6	—	—	—	—	—
2014	3 085	200	200	8	28	—	—	—	—
2015	8 153.33	150	150	20	15	323	0	323	0
2016	8 153.33	162.6	162.6	2.44	28	10	0	10	0
2017	3 085	143.77	143.77	2.08	23	—	—	—	—

注：表中数据来源于福建省林业统计年鉴。

（3）莆田九龙谷国家森林公园基本情况

表 3－11 为莆田市九龙谷国家森林公园基本情况数据，从表中可以看出，2017 年建设面积 1 091.5 公顷，旅游收入 2 141 万元，旅游人数 97 万人，年末从业人数 110 人，投入资金 300 万元。2006 年至 2017 年建设面积上下波动较大，其中 2008 年减少较多，2010 年、2017 年减少多；2009 年增加较多，2015 年增加很多，增加十几倍；2006 年至 2017 年旅游收入基本处于增加趋势，2006 年旅游收入最少，只有 70 万元，2014 年旅游收入最多，达到 2 625.9万元，之后略有减少；2006 年至 2017 年旅游人数处于增加趋势，从 2006 年的 6 万人增加到 2017 年的 97 万人，增长 15 倍；2006 年至 2017 年年末从业人数处于上升趋势，从 2006 年的 22 万人上升到 2017 年的 110 万人，增长 4 倍；从投资来看，以自筹资金为主，其中 2010 年至 2012 年自筹资金 1.38 亿元，国家只有 2012 年、2013 年对莆田九龙谷国家森林公园进行投资，投入资金分别为 200 万元与 65 万元。可见，从 2012 年完成自筹资金 1.38 亿元投资后，2013 年开始旅游收入增长速度较快。

表 3-11　莆田九龙谷国家森林公园情况

年份	建设面积（公顷）	全年总收入（万元）		旅游人数（万人）	年末从业人数（人）	本年度投入资金（万元）			
		合计	旅游收入			合计	国家投资	自筹	引资
2006	1 526	70	70	6	22	405	0	0	405
2007	1 526.49	102	102	8.9	35	310	0	310	0
2008	1 091.5	202	202	46	15	482	0	482	0
2009	1 766.3	160	150	42	45	430	0	430	0
2010	215.2	730	730	43.1	50	3 000	0	3 000	0
2011	215.2	1 076	1 076	56.8	102	5 000	0	5 000	0
2012	215.2	820	820	65.4	80	6 000	200	5 800	0
2013	215.2	1 278.61	1 278.61	70.6	92	1 051	65	986	0
2014	215.2	2 625.9	2 625.9	84.4	92	800	0	800	0
2015	3 587	2 394	2 394	84.4	92	850	0	850	0
2016	3 587	2 401	2 401	79.2	95	300	0	300	0
2017	1 091.5	2 141	2 141	97	110	300	0	300	0

注：数据来源于福建省林业统计年鉴。

3.1.3　湿地自然保护区概况

（1）湿地自然保护区面积

从表 3-12 可知，2009 年至 2013 年连续 5 年福建省级以上湿地自然保护区总面积和省级生态公益林面积无变化，均为 19.37 万亩和 7.4 万亩，没有国家级生态公益林。

表 3-12　福建省湿地自然保护区面积情况

年份	总面积（万亩）	生态公益林面积（万亩）	
		国家级	省级
2009	19.37	—	7.4
2010	19.37	—	7.4
2011	19.37	—	7.4
2012	19.37	—	7.4
2013	19.37	—	7.4

注：数据来源于福建省林业统计年鉴。

（2）湿地自然保护区其他情况

从表 3-13 可知，从 2007 年至 2013 年，福建省级以上湿地自然保护区数量没有变化，都是 4 个；年末从业人员与事业经费先增后减；业务经费波动较大，2008 年最少，只有 20 万元，2010 年最多，达到 1 234 万元。2013 年全省湿地自然保护区旅游人数为 10 600 人。

表 3－13 福建省湿地自然保护区其他情况

年份	个数	年末从业人员（人）		事业经费（万元）	业务经费（万元）	旅游人数（人）
		合计	在编人员			
2007	4	46	12	16	41	—
2008	4	46	12	37	20	—
2009	4	68	33	37	28	—
2010	4	68	33	37	1 234	—
2011	4	68	33	37	378	—
2012	4	68	33	37	521	—
2013	4	60	31	32	1 120	10 600

注：数据来源于福建省林业统计年鉴。

（3）泉州湾河口湿地自然保护区基本情况

从表 3－14 可知，从 2003 年至 2013 年，泉州湾河口湿地省级自然保护区年末从业人员先增后减；总面积基本不变，生态公益林面积保持不变；事业经费少，只有 7 万元；业务经费波动较大，有的年份没有业务经费，有的年份业务经费较多，如 2010 年业务经费为 1 104 万元。

表 3－14 泉州湾河口湿地省级自然保护区基本情况

年份	年末从业人员（人）		总面积（万亩）		生态公益林面积（万亩）		事业经费（万元）	业务经费（万元）	旅游人数（人）
	合计	在编人员	合计	有林地	国家级	省级			
2003	2	2	10.32	—	—	—	—	—	5 000
2004	2	2	10.34	—	—	—	—	—	5 000
2005	2	2	10.34	—	—	—	—	—	—
2006	23	—	10.56	0.4	0.4	0	—	5	—
2007	23	2	10.57	0.4	0.4	0	—	10	—
2008	14	5	10.57	0.6	—	0.4	7	10	—
2009	14	5	10.51	0.6	—	0.4	7	10	—
2010	14	5	10.51	0.6	—	0.4	7	1 104	—
2011	14	5	10.51	0.6	—	0.4	7	—	—
2012	14	5	10.51	0.6	—	0.4	7	0	—
2013	14	5	10.51	0.6	—	0.4	7	410	3 000

注：数据来源于福建省林业统计年鉴。

(4) 闽江河口湿地自然保护区基本情况

从表 3-15 可知，从 2007 年至 2013 年，闽江河口湿地国家级自然保护区年末从业人员少；2013 年总面积大幅度减少；经费很少，事业经费最多年份只有 5 万元，业务经费只有 2011 年达到 350 万元，其他年份都在 15 万元以下。可见，闽江河口湿地国家级自然保护区基础设施建设少，工作人员少，保护和建设力度小。

表 3-15　闽江河口湿地国家级自然保护区基本情况

年份	年末从业人员（人）		总面积（万亩）		生态公益林面积（万亩）		事业经费（万元）	业务经费（万元）
	合计	在编人员	合计	有林地	国家级	省级		
2007	3	—	4.69	—	—	—	—	15
2008	8	3	4.69	—	—	—	5	10
2009	8	5	4.69	—	—	—	5	10
2010	8	5	4.69	—	—	—	5	10
2011	8	5	4.69	—	—	—	5	350
2012	8	5	4.69	—	—	—	5	0
2013	—	—	1.54	—	—	—	—	—

注：数据来源于福建省林业统计年鉴。

3.1.4　国有林场概况

从表 3-16 可知，2017 年福建省国有林场经营面积 603.63 万亩；林业用地面积 594.57 万亩，其中生态林面积 206.63 万亩，商品林面积 387.94 万亩；活立木蓄积 4 635.29 万立方米；全年总收入 64 093.74 万元。从 2014 年开始全省国有林场经营面积呈微弱下降趋势，2015 年至 2016 年减少面积最多，为 5.31 万亩。经营面积中林业用地面积有所波动，2013 年至 2014 年增加 29.82 万亩，增加最多；2014 年生态林面积为 218.25 万亩，最多，2013 年为 187.62 万亩，最少；商品林面积在 2013 年至 2016 年总体呈上升趋势，2016 年至 2017 年有所下降。全省国有林场活立木蓄积总体呈上涨趋势，2013 年至 2014 年大幅上涨 509.17 万立方米。全年总收入总体呈下降趋势，2013 年收入为 81 855.1 万元，最高；2017 年收入为 64 093.74 万元，最低。

表 3-16　福建省国有林场情况

年份	经营面积（万亩）				活立木蓄积（万立方米）	全年总收入（万元）
	合计	林业用地	生态林	商品林		
2013	614.39	567.66	187.62	374.44	4 039.11	81 855.10
2014	615.94	597.48	218.25	382.14	4 548.28	75 637.35

（续）

年份	经营面积（万亩）				活立木蓄积（万立方米）	全年总收入（万元）
	合计	林业用地	生态林	商品林		
2015	612.06	593.33	201.76	396.85	4 459.83	71 481.88
2016	606.75	581.71	204.53	398.83	4 564.49	75 079.08
2017	603.63	594.57	206.63	387.94	4 635.29	64 093.74

注：数据来源于福建省林业统计年鉴。

3.1.5　国有采育场概况

从表 3-17 可知，2017 年福建省国有采育场经营面积 701.65 万亩；林业用地面积 642.49 万亩，其中生态林面积 170.28 万亩，商品林面积 453.21 万亩；活立木蓄积 3 976.29 万立方米；全年总收入 29 979.80 万元。经营面积 2016 年和 2017 年均为 701.65 万亩，其中林业用地、生态林和商品林面积也都没有变化，均为 642.49 万亩、170.28 万亩和 453.21 万亩。2014 年经营面积为 853.90 万亩，最多；2013 年为 641.68 万亩，最少。生态林面积比商品林面积更少。

福建省国有采育场 2014 年活立木蓄积为 6 035.28 万立方米，最多；2013 年最少，只有 3 353.94 万立方米；2016 年和 2017 年活立木蓄积相同，均为 3 976.29万立方米。国有采育场全年总收入 2014 年为 39 320.85 万元，最高；2015 年为 28 530.34 万元，最低；2016 年和 2017 年全年总收入相同。

表 3-17　福建省国有采育场情况

年份	经营面积（万亩）				活立木蓄积（万立方米）	全年总收入（万元）
	合计	林业用地	生态林	商品林		
2013	641.68	629.49	143.76	467.22	3 353.94	36 683.13
2014	853.90	802.76	186.24	596.06	6 035.28	39 320.85
2015	686.29	636.34	166.54	450.99	3 998.37	28 530.34
2016	701.65	642.49	170.28	453.21	3 976.29	29 979.80
2017	701.65	642.49	170.28	453.21	3 976.29	29 979.80

注：数据来源于福建省林业统计年鉴。

3.2　森林游憩资源样本情况

3.2.1　森林自然保护区样本情况

样本调查集中在武夷山市的武夷山国家级自然保护区和龙岩市的梅花山国

家级自然保护区。调查样本通过群体随机抽样的方式进行选取，在调查过程中的表现方式为随机拦取周边的游客进行调查，共完成调查问卷212份。

3.2.1.1 福建梅花山国家级（森林）自然保护区基本情况

梅花山自然保护区地处福建西南部，是武夷山脉南段与博平岭之间的玳瑁山的主体部分，为上杭县、连城县、新罗区的交界地带，俗称“梅花十八洞”。

梅花山自然保护区地理位置得天独厚，野生动植物资源极为丰富（图3-2）。为了保护梅花山珍贵森林生态系统和奇特的自然景观，1985年5月，福建省人民政府批准建立闽西梅花山自然保护区。1988年9月，经国务院批准，梅花山自然保护区升列为国家级森林和野生动物类型自然保护区。1992年2月，在林业部和世界自然基金会联合召开的“中国自然保护优先领域研讨会”上，梅花山自然保护区以“现存华南虎数量最多、活动最频繁的区域”被确定为“对全球有影响、具有国际意义的”世界A级自然保护区。1992年11月，在中国生物多样性保护行动计划第二次研讨会上，保护区以“物种丰富、特有种多，在东亚植物区系中为华中、华南、华东区系交汇处”，列入《中华人民共和国生物多样性保护行动计划》“中国优先保护生态系统名录”和“森林生态系统的优先保护区”。1993年梅花山自然保护区加入中国人与生物圈保护区网络。1998年，根据国家林业局《关于进一步加强国家级自然保护区管理的通知》的精神，龙岩市委机构编制委员会批准福建梅花山国家级自然保护区管理处更名为“福建梅花山国家级自然保护区管理局”。

梅花山由于山体高大及所处的特定地理位置，形成了典型的亚热带湿润山地气候，因离海洋较近，常受到东南海洋暖湿气流的影响，加上西北和东南分别有武夷山脉和博平岭作天然屏障，对寒流南下和海洋暖湿气流入侵起阻挡和截留作用，形成龙岩中心城市冬暖夏凉，气温、湿度较为稳定的特点。梅花山的存在不仅对龙岩中心城市气候调节起着不可代替的作用，而且对邻近地区的气候产生巨大影响，由于山体对冷空气的屏障作用，使处于梅花山东南侧的雁石溪谷地、永定河谷地及南侧的黄潭河谷地、汀江谷地成为整个闽西地区热量最丰富的地方。

保护区独特的地理环境，奇特地貌特征，丰富的森林资源造就了丰富的自然景观。既有类型多样、色彩丰富、四季变化的森林景观资源，也有活泼可爱、形态憨厚或凶猛无比的动物景观，更有奇山、异石、美丽的山花、秀丽的水体和奇幻的天象景观。主要包括：①水流三江地：保护区内连城县曲溪乡黄胜村，海拔1 100米，其溪水分别流入经福州、漳州和广东潮州入海的三大水系，即闽江、九龙江、汀江，因而自古就称为“水流三江地”。②王母点兵：梅花山狗子脑北面，有一方圆十几平方公里的中山草甸地，中央突兀拔起一座高山，是传说中的“王母点兵台”，四周环绕着海拔千米左右的几百座连绵起

图 3-2　梅花山国家级自然保护区

伏的山包，则是驻守山寨的军营。③产“蛋”的山谷：位于大斜村的一座山谷，四周竹木葱茏，谷地中有一个长数十米经常年雨水侵蚀形成的布满苔藓的黑褐色卵形巨石带。

梅花山气候宜人，四季常青。由于独特地质地貌、植被、气候等条件，形成多层次、多类型的自然旅游资源。区内有天然大径级杉木林王国，古木参天；有中亚热带灌木林景观；有南方红豆杉林；此外还有杜鹃花山、山樱花路。

梅花山自然保护区在当地政府的支持下，1998 年在全国率先启动华南虎拯救工程。现已粗具规模，该工程项目占地466公顷，区内设有华南虎野化繁育区、草食动物区、森林浴场、水上珍禽区、蛇园等，一方面作为华南虎繁育研究及野化豢养的场所，另一方面作为保护区的一个主要的生态教育基地。此外，周边还有丰富的人文景观，如古田会议会址、永定土楼、龙岩天宫山、连城中华山性海寺、虎豹别墅、李氏大宗祠等。

3.2.1.2 福建武夷山国家级（森林）自然保护区基本情况

福建武夷山国家级自然保护区位于福建省北部，南平市辖的武夷山市、建阳区、光泽县和邵武市四县（市、区）交界处，总面积56 527.3公顷。该保护区全境南北长52公里，东西相距最宽处22公里，其中有2.9万公顷原生性亚热带森林植被，是中国东南大陆现存面积最大、保留最完整的中亚热带森林生态系统，森林覆盖率为96.3%，是闽江上游主要溪流的发源地，1992年被《中国生物多样性保护现状评估》确认为具有全球保护意义的A级保护区。

1979年4月经福建省政府批准建立福建武夷山自然保护区。1979年7月被国务院批准为中国第一个国家重点自然保护区，同时成立福建省武夷山国家级自然保护区管理处。1979年11月该保护区管理处隶属于福建省林业厅。1999年12月，根据世界遗产遴选标准，武夷山被联合国教科文组织列入《世界遗产名录》（编号911），成为世界文化与自然双重遗产。

1997年，福建武夷山国家级自然保护区在国家14部委联合编撰的《中国生物多样性国情研究报告》中被列为中国陆地生物多样性保护的11个关键地区之一。1999年，经国家林业局、国家发展计划委员会、国家科学技术委员会确定，在福建武夷山国家级自然保护区内黄溪洲建立中亚热带常绿阔叶林定位研究站，开展了森林生态系统功能、森林水文、森林土壤、植物群落监测和气象等方面的研究。

保护区有生态景观、曲溪瀑泉、古树名木、鸟鸣猴跃、峰石和断裂带景观、气象景观、教堂庙宇、摩崖石刻、自然博物馆、观鸟台等景观。武夷山国家级风景区的精髓和灵魂——九曲溪就发源于保护区内的桐木关，其长流不息的溪水正是得益于这片保护完好的茂密森林。

福建武夷山国家级自然保护区是中国东南大陆生物多样性最丰富的地区，该保护区是中国小区域单位面积上野生动植物资源较丰富的区域，被中外生物学家誉为“东南植物宝库”“蛇的王国”“昆虫世界”“鸟的天堂”“研究亚洲两栖爬行动物的钥匙”。19世纪中叶，位于保护区腹地的挂墩、大竹岚便是备受全球生物界瞩目的“生物模式标本产地”。据科学资料记载，一百多年来中外生物学家在该保护区发现了模式标本达1 000多种。

保护区有国家重点保护的野生植物20种，其中国家一级保护的野生植物有银杏、南方红豆杉、水松、钟萼木4种；二级保护的野生植物有金毛狗、白豆杉、香榧、金钱松、闽楠、花榈木、野大豆、水蕨等16种。

保护区有国家重点保护的野生动物57种，其中国家一级保护的野生动物有华南虎、金钱豹、云豹、黑麂、黑鹳、中华秋沙鸭、黄腹角雉、白颈长尾雉、金斑喙凤蝶9种；国家二级保护的野生动物有藏酋猴、猕猴、穿山甲、黑熊、金猫、鬣羚、海南虎斑鳽、草原雕、林雕、勺鸡、灰鹤、红翅绿鸠、拉步甲、彩臂金龟等48种。

图3-3　武夷山国家级自然保护区

3.2.1.3　样本描述性统计分析

（1）样本游客性别分析

样本游客性别构成如图3-4所示。在所有调查样本中，男性游客比例为54.72%，女性游客比例为45.28%。可见，性别比例比较接近。

（2）样本游客年龄分析

在样本调查中将游客的年龄段依次分为：18岁及以下、19岁至25岁、26岁至35岁、36岁至50岁、51岁至65岁、66岁及以上。

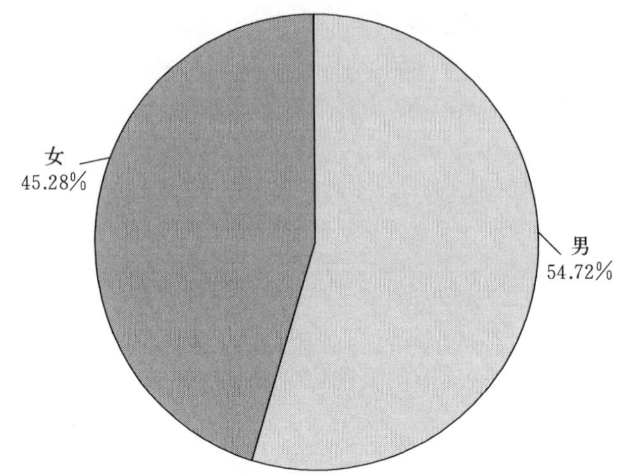

图 3-4　样本游客性别分析

由图 3-5 可以看出，样本游客年龄主要集中在 26 岁至 35 岁、36 岁至 50 岁两个年龄段，占游客样本总数的 58.96%，即福建省森林自然保护区主要以青壮年游客为主，其中占比最大的为 36 岁至 50 岁年龄段游客，占样本量的 39.15%。可能的原因是 36 岁至 50 岁这个年龄段人群经济条件较好，思想比较成熟，家庭事业较为稳定，同时他们具备出去旅行的经济条件、身体条件和时间。26 岁至 35 岁年龄段的样本游客所占比例为 19.81%，占比位于第二。这个年龄段的人群往往处于事业的拼搏期，有一定的经济条件，但闲暇时间比较少。19 岁至 25 岁年龄段的样本游客占比 7.08%。这个年龄段的游客思想较为新潮，有较强烈的旅游动机。这部分人群往往在学校念书居多，空余时间比较多，具有更多冒险的精神和追梦的遐想，但由于受经济条件的限制，旅游人数相对比较少。18 岁及以下的样本游客占比 5.66%。这部分人群一般和家里

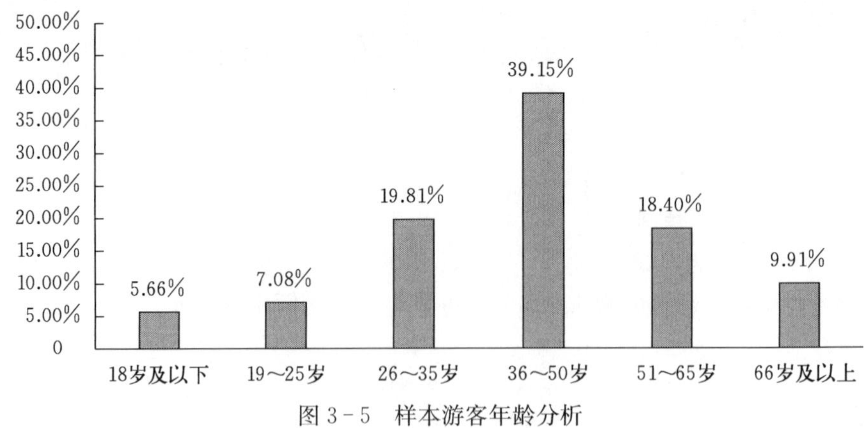

图 3-5　样本游客年龄分析

出来游玩的比较多。51 岁至 65 岁和 66 岁及以上的样本游客占比 28.31%。这部分人群的空闲时间较多，且经济基础较好，具备旅行的经济条件和时间，但是对于在福建省自然保护区内翻山越岭的旅游，身体条件受限。

(3) 样本游客教育程度分析

从一定程度上来说，学历代表着游客的知识水平、收入水平，对游客的游憩选择和行为会产生一定的影响。从样本游客的教育程度上看，初中及以下学历的占 60%；高中学历样本游客占 17%；大学、中专学历的样本游客占 22%；研究生占 1%（图 3-6）。

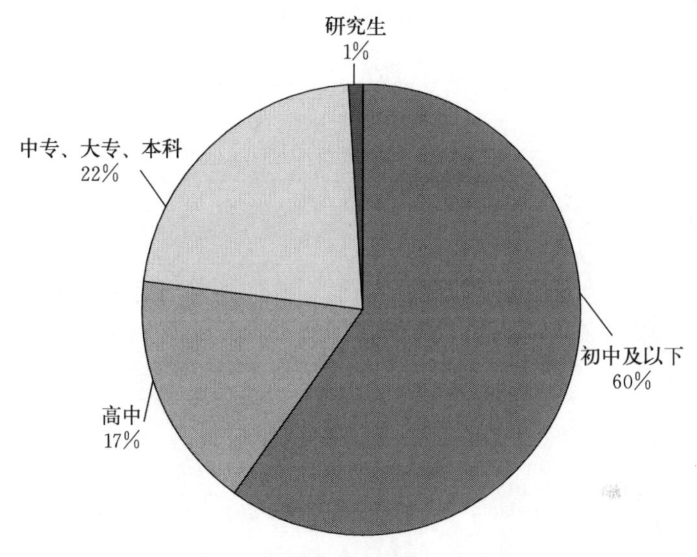

图 3-6　样本游客教育程度分析

(4) 样本游客职业分析

从图 3-7 可以看出，在样本游客中农民占 37.74%；其次是学生，占 12.26%；待业/家庭全职人员、企事业单位一般职员、自由职业和工人占比都相同，均为 6.6%；离退休人员、职员、建筑业从业人员的比例较低，均不足 3%。可能的原因是相对于职员和建筑业从业者，农民的休闲时间更多；保护区位于深山，海拔高，不适宜年事已高的离退休人员游憩。

(5) 样本游客收入分析

样本游客年收入一共分为 6 个档次：2 万元及以下、3 万元至 4 万元、5 万元至 6 万元、7 万元至 8 万元、9 万元至 11 万元、12 万元及以上（图 3-8）。

根据样本调查结果，2017 年个人年收入在 2 万元及以下的样本游客占 33.02%；收入在 3 万元至 4 万元和 5 万元至 6 万元的样本游客占比都是 16.04%；9 万元至 11 万元的占 10.85%；12 万元及以上的占 13.68%。

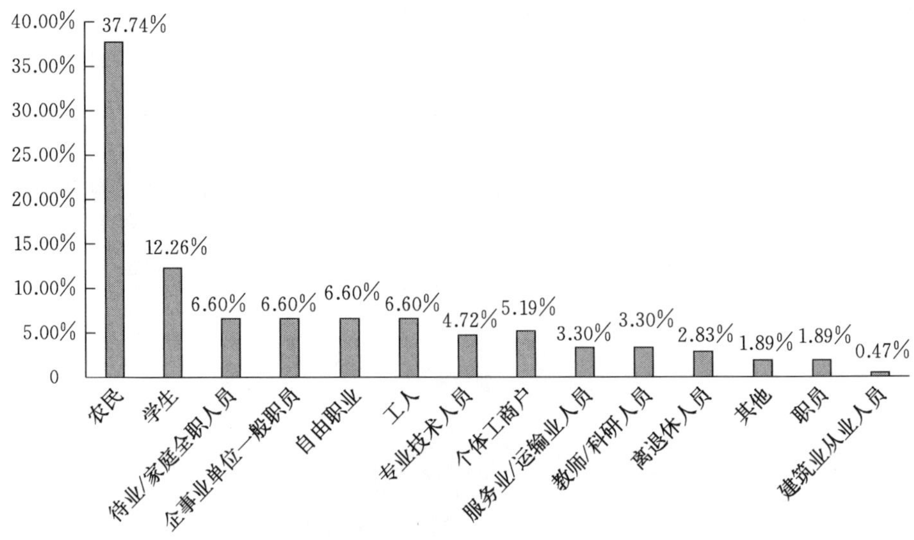

图 3-7 样本游客职业分析

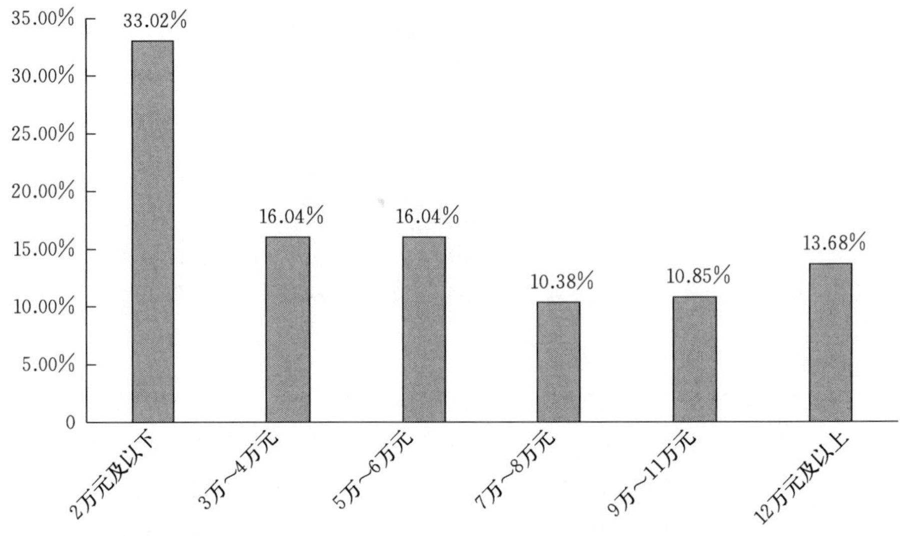

图 3-8 样本游客年收入分析

3.2.2 森林公园样本情况

样本调查集中在武夷山市的武夷山国家森林公园和莆田市九龙谷国家森林公园。调查样本通过群体随机抽样的方式进行选取，在调查过程中的表现方式为随机拦取周边的游客进行调查，共完成调查问卷 202 份。

3.2.2.1　莆田九龙谷国家级森林公园基本情况

九龙谷位于莆田市城厢区常太镇莒溪附近，从莆田市区到达景区仅需行驶32公里车程，而且沿途风景秀丽，景色极佳。九龙谷国家森林公园于2004年建设完工，公园总面积1 460公顷，其中林地面积1 393公顷，非林地面积仅有67平方公里。公园年平均气温在20℃左右，年平均日照接近2 000小时，年平均降水量为1 300毫米，全年无霜期超过320天。季风明显，主要风向有东北风和西南风。冬、夏季风的风向随季节有明显的更替，冬季盛行偏北风，夏季盛行偏南风，春秋为风向转换季节。风力一般4级至5级，最大达7级以上。

九龙谷国家森林公园最高海拔717米，森林覆盖率达到95%，森林景观资源丰富，有植物162科1 532种，其中有国家一级保护植物南方红豆杉，二级保护植物金毛狗蕨等，也有江南油杉群等植被景观；园内动物资源也十分丰富，有国家二级保护动物松雀鹰、红隼、白鹇、斑头鸺鹠等，其中鸟类15目34科116种，兽类34种，两栖类23种，爬行类43种，公园内还驯养着国家一级保护动物梅花鹿9只。景区内还有奇妙的石头景观，有的形似观音，有的则如同石蛋成群（图3－9）。

自2006年12月以来，九龙谷先后被国家林业局、国家旅游局批准为“福建九龙谷国家森林公园”“全国农业旅游示范点”，在之后的数年时间里又荣获“全国生态文化教育示范地”“四星级乡村旅游经营单位”“福建省十佳森林人家”“莆田市科普实验教育基地”“国家AAAA风景区”等称号。公园优美的自然环境，受到游客的青睐。公园内围绕着妈祖文化打造了妈祖阁景点，这也是电视剧《妈祖》的取景点之一，吸引了不少影迷和对妈祖文化感兴趣的游客前来。森林公园还依托着徐霞客文化打造了霞客古道、霞客漂流等景点，让游客亲身体验徐霞客曾经走过的路，更好地感受徐霞客的精神。

3.2.2.2　武夷山国家森林公园基本情况

武夷山国家森林公园，位于武夷山风景区九曲溪上游生态保护区的北部，距武夷山国家旅游度假区20公里，距武夷山机场3公里，距武夷山火车站2公里。地处武夷山风景区和武夷山国家自然保护区之间。公园总面积7 418公顷，其中核心景区规划面积3 085公顷，是一个集多种景观、融山水之灵气的原始森林公园。公园拥有典型的中亚热带原生性森林生态系统和世界珍稀特有野生动植物的基因库。动植物资源丰富，有高等植物1 017种，脊椎动物93种，其中有名贵的红豆杉、鹅掌楸、香果树，有珍稀的白鹇、黄腹角雉、穿山甲等。园内空气清新，是天然的氧吧，负氧离子含量极高，是吸氧、野营、森林浴等生态旅游的好去处。

2000年6月，武夷山市政府将程墩林业采育场从林业系统划出，归属武

图 3-9 莆田市九龙谷国家森林公园

夷山风景名胜区统一管理。2003 年 6 月，武夷山风景名胜区管委会将该场正式更名为武夷山原始森林公园。2003 年 12 月，武夷山原始森林公园被评为省级森林公园。而国有武夷山林场亦于 2002 年设立了武夷山森林公园。2002 年 12 月，武夷山森林公园被评为省级森林公园。2004 年 11 月 27 日至 28 日，在北京召开的“全国国家级森林公园评定审核会议”上，武夷山森林公园和武夷山原始森林公园顺利通过评审，合并成为武夷山国家森林公园。

2006年，公园还以其丰富的动植物资源，先后被列为福建华侨大学旅游学院的实习训练基地、武夷学院教学实训基地，被福建省团委授予“青少年校外教育基地”。2013年，公园被评为“中国生态旅游示范实验基地”。

武夷山国家森林公园山奇、瀑美、水秀、林幽，集多种自然景观于一体，是自然观光、休闲度假、康体健身、吸氧、野营、森林浴等生态旅游的好去处（图3-10）。武夷山国家森林公园三大峡谷并存，形成三条旅游线：龙凤谷、翡翠谷、神秘谷。

图3-10　武夷山国家森林公园

3.2.2.3　样本描述性统计分析

（1）样本游客性别分析

样本游客性别情况如图3-11所示。在所有调查样本中，男性比例为41.59%，女性比例为59.41%。原因可能是相对于男性而言，女性更偏爱森林公园游憩项目。而且在女性的年龄段中，36岁至50岁占比最大。36岁至50岁这个年龄段的女性一般有稳定的事业、家庭生活，有较好的经济条件，经常出游放松、享受生活。

（2）样本游客年龄分析

在问卷调查中将样本游客的年龄段分成以下几个：18岁及以下、19岁至

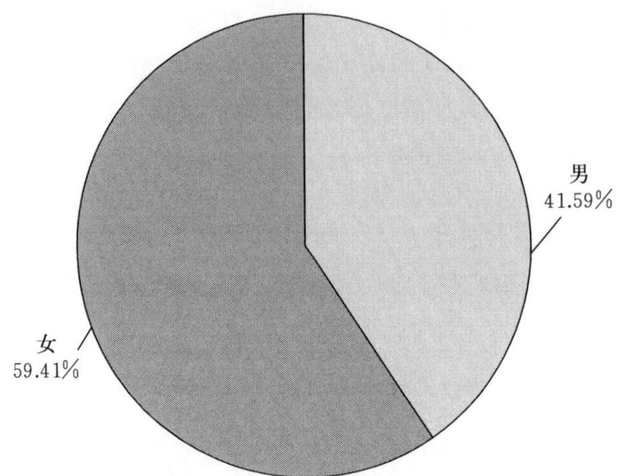

图 3-11 样本游客性别分析

25 岁、26 岁至 35 岁、36 岁至 50 岁、51 岁至 65 岁、66 岁及以上。

由图 3-12 可以看出，样本游客年龄主要集中在 19 岁至 25 岁、26 岁至 35 岁、36 岁至 50 岁这三个年龄段，占比 80.69%，即样本游客主要以中青年为主，其中占比最大的为 36 岁至 50 岁年龄段，占了 43.56%。36 岁至 50 岁这个年龄段人群经济条件较好，思想比较成熟，家庭事业较为稳定，他们具备出去旅行的经济条件和时间。26 岁至 35 岁年龄段的游客所占比例为 22.77%，在所有年龄段中占比第二。19 岁至 25 岁年龄段的样本游客占 14.36%，这个年龄段的游客思想较为新潮，有较强烈的旅游动机，这部分人群在学校念书居多，空余时间比较多，具有更多冒险的精神和追梦的遐想，但由于受经济条件

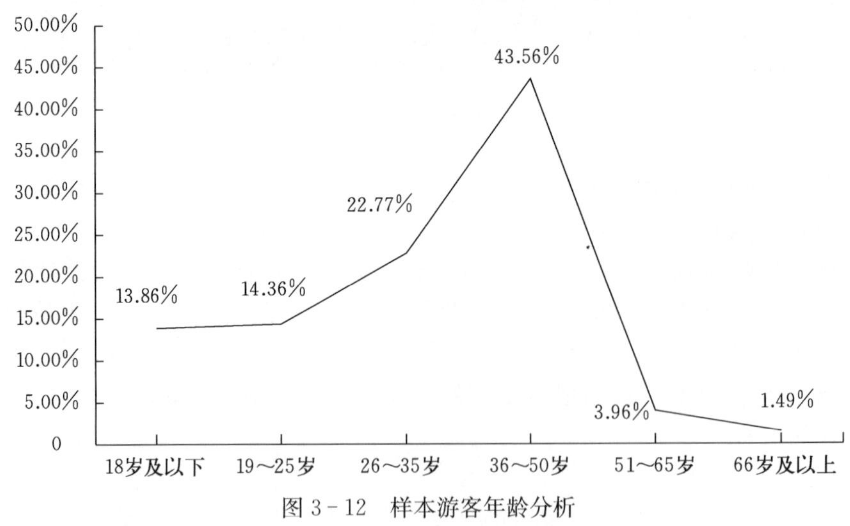

图 3-12 样本游客年龄分析

的限制，旅游人数相对比较少。18 岁及以下的样本游客占 13.86%，这部分人群一般和家里出来游玩的比较多。65 岁以上的样本游客占比很少，可能受身体情况的影响。

（3）样本游客教育程度分析

在问卷调查中将样本游客的学历分为六个层次：小学、初中、高中、中专、大专、本科及研究生。

从图 3-13 可以看出，本科所占比例最大，达到 32.09%。这部分人群受教育程度比较高，具有较高的旅游文化偏好，对旅游的认知度也较高。其次是大专，占 20.32%。而研究生的群体占了 9.09%，这符合高学历的人群比较少的特点。初中及以下的人群占 14.97%。

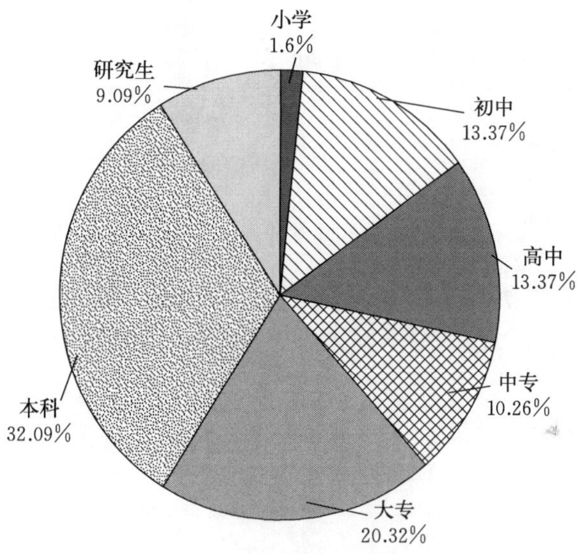

图 3-13　样本游客教育程度分析

（4）样本游客收入分析

本研究将样本游客年收入分为六个档次：2 万元及以下、3 万元至 4 万元、5 万元至 6 万元、7 万元至 8 万元、9 万元至 11 万元、12 万元及以上。

从图 3-14 可以看出，年收入在 2 万元及以下的游客占比最多，为 28.71%；年收入在 12 万元及以上的样本游客占比 21.29%，位居第二，这部分游客中来自外地的占比 66.5%；年收入 7 万元至 8 万元的占比 14.85%，位居第三。

（5）样本游客职业分析

从职业结构来看，除学生群体以外，企事业单位管理人员所占比例最高，为 14.51%；其次是自由职业，占比 10.88%；第三是企事业单位一般职员，占比 10.36%；专业技术人员、教师/科研人员、个体工商户依次逐渐减少，分别

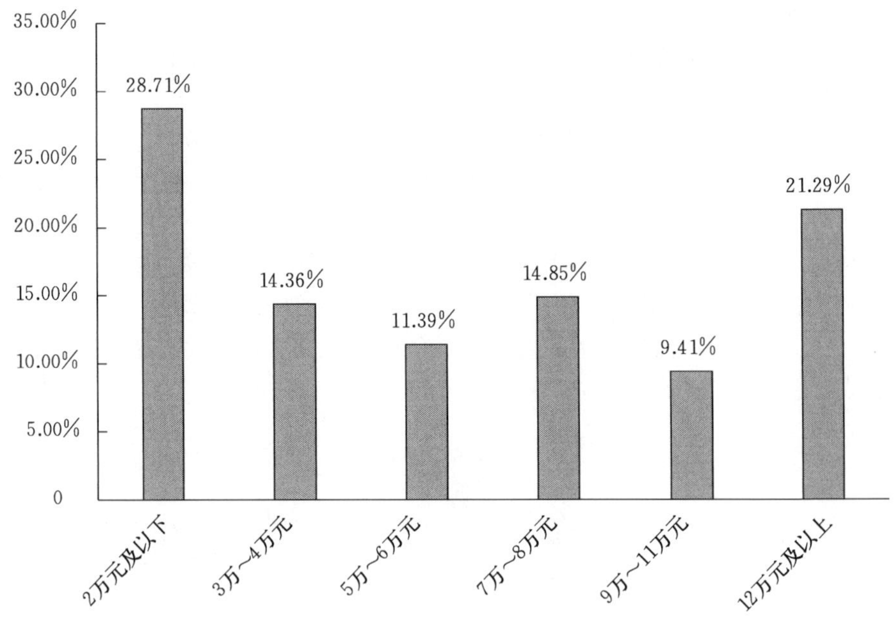

图 3-14　样本游客收入分析

占 9.33%、8.29%、7.25%；公务员和其他占比都是 5.70%。服务员/运输业人员、军警人员和待业/家庭全职人员占比均为 0.52%，占比很少（图 3-15）。

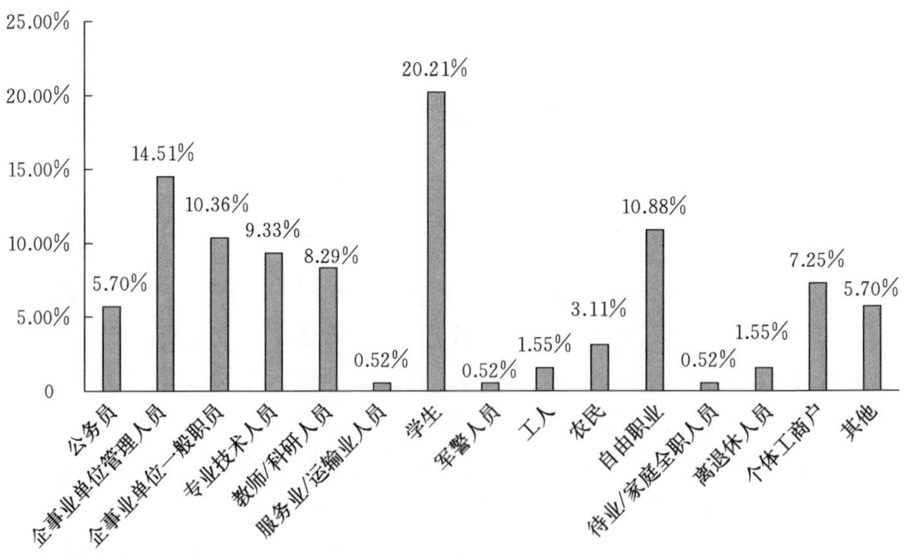

图 3-15　样本游客职业分析

3.2.3　湿地自然保护区样本情况

样本调查集中在闽江河口湿地国家自然保护区和泉州湾河口湿地省级自然保护区。调查样本通过群体随机抽样的方式进行选取，在调查过程中的表现方式为随机拦取周边的游客进行调查，共完成调查问卷 202 份。

3.2.3.1　闽江河口湿地国家级自然保护区基本情况

福建闽江河口湿地国家级自然保护区坐落于福州市长乐区和马尾区境内，位于长乐区东北部和马尾区东南部交界处闽江入海口区域。保护区总面积 2 260 公顷。主要保护对象为重点滨海湿地生态系统、众多濒危动物物种和丰富的水鸟资源。

2001 年福州市长乐区人民政府批准建立了鳝鱼滩自然保护小区。2003 年进行扩区，经长乐区人民政府批准建立了长乐闽江河口湿地县级自然保护区。2006 年福州市长乐区和马尾区人民政府做出决定，以长乐闽江河口湿地县级自然保护区为基础进行重新规划，共同申报。2007 年，经福建省政府（闽政文〔2007〕426 号）批准正式建立闽江河口湿地省级自然保护区，总面积 3 129 公顷。2014 年 6 月经国务院审定，公布福建闽江河口湿地自然保护区晋升为国家级自然保护区。

闽江河口湿地国家级自然保护区属湿地类型自然保护区，以河口浅滩为主，由鳝鱼滩和周边潮间带、河口水域组成，是闽江流域多年沉积形成的大片潮间沙滩和泥滩，是福建省最优良的河口三角洲湿地，最具典型性的滨海湿地生态系统，是亚热带地区典型的河口湿地。闽江河口湿地自然环境优越、生物多样性丰富、稀有物种众多，有 5 项指标达到国际重要湿地的标准，自然综合体具有较高的保护和科学研究价值，同时也具有巨大的生态旅游潜力。

闽江河口湿地国家级自然保护区湿地观光园位于保护区西北部，其标志性植被为大片芦苇，这是公园生态旅游的精华所在（图 3－16）。观光园设置一条 2 550 米长的观光栈道，游人可经栈道进入湿地深处探秘。观鸟是保护区旅游最主要的内容，也是国际最热门的湿地旅游活动之一。根据湿地鸟类活动规律，规划于栈道沿线设 2 个观鸟屋，在此不仅可探寻潮水位变化对湿地鸟类种类、数量分布的影响，还可观看小天鹅、鸿雁、绿翅鸭群聚嬉戏等湿地鸟类景观。

3.2.3.2　泉州湾河口湿地省级自然保护区基本情况

泉州湾河口湿地省级自然保护区以泉州湾河口为主体，涉及惠安县、洛江区、丰泽区、晋江市、石狮市。该保护区属海洋与海岸生态系统类型（湿地类型）自然保护区。保护区主要保护对象是滩涂湿地、红树林及其自然生态系统，中华白海豚、中华鲟、黄嘴白鹭、黑嘴鸥等一系列国家重点保护野生动物

图 3-16　闽江河口湿地国家自然保护区

和中日、中澳候鸟保护协定的鸟类。

2003 年 9 月 24 日，福建省人民政府批准建立了泉州湾河口湿地省级自然保护区。2007 年经福建省政府批准进行了适当调整，泉州湾河口湿地省级自然保护区面积变为 7 045 公顷（图 3-17）。

图 3-17　泉州湾河口湿地省级自然保护区

泉州湾位于晋江和洛阳江的出海口，陆地地貌属冲海积平原、海积平原、风成沙地等，海岸地貌包括海蚀地貌和海积地貌，海底地貌包括水下浅滩、深槽。

泉州湾河口湿地省级自然保护区是中国重要湿地之一，是中国亚热带河口滩涂湿地的典型代表，在 1994 年《中国生物多样性保护行动计划》的“中国优先保护生态系统项目”中被规划为优先项目，2000 年被列入《中国湿地保护行动计划》的“中国重要湿地名录”。

保护区内拥有成片的原生红树林。红树林有“海上森林”“海岸卫士”的美称，是热带、亚热带海岸滩涂特有的植物群落，是最重要的湿地资源，具有维护生物多样性、防风护岸、降解污染物、净化水质、提供海产品等重要功能，已成为科研宣教的重要阵地。

保护区所在地泉州是海上丝绸之路的起点，在泉州湾河口湿地周边，多元文化并存，史迹遍布，有洛阳桥、刺桐港、马可波罗后渚出海遗址等。海上丝绸之路文化、湿地景观、人文景观、自然风光交相辉映，形成独特的泉州湾湿地文化底蕴，具有较高的游憩发展潜力。

3.2.3.3　样本描述性统计分析

(1) 样本游客性别分析

样本游客性别情况如图 3－18 所示。在所有调查样本中，男性比例为 45%，女性比例为 55%。相对于男性而言，女性可能更偏爱湿地自然保护区的游憩。而且在女性样本游客年龄段中，36 岁至 50 岁占比最大。36 岁至 50 岁这个年龄段的女性一般有稳定的事业、家庭生活，经济条件较好，经常出游放松、享受生活。

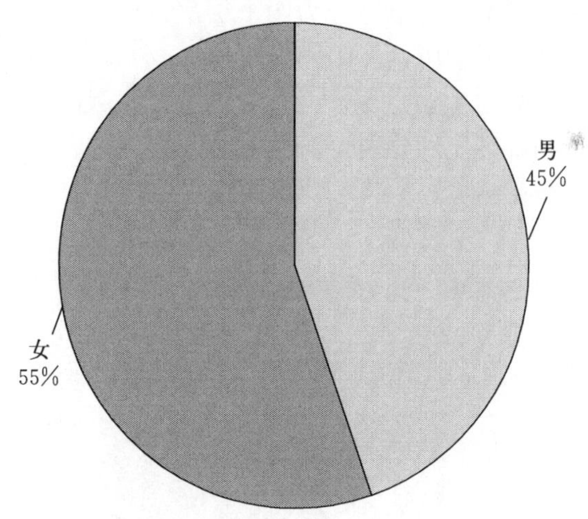

图 3－18　样本游客性别分析

(2) 样本游客年龄分析

由图 3－19 可以看出，样本游客年龄主要分布在 26 岁至 35 岁、36 岁至 50 岁、51 岁至 65 岁，共占总样本的 73%。其中 36 岁至 50 岁年龄段的样本游客最多，占 37%。由于该年龄段的游客已工作较长一段时间，具备一定的消费能力，从而更有旅行愿望。其次是 26 岁至 35 岁年龄段的游客，占 20%。

该年龄段游客已参与工作多年，具有一定的消费能力，具备旅行消费的条件。然后是51岁至65岁年龄段的游客，占16%。该年龄段的游客基本过了拼命奋斗的阶段，工作压力和家庭负担压力较小，有较多的闲暇时间去旅游。

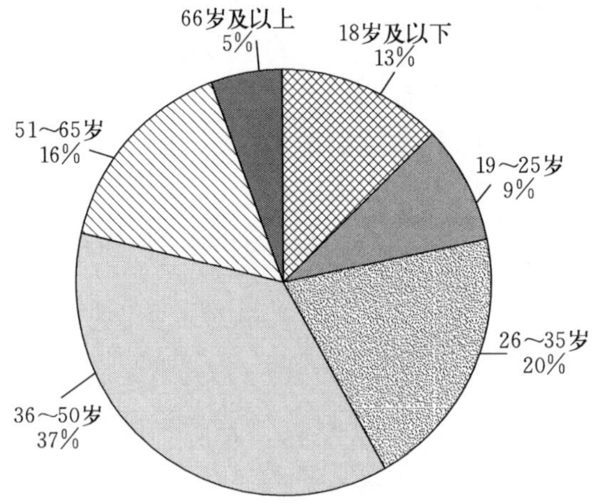

图3-19　样本游客年龄分析

(3) 样本游客教育程度分析

在问卷调查中将样本游客学历分为四个层次：初中及以下、中专及高中、大专及本科、硕士及以上学历，具体分布如图3-20所示。初中及以下的游客比例最高，占样本总数的45%；硕士及以上的游客比例最低，为6%；中专及高中、大专及本科的游客比例分别为14%和35%。

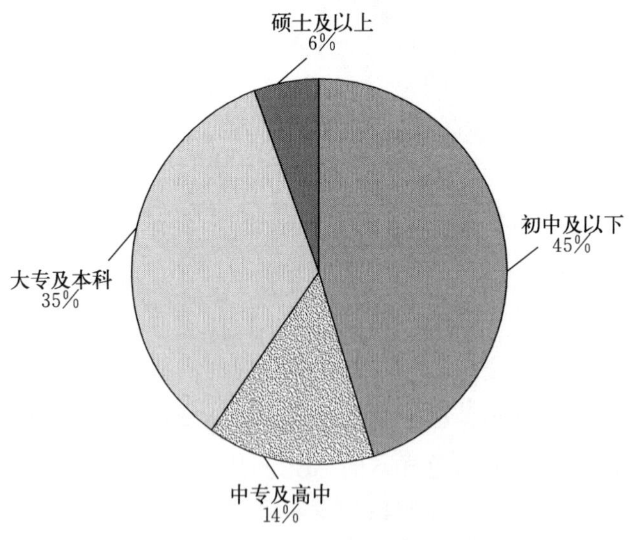

图3-20　样本游客教育程度分析

(4) 样本游客收入分析

从图 3-21 可知，年收入在 2 万元及以下的占 39%，3 万元至 4 万元的占 19%，5 万元至 6 万元的占 15%；12 万元及以上的占 12%，9 万元至 11 万元的占 8%，占比最低的是收入在 7 万元至 8 万元之间的样本游客，仅占 7%。

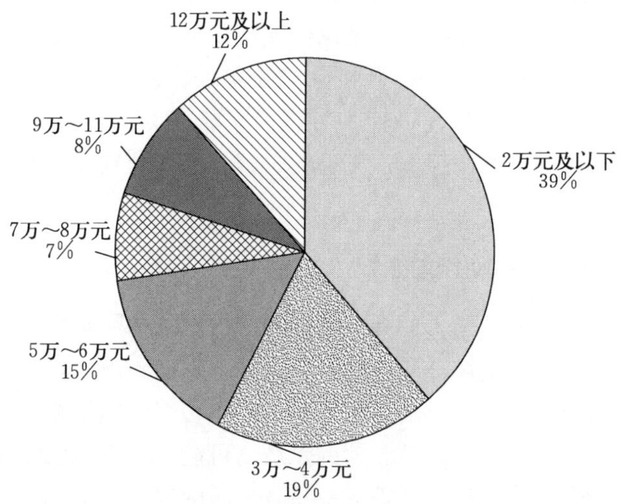

图 3-21　样本游客年收入分析

(5) 样本游客职业分析

由图 3-22 可以发现，样本游客中学生的数量最多；其次是事业单位职工；公务员的数量是最少的；其他职业的游客占比相差不大。

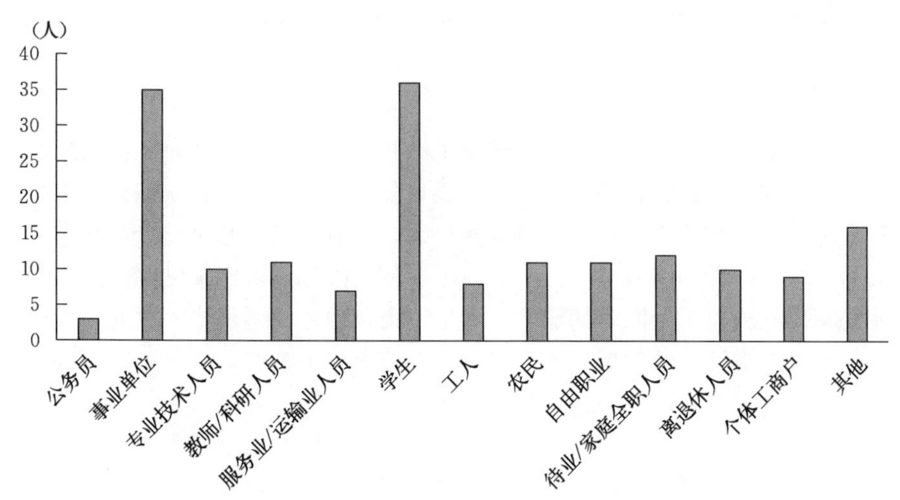

图 3-22　样本游客职业分析

3.3 森林游憩存在的问题

3.3.1 交通基础设施不健全

从样本调查结果来看，除了湿地自然保护区在交通上较为便利之外，绝大部分森林公园和森林自然保护区地处偏僻地区，交通不便。交通的便捷度往往与吸引游客能力紧密相关。森林自然保护区和森林公园是重要的森林游憩资源，如果交通不便，外来游客将较少考虑前来旅游。因此，健全交通基础设施，提高游客前往景区的便捷度，才能吸引游客选择到森林公园和森林自然保护区游憩。

3.3.2 周边农民干扰活动较为频繁

根据样本调查结果发现，森林自然保护区、森林公园和湿地自然保护区周边居民对其干扰较大，破坏性活动时有发生。一方面，由于自然保护区或森林公园的建立，周边农户生产生活方式不得不发生转变，如果相关政府部门不能很好地解决农户与保护区或森林公园的矛盾，可能导致周边农民生产、生活等干扰活动频繁发生，将对自然保护区或森林公园的生态安全和社会经济效益造成较大的损失；另一方面，由于自然保护区或森林公园监督管理机制不健全，容易忽视周边农民对自然保护区或森林公园生态环境的破坏行为，而这些破坏行为所造成的不利后果是难以衡量的。这两个方面的原因，最终可能影响森林公园或自然保护区的游憩价值的提升。因此，为了提高游憩价值，有必要对周边农户的不当行为进行监管和约束，减少破坏生态环境的行为，同时要解决好周边农民生产、生活问题。

3.3.3 收费偏高

从调查结果来看，由于森林自然保护区和湿地自然保护区对旅游的限制性政策，因而较少存在收费争议。但是，森林公园的门票价格普遍偏高。森林公园是森林旅游的重要支撑点，开发森林公园，能够为当地乃至整个福建省带来巨大的社会效益和经济效益。然而，由于森林旅游热潮近年来刚刚兴起，森林公园的基础设施跟不上游客的需求，为了筹集资金，门票价格一直处于较高的水平。随着经济社会的发展，人们更加重视追求精神消费，森林公园旅游热潮逐渐兴起，越来越多的人前往森林公园休闲娱乐，享受森林带来的愉悦感。为了吸引更多的游客，降低门票价格是一种实用的手段。调查发现，样本游客普遍认为门票价格偏高，从而影响森林公园的游憩价值的提升。因此，适当调整门票价格，才能吸引更多的游客前往森林公园旅游。

3.3.4　森林旅游的知名度不高

调查发现，前往森林自然保护区、森林公园和湿地自然保护区的游客多为周边居民，外地游客较少。主要原因除了交通不便等因素外，森林旅游地的知名度不高也是影响森林旅游吸引力的重要因素。如果森林旅游的知名度越高，游憩价值也将越高。但是，由于在旅游开发过程中，其宣传方式较为传统，手段较为单一，宣传的效果也较为一般。同时，森林旅游基础设施满足游客需求的能力较弱，游客对森林旅游的评价较为一般，进而影响游客宣传普及森林旅游的积极性和主动性，森林旅游地品牌很难在较大范围内得到宣传。因此，为了提高森林游憩价值，必须在提高森林旅游知名度上采取更多可实施的措施。

4 福建省森林自然保护区游憩价值评价

4.1 数据来源及样本选择

样本调查主要集中在武夷山自然保护区和梅花山自然保护区。调查时间分别选择在2018年7月19日至24日和2018年7月30日至8月2日，调研时尽可能确保问卷保质保量完成。同时，主要选择在游客空闲时进行问卷调查。调查样本通过群体随机抽样的方式进行选取，在调查过程中的表现方式为随机拦取周边的游客进行调查，共完成调查问卷212份。

如何选取调查样本，对调查问卷的质量及最终评估的结果直接产生影响。在选取调查样本时，主要选择以成年人作为调查对象，同时注重不同年龄段和性别的样本分布。此外，采取实地访谈式问卷调查，以保证调查问卷的质量。最后，向每位受访的游客表示衷心的感谢，也借此提高游客参与的积极性和认真性。

4.2 样本数据的描述性统计分析

描述性统计分析主要是使用图、表等方式对样本数据进行整理归类、分析，并且进行描述，然后从中观察到样本数据中存在的某种规律。此外，本章对样本数据进行描述性统计分析，还为了能够获取样本数据中可能存在的对福建省森林自然保护区的使用价值有影响的因素，分析因素影响的机理，以便能够更加准确地计算森林自然保护区的使用价值，提升研究可信度。

4.2.1 森林自然保护区生态状况分析

（1）游客对自然保护区资源状况的评价

样本游客对自然保护区资源状况的评价如图4-1所示，75.5%的样本游客认为自然保护区的资源状况很好，24%的游客认为自然保护区的资源状况一般，另外有0.5%的游客认为自然保护区的资源状况很差。数据显示，大部分游客对自然保护区的资源状况持积极的正面评价，也反映了自然保护区在资源保护方面的成效。

（2）游客对自然保护区植被覆盖率的评价

植被覆盖率是自然保护区研究的重要指标。通过游客对自然保护区植被覆

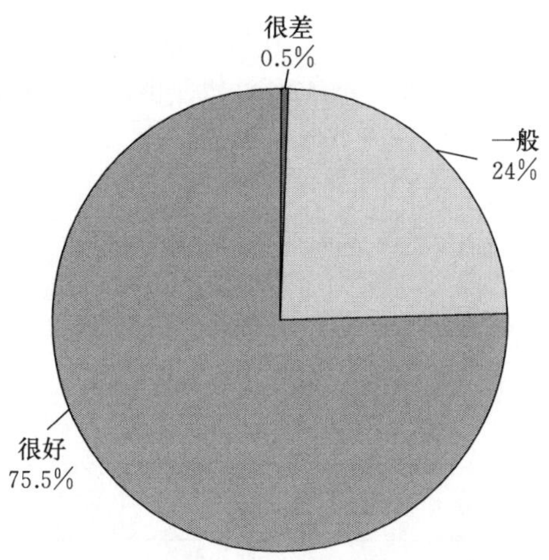

图 4－1　游客对自然保护区资源状况的评价

盖率的评价，可以从侧面反映自然保护区的建设水平。如图 4－2所示，有高达 90%的游客认为自然保护区的植被覆盖率高，另外有 10%的游客认为自然保护区的植被覆盖率为中等水平，没有游客认为自然保护区的植被覆盖率低。可见，从游客的客观感受来看，自然保护区的植被覆盖率处于高水平，也体现了自然保护区建设和保护的显著成效。

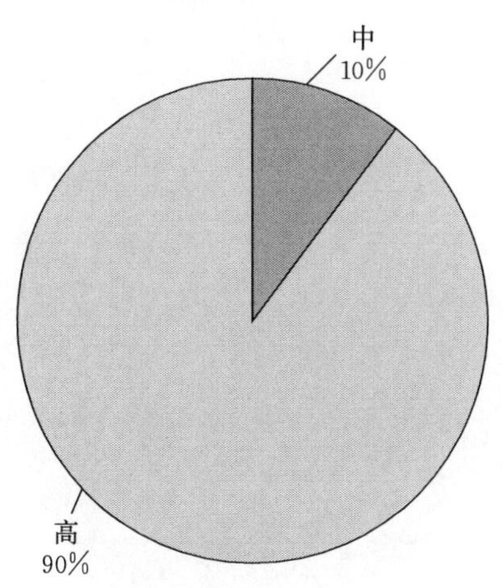

图 4－2　游客对自然保护区植被覆盖率的评价

游客对自然保护区植被覆盖率高低的评分等级如图 4－3 所示，评分等级由低到高的分数分别为 1 分、2 分、3 分、4 分、5 分。根据问卷调查结果，75.47%的游客对自然保护区的植被覆盖率评分为 5 分；16.98%的游客对自然保护区植被覆盖率的评分为4分；另外评分为1分、2分、3分的游客分别仅占样本总量的0.47%、0.94%、6.13%。从图中数据可知，游客对自然保护区植被覆盖率的评分总体处在高水平，游客对自然保护区植被覆盖率普遍满意。

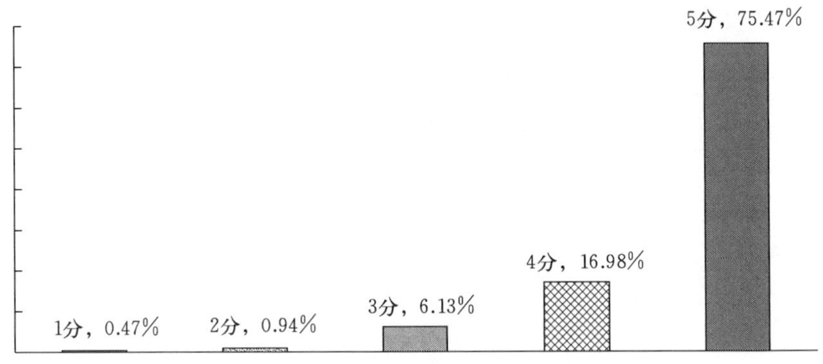

图4-3 游客对自然保护区植被覆盖率高低的评分等级

(3) 游客对自然保护区湖水、溪水能见度的评价

湖水、溪水的水质保护是自然保护区建设的重要内容，在对样本游客的调查中发现，认为自然保护区的湖水、溪水能见度深的游客，占样本总量的68%；认为自然保护区的湖水、溪水能见度处于中等程度的游客，占样本总量的26%；只有6%的样本游客认为自然保护区的湖水、溪水能见度浅。可见，大部分游客认为自然保护区湖水、溪水的能见度深，水质好。

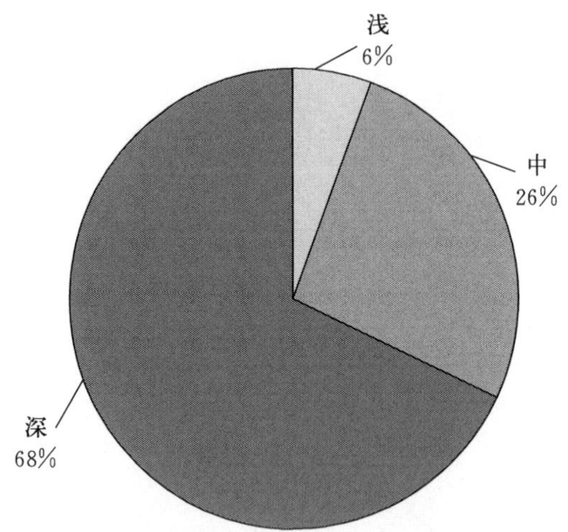

图4-4 自然保护区湖水、溪水能见度评价

(4) 天然特色景观数量分析

天然特色景观是体现自然保护区特色的重要组成部分。在对保护区游客的

调查过程中发现，对自然保护区内 1 处到 2 处天然特色景观印象深刻的游客，占样本总量的 31%；对自然保护区内 3 处到 4 处天然特色景观印象深刻的游客，占样本总量的 43%；对自然保护区内 5 处及以上的天然特色景观印象深刻的游客，占样本总量的 26%。

（5）游客对保护区植物种类的评价

植物种类多样性是自然保护区生物多样性保护的重要体现。在对游客的问卷调查中发现，63.68%的游客对自然保护区植物种类的评分等级为 5 分；25.47%的游客对自然保护区植物种类的评分等级为 4 分；评分等级为 1 分、2 分、3 分的游客数量分别仅占样本总量的 0.47%、0.94%和 9.43%。由此可知，自然保护区的植物种类评级处于较高水平，植物种类多样性保护较好，体现了自然保护区建设的成效。

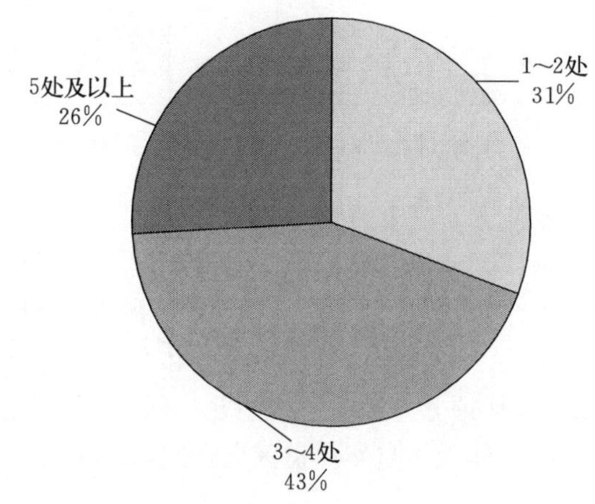

图 4－5　印象深刻的天然特色景观数量

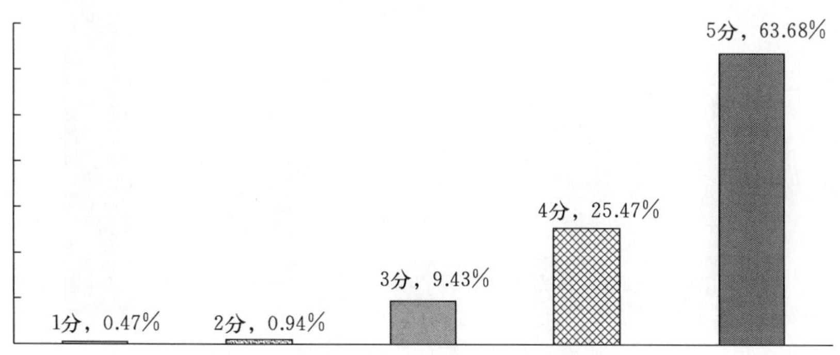

图 4－6　游客对自然保护区植物种类的评价

（6）游客对保护区野生动物种类的评价

游客对自然保护区野生动物种类的评分等级如图 4－7 所示，43.87%的游客对自然保护区内野生动物种类的评分等级为 5 分；31.13%的游客评分等级为 4 分；19.34%的游客评分等级为 3 分；评分等级为 1 分和 2 分的游客分别仅占样本总量的 1.42%和 4.25%。可见，受访游客中普遍认为自然保护区内野生动物种类较多，体现了自然保护区的生物多样性和生态保护的成效。

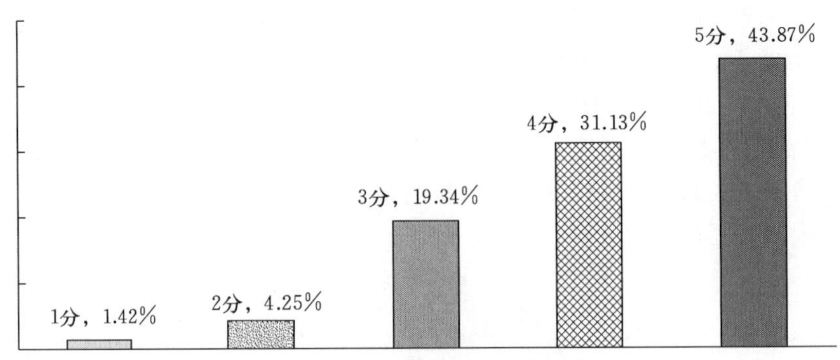

图 4-7　游客对自然保护区野生动物种类的评分等级

（7）游客对保护区溪水清澈程度的评价

游客对自然保护区溪水清澈程度的评分等级如图 4-8 所示，64.62%的游客对溪水清澈程度的评分等级为 5 分；23.58%的游客评分等级为 4 分；9.43%的游客评分等级为 3 分；评分等级为 1 分和 2 分的游客分别仅占样本总量的 0.94%和 1.42%。从评分等级中可以看出，游客对自然保护区溪水清澈程度的满意度普遍较高，体现了自然保护区良好的水质条件。

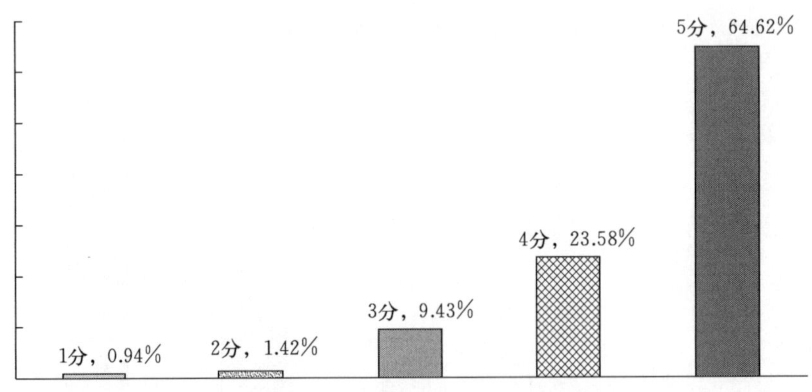

图 4-8　游客对自然保护区溪水清澈程度的评分等级

（8）游客对保护区溪水通畅程度的评价

游客对自然保护区溪水通畅程度的评分等级如图 4-9 所示，61.79%的游客对溪水通畅程度的评分等级为 5 分；25.47%的游客评分等级为 4 分；

10.38%的游客评分等级为3分；评分等级为2分的游客仅占样本总量的2.36%；没有游客评分等级为1分。可见，大部分游客对自然保护区溪水的通畅程度持满意态度。

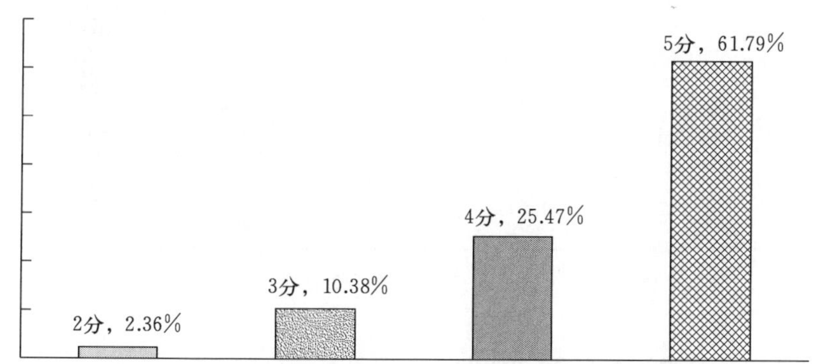

图4-9　游客对自然保护区溪水通畅程度的评分等级

(9) 游客对保护区小溪中鱼数量的评价

游客对自然保护区内小溪中鱼的数量的评分等级如图4-10所示，评分等级为4分和5分的游客分别占样本总量的26.89%和38.68%；21.23%的受访游客的评分等级为3分；评分等级为1分和2分的游客分别占样本总量的3.30%和9.91%。可见，游客对自然保护区内小溪中鱼的数量的评分等级普遍较高，但是评分等级不如前面几种生态状况评价。

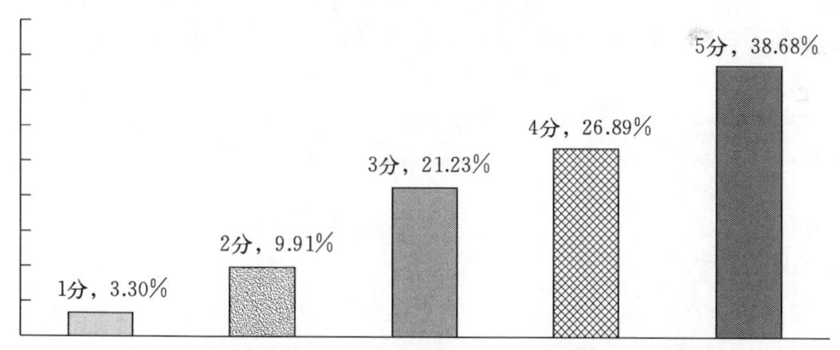

图4-10　游客对自然保护区小溪中鱼的数量的评分等级

(10) 游客对保护区天然特色景观数量的评价

游客对自然保护区天然特色景观数量的评分等级如图4-11所示，54.72%的游客对天然特色景观数量的评分等级为5分；28.77%的游客评分等级为4分；12.26%的游客评分等级为3分；评分等级为1分和2分的游客分别占样本总量的0.47%和3.77%。数据表明，游客对森林自然保护区天然特色景观满意度较高，天然特色景观能够吸引游客观赏游玩。

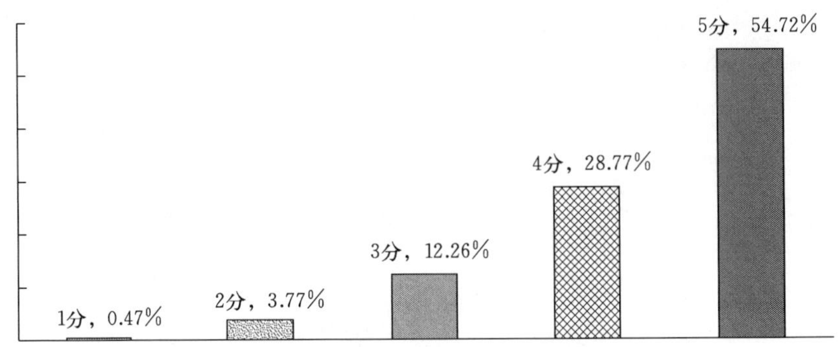

图 4-11　游客对自然保护区天然特色景观数量的评分等级

4.2.2　森林自然保护区社会状况分析

（1）客源地距离分析

本研究按居住地距离保护区的远近及行政区域的大小，将游客出发地划分为 4 个区域：第一区域为 100 公里以内（不含 100 公里，如武夷山市及周边市县）；第二区域为 100 公里至 200 公里地区（不含 200 公里，如南平市）；第三区域为 200 公里至 500 公里地区（不含 500 公里，如闽东、闽中、闽西北、浙南、赣东北）；第四区域为 500 公里及以上地区（如闽南、除了浙南和赣东北外福建省外地区）。由图 4-12 可见，自然保护区主要吸引的是距离在 100 公里以内的游客，占 84.91%；距离 500 公里及以上的省外游客很少。

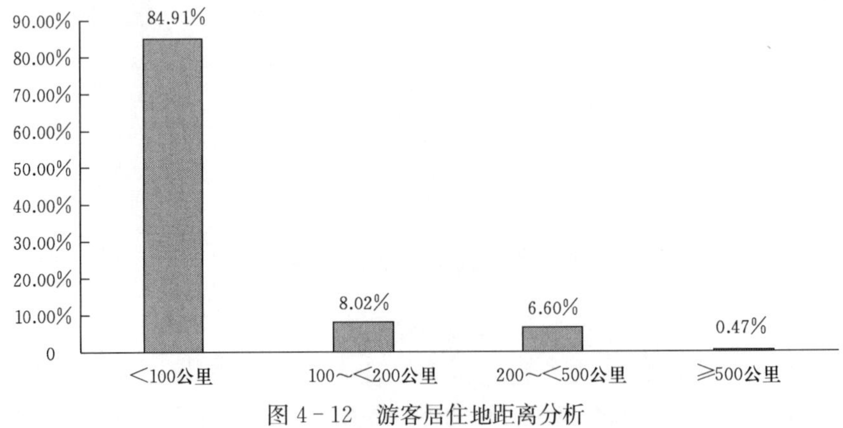

图 4-12　游客居住地距离分析

（2）自然保护区游憩价值的社会评价

由样本数据分析结果可知，57%的游客认为自然保护区的游憩价值非常

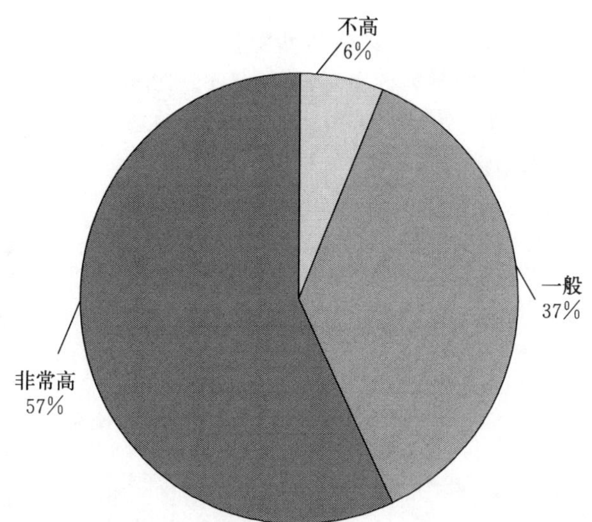

图 4-13　自然保护区游憩价值的社会评价

高，37%的游客认为游憩价值一般，还有 6%的游客认为游憩价值不高。说明大部分游客在自然保护区的游憩体验较好，保护区对游客还是比较有吸引力的，侧面说明了自然保护区的游憩价值较高。

（3）自然保护区人流量分析

游客对自然保护区人流量的评分等级如图 4-14 所示，41.04%的游客评分等级为 5 分；25.47%的游客评分等级为 4 分；21.70%的游客评分等级为 3 分；评分等级为 1 分和 2 分的游客分别占样本总量的 2.83%和 8.96%。由此可见，虽然大部分游客对自然保护区的人流量感到满意，但仍有 10%左右游客的评分等级较低，自然保护区的人流量管理还需进一步加强。

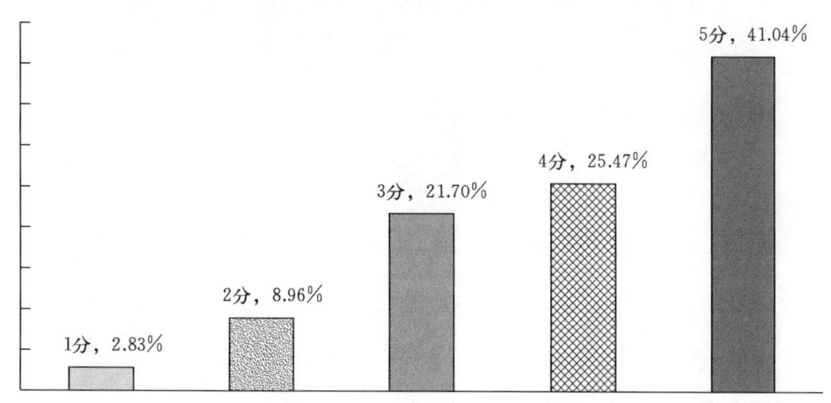

图 4-14　自然保护区人流量分析

(4) 自然保护区知名度评价

游客对自然保护区知名度的评分等级如图 4－15 所示，47.17％的游客评分等级为 5 分；30.19％的游客评分等级为 4 分；19.81％的游客评分等级为 3 分；评分等级为 1 分和 2 分的游客仅占样本总量的 2.83％。可见，大部分游客是慕名到两个样本国家级自然保护区。

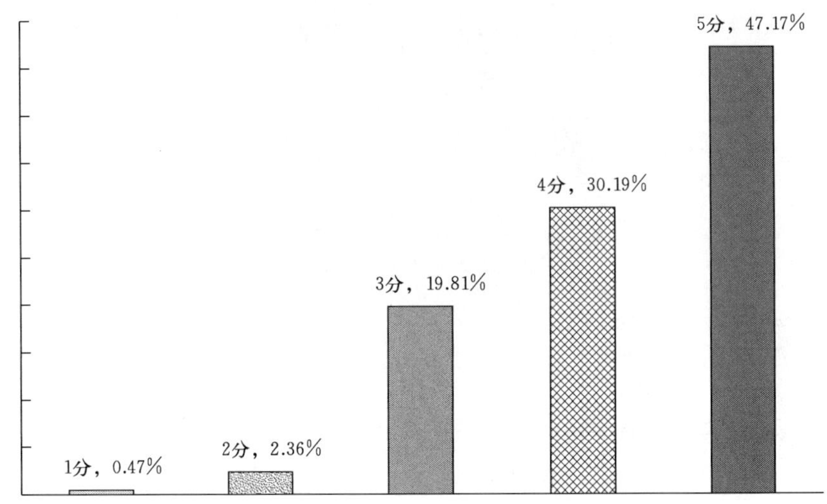

图 4－15 自然保护区的知名度评价

(5) 周边农民对自然保护区干扰程度分析

关于自然保护区周边农民对保护区干扰程度，游客的评分等级如图 4－16 所示，31.60％的游客评分等级为 1 分；11.79％的游客评分等级为 2 分；28.30％的游客评分等级为 3 分；评分等级为 4 分和 5 分的游客分别占样本总量的 11.32％和 16.98％。由以上数据可知，一小部分游客认为周边农民对自然保护区产生干扰，因此，应采取必要措施降低周边农民对保护区的干扰程度。

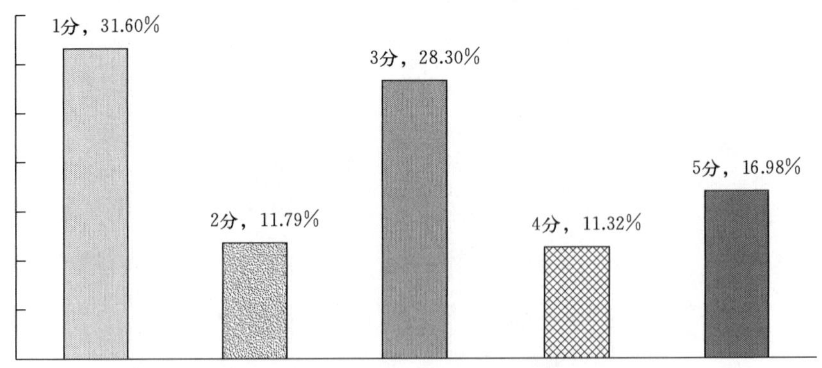

图 4－16 周边农民对自然保护区的干扰程度分析

(6) 游客周边的人前来保护区游玩情况分析

如图 4-17 所示，41.98%的游客评分等级为 5 分（即周边的人来此游玩的多)；27.36%的游客评分等级为 4 分；19.81%的游客评分等级为 3 分；评分等级为 1 分和 2 分的游客分别占样本总量的 3.30%和 7.55%。从图中数据可知，大多数游客周边的人均来过样本自然保护区。

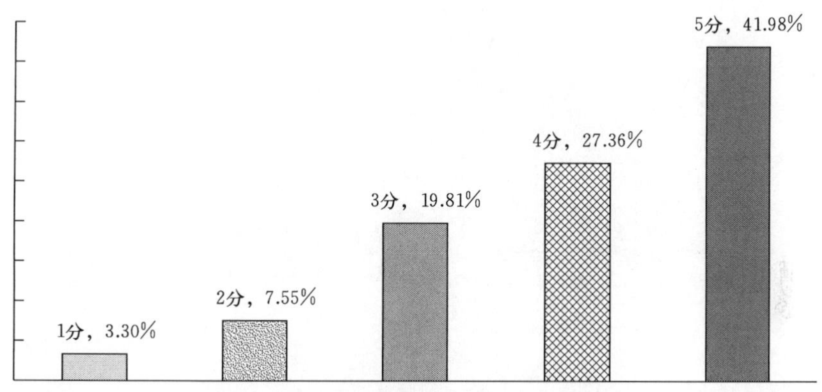

图 4-17 您周边的人来此游玩的多吗?

(7) 游客对保护区周边餐饮的评价

游客对自然保护区周边餐饮的评分等级如图 4-18 所示，27.83%的游客评分等级为 5 分；26.42%的游客评分等级为 4 分；38.21%的游客评分等级为 3 分；评分等级为 1 分和 2 分的游客分别占样本总量的 1.89%和 5.66%。可见，对保护区周边餐饮评价中等的游客比例最高，说明游客对保护区周边餐饮的满意度不高。

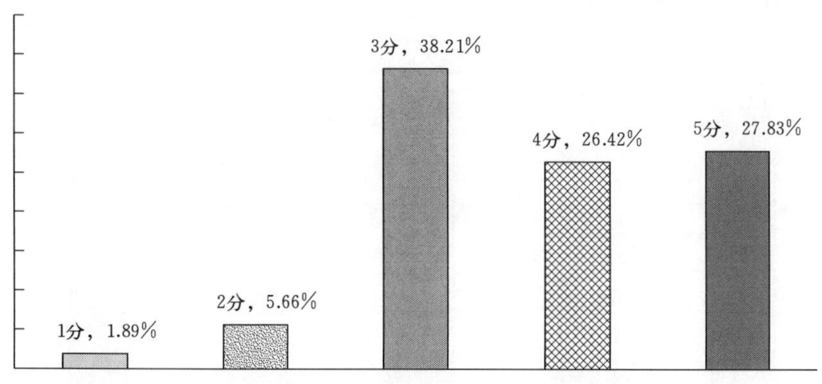

图 4-18 对自然保护区周边餐饮的评价

4.2.3 森林自然保护区管理状况分析

(1) 保护区内休息区数量分析

如图 4－19 所示，25.47%的游客在游玩途中看到了 1 处到 2 处休息区；35.85%的游客在游玩途中看到了 3 处到 4 处休息区；38.68%的游客在游玩途中看到了 5 处及以上的休息区。

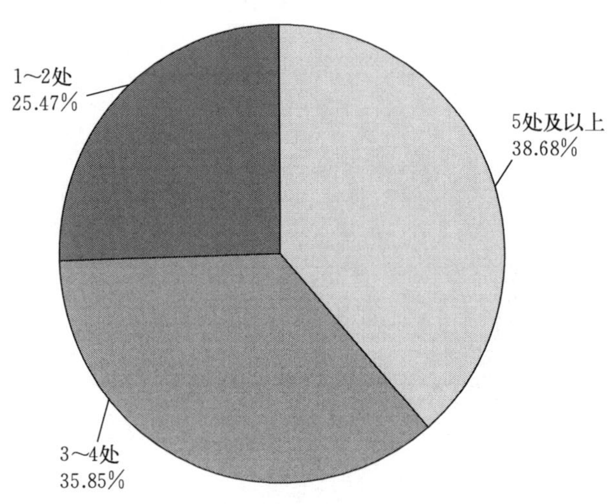

图 4－19 游玩途中休息区数量

(2) 自然保护区娱乐项目价格分析

如图 4－20 所示，25.47%的游客对保护区娱乐项目价格的评分等级为 1 分；12.74%的游客评分等级为 2 分；32.08%的游客评分等级为 3 分；17.45%的游客评分等级为 4 分；12.26%的游客评分等级为 5 分。说明一部分游客认为保护区娱乐项目价格偏高。

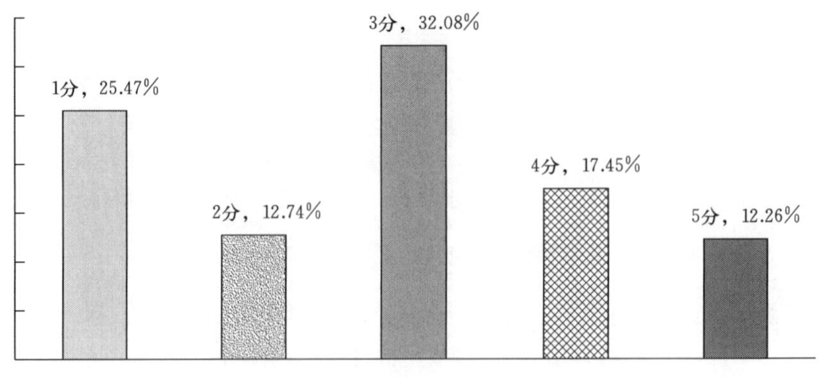

图 4－20 保护区娱乐项目价格分析

（3）自然保护区交通便捷程度的评价

游客对自然保护区交通方便程度的评分等级如图 4-21 所示，31.13%的游客评分等级为 5 分；23.11%的游客评分等级为 4 分；26.89%的游客评分等级为 3 分；评分等级为 1 分和 2 分的游客分别占样本总量的 3.77%和 15.09%。可见，一小部分游客对自然保护区的交通条件并不满意，应采取有效措施改善自然保护区的交通条件。

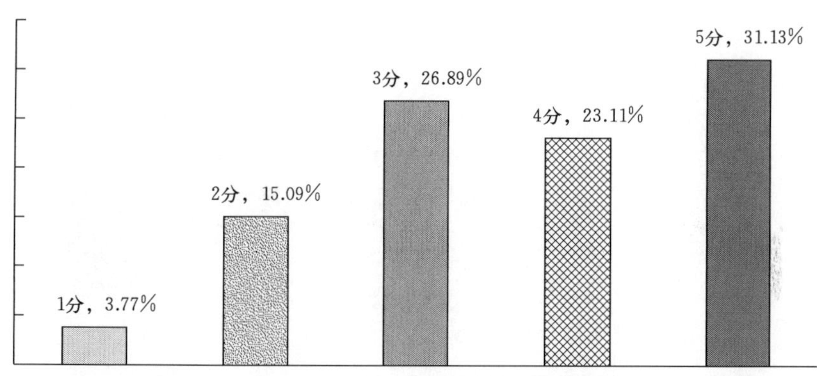

图 4-21 到达该自然保护区的交通方便程度分析

（4）游客对保护区卫生环境的评价

游客对自然保护区环境卫生条件的评分等级如图 4-22 所示，41.04%的游客评分等级为 5 分；41.51%的游客评分等级为 4 分；13.68%的游客评分等级为 3 分；评分等级为 1 分和 2 分的游客仅占样本总量的 3.78%。从数据中可知，游客对自然保护区环境卫生条件的满意度普遍较高，保护区的环境卫生建设取得了较好的效果。

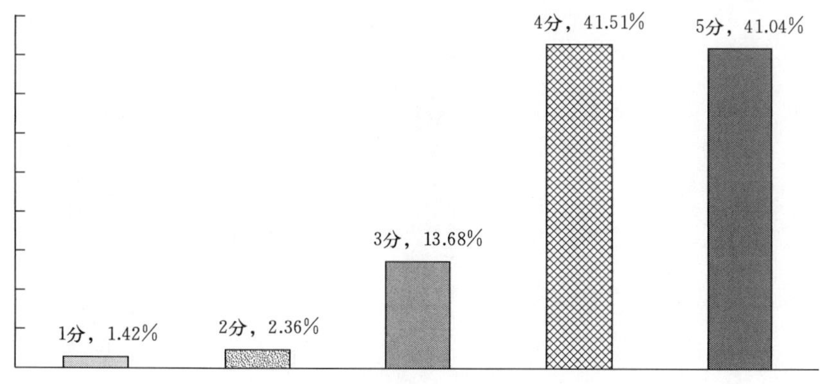

图 4-22 自然保护区环境卫生的评价

(5) 游客对保护区工作人员服务态度的评价

游客对自然保护区工作人员服务态度的评分等级如图 4-23 所示，39.62%的游客评分等级为 5 分；30.19%的游客评分等级为 4 分；25.94%的游客评分等级为 3 分；评分等级为 1 分和 2 分的游客仅占样本总量的 4.25%。可见，大部分游客对自然保护区工作人员服务态度比较满意，小部分游客的满意度较低。需要加强工作人员培训，提升自然保护区工作人员的服务水平。

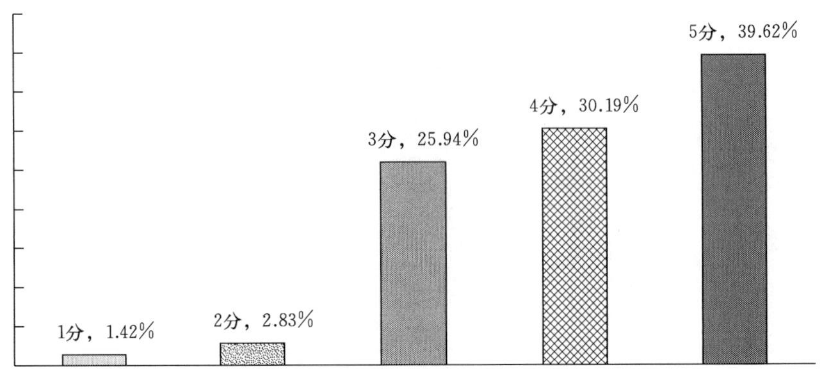

图 4-23　自然保护区工作人员服务态度分析

(6) 游客对保护区特色民俗活动的评价

游客对自然保护区特色的民俗活动的评分等级如图 4-24 所示，23.58%的游客评分等级为 5 分；14.15%的游客评分等级为 4 分；32.08%的游客评分等级为 3 分；评分等级为 1 分和 2 分的游客分别占样本总量的 16.04%和 14.15%。总体上看，一部分游客对森林自然保护区的特色民俗活动评价不高，应当增加或者提升民俗活动，提高保护区的影响力。

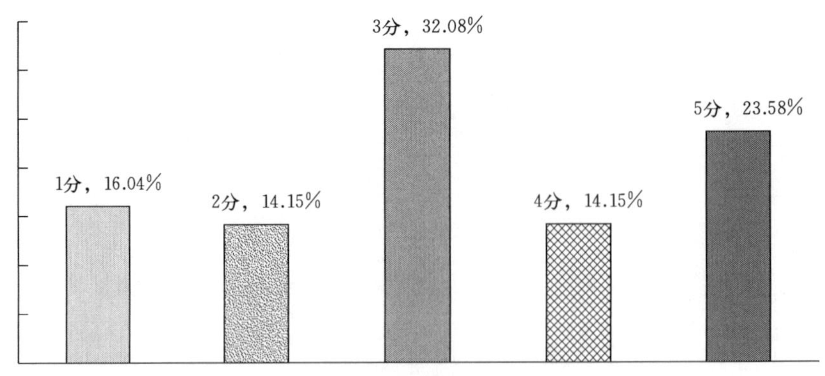

图 4-24　自然保护区特色民俗活动

（7）旅行是否满意分析

由图4-25可知，26.42%的游客对这次游憩非常满意，55.66%的游客对这次游憩比较满意，15.57%的游客对这次游憩感到一般，2.36%的游客对这次游憩感到比较不满意或不满意。可见，大部分游客的游憩体验感较好，对本次游憩感到满意。

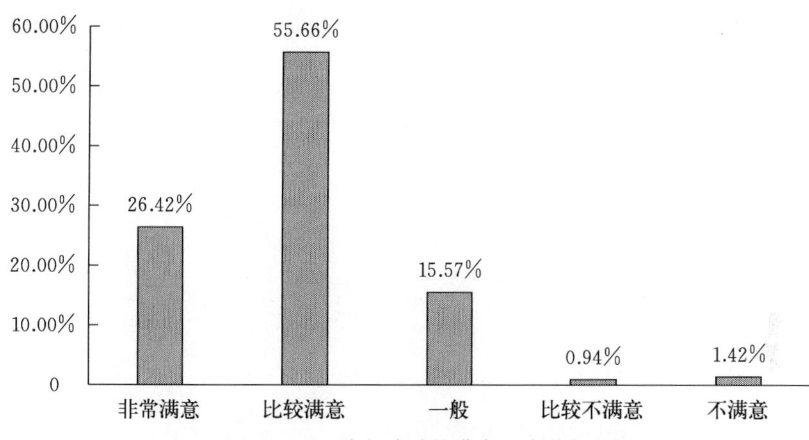

图4-25　游客游憩的满意程度分析

4.2.4　森林自然保护区游客游憩行为分析

（1）游客旅游交通方式分析

由图4-26可以看出，在交通方式上选择自驾的占样本量的77.36%；选择铁路出行到达景点的仅占2.83%；选择公共汽车出行的占12.74%；选择骑行和步行的分别占2.83%和4.25%。从样本数据上看，主要选择自驾、公共

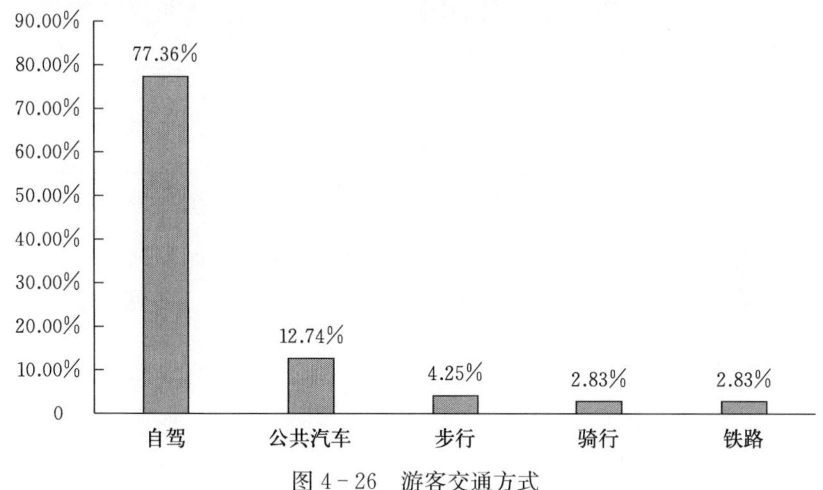

图4-26　游客交通方式

汽车，占样本总量的 90.1%。可能是因为大部分游客来自周边地区。

(2) 游客旅游结伴方式分析

从图 4-27 可以看出，大部分游客选择与亲人出行，占比高达 64.65%；其次是选择与情侣一同前来游玩，约占 18.14%；选择独自一人来森林自然保护区游玩观赏的占 9.77%；选择跟随旅行团出游的游客所占比重最低，为 0.47%。说明森林自然保护区游憩活动对于以家庭为单位的旅游出行活动比较有吸引力。

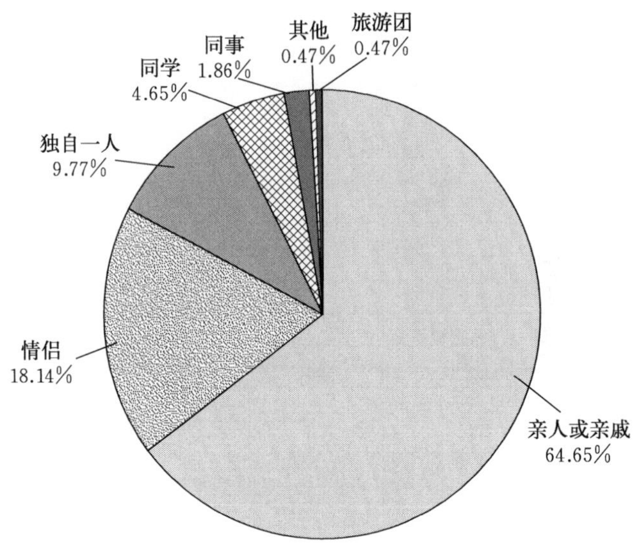

图 4-27 旅游结伴方式

(3) 旅游次数分析

由表 4-1 可以看出，样本游客中第一次到样本自然保护区旅游的比例最高，达到 78.17%；其次是第二次来的游客，占 7.61%；来 3 次至 5 次的游客占 5.07%；6 次以上的占 9.15%。

表 4-1 旅游次数分析

次数	百分比（%）	累计百分比（%）
1	78.17	78.17
2	7.61	85.78
3～5	5.07	90.85
6～8	3.05	93.90
9～10	3.05	96.95
11 及以上	3.05	100

(4) 了解程度分析

对森林游憩地的了解程度在一定程度上决定了其出行的意愿，从图 4-28可以看出相当了解（熟悉）主要景点及其历史文化的游客 44 人，占样本量的 20.75%；比较了解主要景点的有 60 人，占 28.3%；有一点了解，看过、听过有关介绍的有 70 人，占 33.02%；不了解的有 38 人，占 17.92%。游客在决定去一个地方后会对其进行一定的了解，从网上查阅相关攻略，了解其有关介绍，不会毫无了解地前往，这也一定程度上说明了为什么了解一点的样本游客人数最多。可见，有必要对森林游憩进行宣传，以吸引新游客前来。

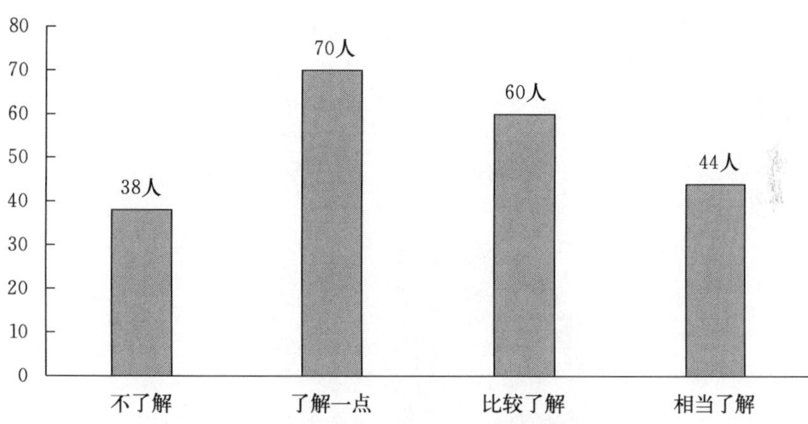

图 4-28　游客对自然保护区的了解程度分析

(5) 游客游憩推荐意愿分析

从图 4-29 样本数据可以看出，42.45%的游客表示非常愿意向他人推荐

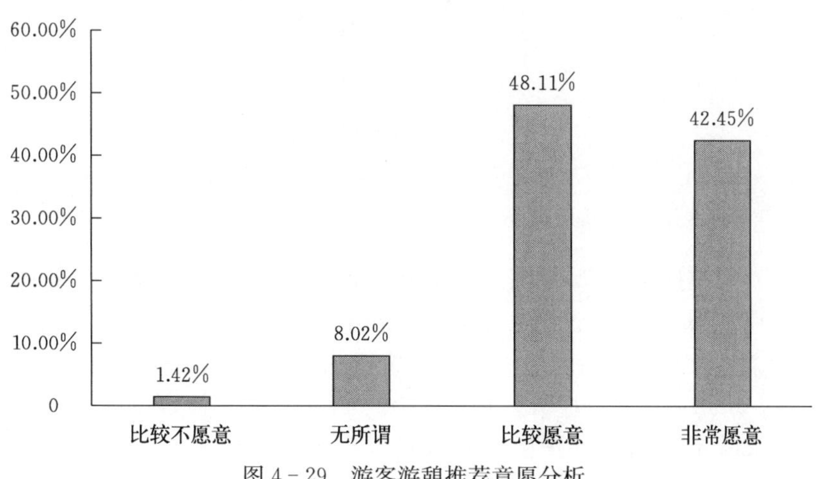

图 4-29　游客游憩推荐意愿分析

自然保护区游憩，48.11%的游客表示比较愿意向他人推荐，仅有1.42%的游客表示不愿意向他人推荐。说明绝大部分游客对森林自然保护区的游憩感到满意，具有吸引力，愿意推荐他人前来游憩。

（6）旅行时间分析

旅行时间的测算包括以下两个部分：一是旅途时间，二是现场游憩时间。根据调查发现，78%的游客选择游玩自然保护区后当天返回居住地，15%的游客准备在自然保护区游玩2天至3天，仅有7%的游客计划游玩4天及以上（图4-30）。游客在旅游目的地停留的时间越长，在目的地相关的消费也就越多，有利于目的地区域的旅游经济发展，而从样本数据分析结果来看，愿意停留2天及以上的游客仅占样本总量的22%，这在一定程度上说明保护区在食宿及服务上仍有欠缺；区内所设置的游憩项目不多或者未能吸引游客留下体验；也有可能是因为保护区的景点不多，游客只需花费较少时间就能浏览所有的景点。

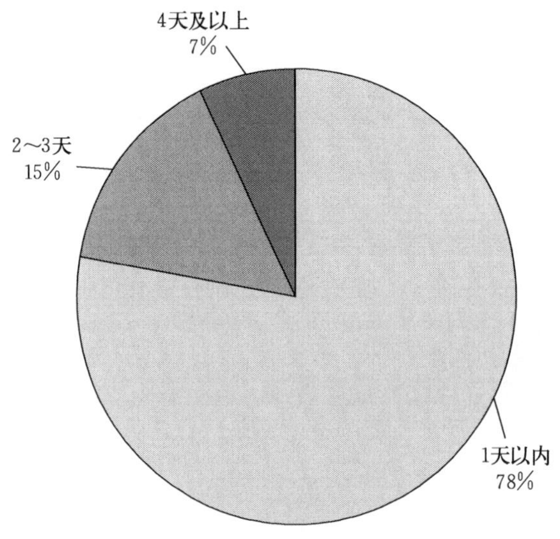

图4-30　游客旅行时间分析

4.2.5　森林自然保护区旅行花费分析

旅行费用包括交通费、食宿费、景区内消费（包括纪念品购买、拍照和游览设施费用等）。距离的不断增大意味着旅行费用的不断增加，根据4.2.2分析结果，游客大部分是周边居民，所以旅行花费大部分集中在200元以下和200元至500元（不含500元）两个档次，分别占样本游客的47%和32%，另有15%的游客到自然保护区的旅行花费在500元至1 000元（不含1 000元），仅有6%的游客花费在1 000元及以上。具体见图4-31。

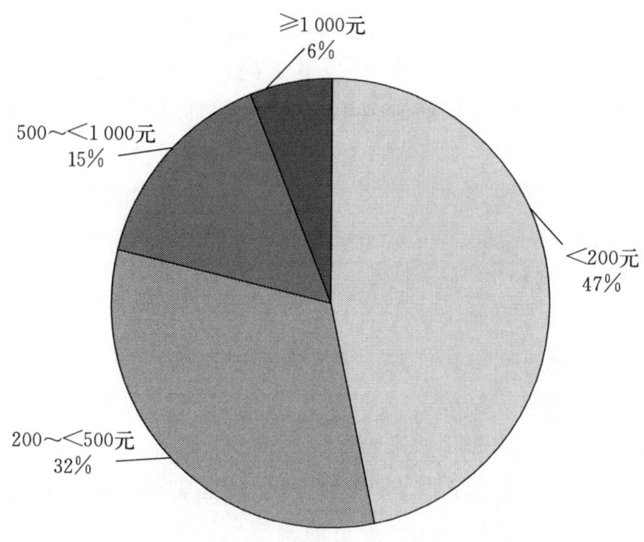

图 4-31　游客旅行费用分析

4.3　森林自然保护区游憩价值评价

4.3.1　影响因素选择

根据文献综述和理论分析，本研究因变量设为森林资源游憩价值，自变量包括自然因素、社会因素、管理因素和成本因素，详见表 4-2。

表 4-2　影响因素及其赋值

变量类别		变量代号	变量名称	变量赋值
因变量	游憩价值	Y	森林资源游憩价值	高=2；一般=1；低=0
自变量	自然因素	Plant	植被覆盖率	非常高=5；高=4；一般=3；低=2；非常低=1
		Water	溪水清澈度	非常清澈=5；清澈=4；一般=3；不清澈=2；非常不清澈=1
		Scenery	天然特色景观数量	5 处及以上特色景观=3；3 处至 4 处=2；1 处至 2 处=1
	社会因素	Crowd	人流量	非常多=5；多=4；一般=3；少=2；非常少=1
		Brand	知名度	高=3；中=2；低=1
	管理因素	Transport	交通便利性	非常方便=5；方便=4；一般=3；不方便=2；非常不方便=1
		Rest	服务设施数量	5 处及以上休息区=3；3 处至 4 处=2；1 处至 2 处=1
	成本因素	Cost	旅行花费	实际值（元）

自然因素包括植被覆盖率、溪水清澈度、天然特色景观数量。植被覆盖率反映森林自然保护区绿化程度，植被覆盖率高，不仅负氧离子高，泥沙尘土少，而且游客视觉感官好，旅游价值更高；溪水清澈度反映森林自然保护区及其上游地区土壤泥沙流失、工业和生活水污染及其治理状况，溪水清澈度高体现生态环境状况好，景观好，对游客更有吸引力，旅游价值更高；天然特色景观是森林自然保护区的亮点，也是主要景点，是吸引游客的关键因素，对森林自然保护区的旅游价值具有重要影响。

社会因素包括森林自然保护区人流量、知名度。人流量反映保护区吸引游客的能力，体现森林自然保护区游憩资源价值的高低，人流量多，说明吸引游客的能力强，但是如果人流量超过极限，会出现拥挤现象，导致许多问题显现，如服务人员不够，游客排队浪费时间，安全问题，引起游客不满，而且还会对生态环境产生负面影响；知名度是森林旅游品牌的体现，知名度越高，吸引游客就越多，森林自然保护区游憩价值就越高。

管理因素包括森林自然保护区交通便利性、休息区等服务设施数量。如果交通非常便利，游客就会增加，森林自然保护区游憩价值就更高；休息区等服务设施越多，游客休息地点就越多，购买餐饮和去卫生间更加方便，游客满意度就越高，游客重游率也越高，从而增加旅游人次，而且能够增加游客的逗留时间，增加游客在保护区的消费，从而提高森林自然保护区的游憩价值。

4.3.2 游憩价值影响因素的回归分析

运用在森林自然保护区调查获取的数据，采用条件 Logistic 模型对森林自然保护区游憩价值进行评价，运用 Stata 13.0 软件对森林自然保护区游憩价值的影响因素进行回归分析，结果如表 4－3 所示。

表 4－3　森林自然保护区游憩价值回归分析结果

变量		(1) 目前状态	(2) 最佳状态	(3) 最差状态
自然因素	植被覆盖率	1.133** (−0.515)	1.918** (−0.822)	1.114** (−0.519)
	溪水清澈度	0.808** (−0.32)	1.599*** (−0.619)	0.726** (−0.321)
	天然特色景观数量	0.531 (−0.324)	1.687 (−0.701)	0.475 (−0.327)
管理因素	交通便利性	−0.329 (−0.203)	0.142 (−0.328)	−0.33 (−0.204)
	服务设施数量	0.045 2 (−0.315)	1.288 (−0.644)	0.163 (−0.323)

（续）

变量		(1) 目前状态	(2) 最佳状态	(3) 最差状态
社会因素	人流量	−1.128***	−2.177***	−1.186***
		(−0.369)	(−0.742)	(−0.373)
	知名度	0.895**	2.244***	0.912**
		(−0.414)	(−0.702)	(−0.43)
成本因素	旅行花费	−0.006 92***	−0.011 4**	−0.007 72***
		(−0.002 49)	(−0.004 67)	(−0.002 77)

注：***、**、*分别代表1%、5%、10%显著性水平；括号里面的数值为标准误。

由表4-3可知，在目前状态下，森林自然保护区天然特色景观数量、交通便利性、服务设施数量对森林自然保护区的游憩价值没有显著性影响。植被覆盖率、溪水清澈度在5%显著性水平上对森林自然保护区的游憩价值具有显著性影响，回归系数分别为1.133和0.808，可见在可能影响游憩价值的自然因素中，植被覆盖率和溪水清澈度对森林自然保护区游憩价值具有正向的影响作用，植被覆盖率对游憩价值的影响程度要大于溪水清澈度。在可能影响游憩价值的社会因素中，森林自然保护区人流量在1%显著性水平上对森林自然保护区的游憩价值具有负向影响，回归系数为−1.128，可见随着游客的拥挤程度增加，游客对森林自然保护区的游憩价值评价更低。森林自然保护区知名度在5%显著性水平上对森林自然保护区游憩价值具有正向影响，回归系数为0.895，说明通常游客更倾向于选择知名度高的旅游景点，知名度高的景点往往有其独特的自然风光和比较完善的配套设施，对游客更有吸引力，深受游客喜爱，这也是知名度高的景点游客数量经常爆满的原因。因此，加强自然保护区品牌建设是当前森林自然保护区游憩发展的重点。此外，旅行花费在1%显著性水平上对森林自然保护区游憩价值具有负向影响，回归系数为−0.006 92，说明旅行花费越高，游客对森林自然保护区游憩价值的评价越低。

在最佳状态下，植被覆盖率在5%显著性水平上对自然保护区游憩价值具有正向影响，回归系数为1.918，可见，在最佳状态下，高植被覆盖率能显著提高森林自然保护区的游憩价值。溪水清澈度在1%显著性水平上对自然保护区游憩价值具有显著性影响，回归系数为1.599，可见溪水清澈度对森林自然保护区游憩价值有正向的影响作用。天然特色景观数量、交通便利性和服务设施数量对游憩价值没有显著性影响。人流量在1%显著性水平上对森林自然保护区的游憩价值具有负向影响，回归系数为−2.177，可见在最佳状态下，保护区的拥挤程度影响游客的游憩体验，进而影响森林保护区的游憩价值。知名度在1%显著性水平上对森林自然保护区的游憩价值具有正向影响，回归系数为2.244，可见，在最佳状态下游客更加看重森林自然保护区的知名度。旅游花费在5%显著性水平上对森林自然保护区游憩价值具有负向影响。在目前状态下森林自然保护区游憩价值与旅游花费回归系数为－0.006 92，在最佳状态下回归系数为－0.011 4，可见，最佳状态下旅游花费对保护区游憩价值的影响更大。

在最差状态下，植被覆盖率和溪水清澈度在5%显著性水平上对森林自然保护区的游憩价值具有正向影响，回归系数分别为1.114和0.726。天然特色景观数量、交通便利性、服务设施数量对森林自然保护区游憩价值没有显著性影响。森林自然保护区人流量在1%显著性水平上对森林自然保护区的游憩价值具有显著负向影响，回归系数为－1.186，说明保护区游憩价值随着游客数量的增多而减少。森林自然保护区知名度在5%显著性水平上对森林自然保护区游憩价值具有显著正向影响，回归系数为0.912。可见，在三种状态下，知名度对森林自然保护区游憩价值均有显著正向影响，体现了提高森林自然保护区知名度的重要性。在最差状态下，旅行花费在1%显著性水平上对森林自然保护区游憩价值具有显著负向影响，回归系数为－0.007 72，在其他两种状态下同样具有显著负向影响，表明旅行花费越高，游客对森林自然保护区游憩价值的评价越低。

4.3.3 基于选择实验法的森林自然保护区游客人均游憩价值测算

如前所述，森林自然保护区的游憩价值受植被覆盖率、溪水清澈度、人流量、知名度和旅行花费等因素影响。根据第1章选择实验法的公式（1－7）和表4－3各个显著性影响因素的回归系数可以测算出，在目前状态下，森林自然保护区游客人均游憩价值为247.54元；在最佳状态下游憩价值最高，为314.39元；在最差状态下游憩价值最低，为203.38元（表4－4）。最佳状态下游憩价值比目前状态高66.85元，比最差状态高111.01元，表明目前状态

表4－4 森林自然保护区游客人均游憩价值评价

变量名称	目前状态		最佳状态		最差状态	
	系数	价值	系数	价值	系数	价值
植被覆盖率	1.133	164.203	1.918	168.246	1.114	144.675
溪水清澈度	0.808	117.101	1.599	140.263	0.726	94.286
人流量	－1.128	－163.478	－2.177	－190.965	－1.186	－154.026
知名度	0.895	129.710	2.244	196.842	0.912	118.442
游憩价值（元）	—	247.54	—	314.39	—	203.38

注：天然特色景观数量、服务设施数量、交通便利性对森林自然保护区游憩价值影响不显著，故没有计算其价值。

下森林自然保护区游憩价值并未达到最佳水平，与最佳状态还有一些差距，需要通过提高植被覆盖率、溪水清澈度、保护区知名度等方式提升森林自然保护区的人均游憩价值。

4.3.4　样本地区与福建省森林自然保护区游憩价值测算结果

根据表 4－4 数据和福建省林业统计年鉴中的样本单位旅游人数数据，可以计算出武夷山国家自然保护区和龙岩梅花山自然保护区在目前状态下的游憩价值为 148.52 万元，在最佳状态下的游憩价值为 188.63 万元，在最差状态下的游憩价值为 122.03 万元（表 4－5），最佳状态和最差状态的游憩价值相差 66.60 万元。数据表明，在目前状态下，样本地区森林自然保护区与最差时期相比已有明显的改善，但与最佳状态相比，仍有提升的空间。

表 4－5　样本地区及福建省森林自然保护区游憩价值测算

	样本地区人均游憩价值（元）	样本地区游憩价值（万元）	全省森林自然保护区游憩价值（万元）
目前状态	247.54	148.52	4 190.85
最佳状态	314.39	188.63	5 322.62
最差状态	203.38	122.03	3 443.22

根据表 4－4 数据和福建省林业统计年鉴中的旅游人数数据，可以计算出福建省森林自然保护区在目前状态下的游憩价值为 4 190.85 万元，在最佳状态下为 5 322.62 万元，在最差状态下则为 3 443.22 万元（表 4－5），最佳状态和最差状态的游憩价值相差 1 879.40 万元。总体上看，目前状态下福建省森林自然保护区处于较好的水平，与最差时期相比已有明显的改善，但是与最佳状态下森林自然保护区的游憩价值相比还有差距，还可以进一步提升。

4.3.5　研究小结

第一，植被覆盖率对森林自然保护区游憩价值的影响程度较大。森林自然保护区景观以林木景观为主，植被覆盖率是森林自然保护区保护和建设成效评价的重要指标。森林自然保护区游憩价值回归分析结果显示，植被覆盖率对游憩价值的影响较大，因此需要提高森林自然保护区植被覆盖率进而增加森林的游憩价值。

第二，溪水清澈度与森林自然保护区游憩价值显著正相关。溪水清澈度反映森林自然保护区及其上游地区土壤泥沙流失、工业和生活水污染及其治理状况，溪水清澈度高说明森林自然保护区生态环境状况好，游客视觉感官好，对游客更有吸引力，游憩价值更高。

第三，森林自然保护区游憩价值随着保护区的知名度提高而增加。可见，加大森林自然保护区的宣传，提高其知名度十分重要。要针对保护区内具有显著特点的景观进行重点宣传，距离相近的景点之间可以联合宣传以提升宣传效果，保护区可以通过举办文艺活动和博物展览进行宣传。合理运用互联网进行宣传推广，能显著提高保护区自身知名度。互联网营销成本低，效果也较大，推广速度也快。保护区可与流量较大的网络名人合作，利用网络名人自身影响力进行宣传，来提高森林保护区的知名度。

第四，在目前状态下福建省森林自然保护区的游憩价值为 4 190.85 万元，在最佳状态下游憩价值为 5 322.62 万元。总体上看，在目前状态下福建省森林自然保护区处于较好的水平，但是与最佳状态下森林自然保护区的游憩价值相比还有差距，还可以进一步提升。

5 福建省森林公园游憩价值评价

5.1 数据来源及样本选择

样本调查主要集中在武夷山市的武夷山国家森林公园和莆田市九龙谷国家森林公园。调查时间分别选择在 2018 年 7 月 19 日至 24 日和 2018 年 8 月 9 日至 11 日，调研时尽可能确保问卷保质保量完成。主要选择在游客空闲时进行问卷调查。调查样本通过群体随机抽样的方式进行选取，调查的表现方式为随机拦取周边的游客进行调查，共完成调查问卷 202 份。

如何选取调查样本，对问卷的质量及最终评估的结果直接产生影响。在选取调查样本时，主要选择以成年人作为调查对象，同时注重不同年龄段和性别的分布。因为年龄和性别的不同，对问题考虑及答案显然是不同的。此外，采取实地访谈式进行问卷调查，调查过程中及时解决游客疑问，保证调查问卷的质量。最后，会向每位受访的游客表示衷心的感谢，也借此提高游客参与的积极性和认真性。

5.2 样本数据的描述性统计分析

5.2.1 客源地距离分析

从图 5－1 中可以看出，随着距离的增加，对森林公园的吸引力减少，旅

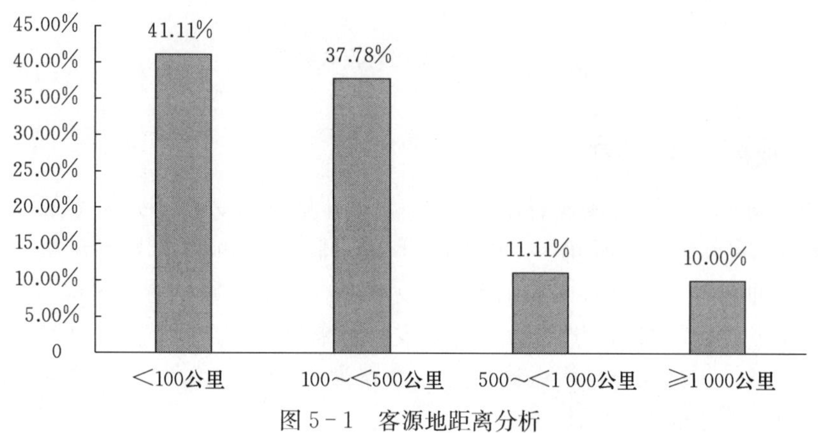

图 5－1 客源地距离分析

游人数减少。100公里以内（不含100公里）的游客最多，占了41.11%。由于上班族的休息日有限，仅有周末和节假日，因此，距离比较近的森林公园更受游客欢迎，既能充分利用休息日，又能达到休闲放松的目的；其次是100公里至500公里（不含500公里）的游客，占了37.78%；500公里至1 000公里（不含1 000公里）的游客，占了11.11%；1 000公里及以上的游客占比最少，为10%。样本数据说明了森林公园对于周边居民的吸引力明显大于其他地区的居民。

5.2.2 旅游出行方式分析

从图5－2可以看出，与亲人或亲戚一起出去旅游的样本游客最多，占了52.74%，这部分人群大多数基于家庭活动，以休闲放松为目的到森林公园游憩；随同同学、朋友、旅游团和同事出游的样本游客所占比例依次减少，分别为17.41%、13.43%、6.47%和5.97%；独自一人或与情侣出游的游客所占比重最低，均为1.99%。

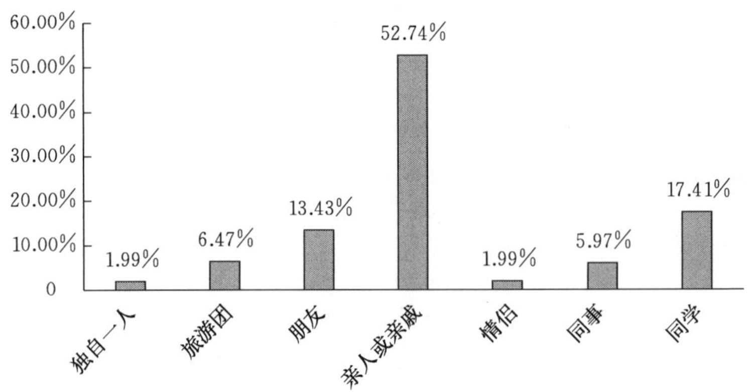

图5－2 旅游出行方式分析

5.2.3 旅游交通方式分析

从图5－3可以直观地看出，去森林公园选择自驾游的游客最多，占了45.05%，自驾游由于时间、行程可以自由安排，可随时停车观赏风景，更能与亲人、朋友享受旅途中的氛围等优势，在近年来越来越受游客的欢迎；其次是飞机，占了27.23%，这部分游客基本都是来自外省；第三是公共汽车，占了13.37%；步行和骑行所占比例少，分别为3.47%与3.96%，这部分游客基本上为森林公园周边居民。

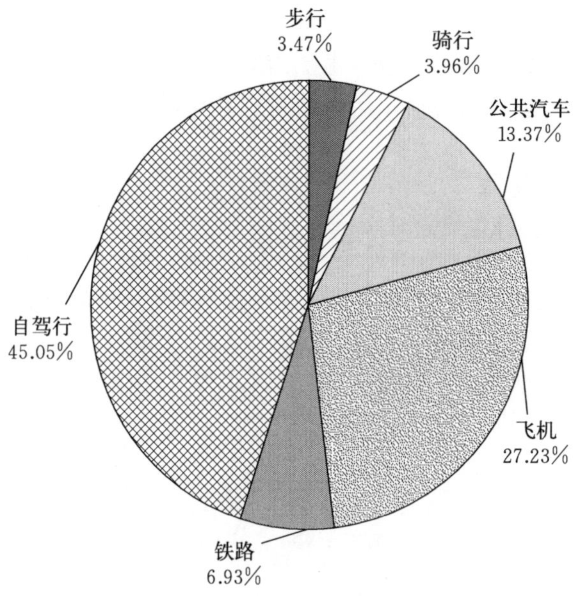

图 5－3　旅游交通方式分析

5.2.4　游客停留时间分析

由图 5－4 可以看出，停留时间为 2 天至 3 天的游客所占的比例最多，为 45.52%；其次是停留时间在 1 天以内的游客，占了 44.06%；停留 4 天及以上的占了 10.42%。游客的停留时间越长，游客在旅游目的地相关的消费越

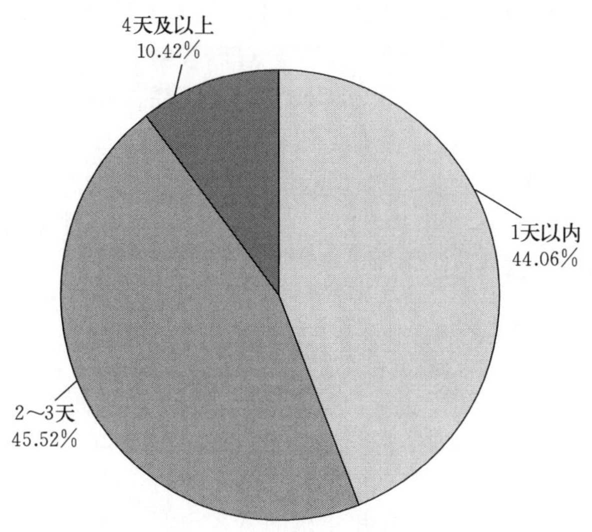

图 5－4　游客停留时间分析

多，越能增加旅游收入，有利于区域森林旅游经济的发展。而从样本数据上分析，愿意在森林公园停留2天及以上的游客占样本总量的54.48%，说明森林公园食宿等配套设施比较齐全，园内所设置游憩项目也有一定的吸引力吸引游客留下体验。

5.2.5 到达森林公园的交通时间分析

交通时间影响游客们出行的意愿，一般来说旅途时间越长越不愿意出行。本研究将交通时间划分如下：1小时以内（A）；2小时至3小时（B）；4小时至5小时（C）；6小时至8小时（D）；9小时至12小时（E）；13小时及以上（F），详见图5－5。

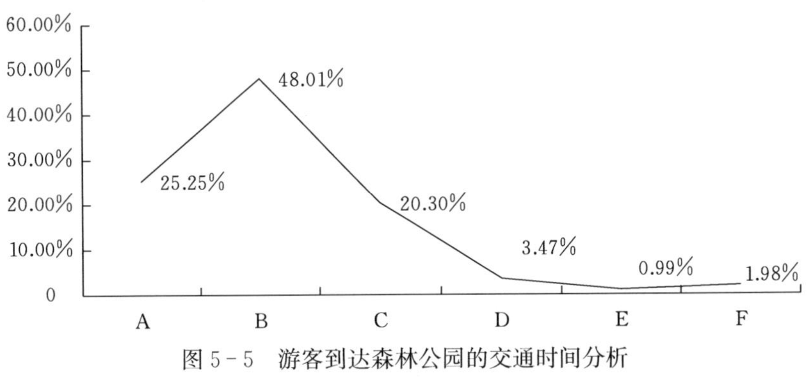

图5－5 游客到达森林公园的交通时间分析

从图5－5可以看出，交通时间在2小时至3小时的游客占比最大，达到了48.01%，1小时以内的占比25.25%。可以看出3小时以内到达森林公园的游客居多，共占了73.26%，这部分游客自驾游的比例高达84.32%，说明在相对比较近的旅游景点，游客更偏向采用自驾游的方式出游。交通时间在4小时至5小时的游客占了20.30%，6小时至8小时的占了3.47%，9小时至12小时的占了0.99%，13小时及以上的占了1.98%。总体来看，交通时间越长，游客的出行意愿越低。

5.2.6 游客的旅行次数分析

通过统计分析发现，第1次来样本森林公园旅游的游客比例最高，达到71.88%，这部分的人群大部分是外地游客。由于森林公园的地点一般比较偏远，对于大多数游客来说，去一次就够了，也满足了游客的好奇心和体验。来森林公园旅游次数为2次、3次和4次的游客比例分别为7.81%、8.33%和11.98%，具体如图5－6所示。另外，根据调查结果，来森林公园旅游4次以上的游客，基本上为当地居民；重游的总人数占样本量的 28.12%，超过 1/4 的游客选择再次前来游玩，说明森林公园对游客比较有吸引力，部分游客有故地重游的意愿，也从侧面上说明了样本森林公园游憩价值比较高。

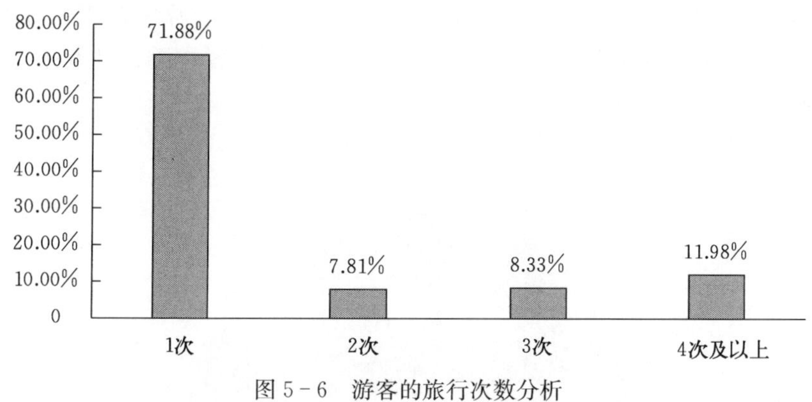

图 5-6　游客的旅行次数分析

5.2.7　游客花费分析

如图 5-7 所示，旅游花费在 1 000 元至 1 500 元（不含 1 500 元）的样本游客占比最高，为 25.37%，这部分人群中有 53.94%的游客属于自驾游，其中年收入在 5 万元及以上的占了 64.70%。其次是花费 3 000 元及以上的游客，占了 19.90%，这部分游客年收入在 5 万元及以上的占了 62.5%。花费 200 元至 500 元（不含 500 元）、500 元至 1 000 元（不含 1 000 元）、200 元以下的样本游客所占的比例分别为 16.42%、14.93%和 11.44%。旅游花费在 1 000 元以下的游客中，年收入在 5 万元以下的游客占了 54.08%。说明游客年收入在一定程度上影响旅游消费额。

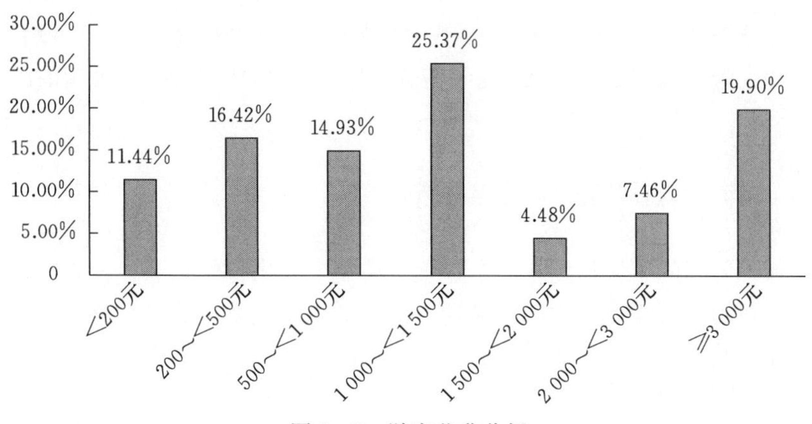

图 5-7　游客花费分析

5.2.8 游客对森林公园游憩价值的评价

由图 5-8 可以看出，一半以上的游客对森林公园游憩价值评价高，占比为 51.49%；其次是认为森林游憩价值为一般的样本游客，所占比例为 45.54%；认为游憩价值不高的游客仅为 2.97%。说明样本游客对森林公园游憩资源价值的评价比较高。

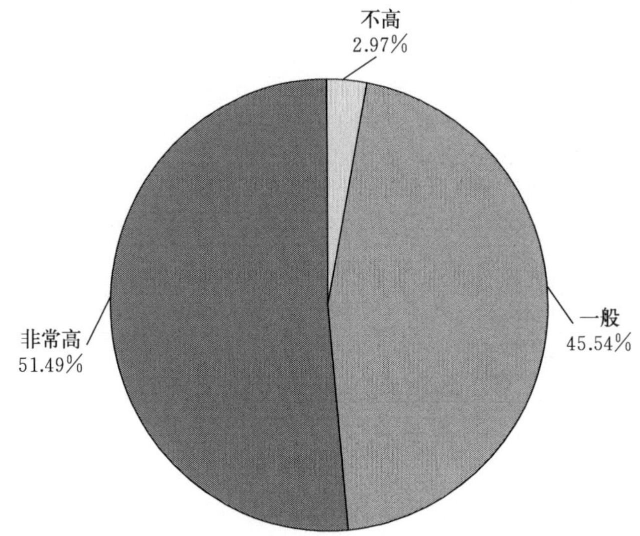

图 5-8 游客对森林游憩价值的评价

5.2.9 游客对森林公园的认知度评价

从图 5-9 可以看出，对样本森林公园认知度非常高的游客仅占 23%；认知度一般占比最大，达到了 69%；认知度不高的样本游客占了 8%。说明森林公园在宣传上还有待加强，游客们对于森林公园的认知度还不够高。没有足够高的认知度难以吸引足够多的游客前来游憩，所以需要提升森林公园的游客认知度。

5.2.10 游客对森林公园了解程度分析

对森林公园的了解程度在一定程度上决定了其出行的意愿，本研究将游客对森林公园的了解程度分为四个级别：相当了解，熟悉主要景点及其历史文化（A）；比较了解，熟悉主要的景点（B）；有一定了解，看过、听过有关介绍（C）；了解很少（D）。

从图 5-10 来看，占据最大比例是 C，也就是有一定了解的，占比为

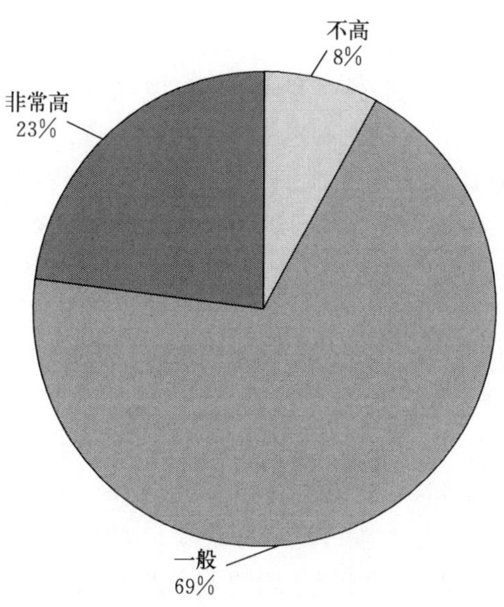

图 5-9 样本游客对森林公园认知度的评价

41.49%；相当了解的占比最低，为 9.04%；比较了解的占比 28.72%；了解很少的占了 20.75%。当游客们决定去一个地方后，也会对其进行一定的了解，查阅其有关介绍，不会毫无了解地盲目前往。进一步分析发现，C、D 中大部分都是第一次来样本森林公园游玩的。

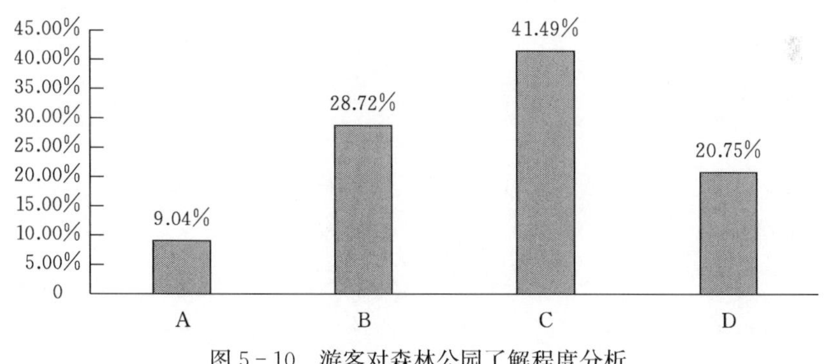

图 5-10 游客对森林公园了解程度分析

5.2.11 游客对森林公园游憩满意度评价

从表 5-1 可以看出，在对森林公园的整体满意度评价上，32.67%的受访者觉得非常满意，54.95%的受访者觉得比较满意，11.39%的受访者满意度一般，仅有 0.99%的受访者觉得不满意，没有非常不满意的游客。说明森林公园在整体工作上做得不错，让大部分的游客乘兴而来，满意归去。

分项来看，游客对卫生条件、景观资源、空气质量、建筑与环境协调性方面较为满意，对娱乐项目价格、管理服务、娱乐设施、安全措施的满意度相对较低。游客们最满意的是森林公园的空气质量，60.4%的受访者表示非常满意，33.17%的受访者认为较为满意；最不满意的是娱乐项目价格，仅有16.83%的游客认为非常满意，38.61%的游客表示较为满意，说明样本森林公园娱乐项目的价格偏高，难以被许多游客所接受。在娱乐设施的满意度方面，23.76%的游客认为非常满意，48.51%的游客觉得较为满意，相对来说，满意度也较低。在安全措施上，仅有29.21%的游客表示非常满意，52.97%的游客觉得较为满意，还有16.83%的游客觉得一般，说明样本森林公园在安全措施方面上还有改进的空间。

从表5-1来看，对此次旅行感到非常满意的游客占比25.39%，感到较为满意的游客占了53.88%，感到一般的游客占了19.17%，感到不满意的游客占了0.52%，非常不满意的游客占了1.04%。

表5-1 游客对森林公园整体满意度分析

	非常满意（%）	较为满意（%）	一般（%）	不满意（%）	非常不满意（%）
对公园整体满意度	32.67	54.95	11.39	0.99	0
卫生条件	42.57	45.54	10.89	1	0
交通条件	36.63	44.06	15.35	2.47	1.49
景观资源	44.6	39.6	14.36	1.44	0
娱乐设施	23.76	48.51	23.76	2.97	1
管理服务	23.76	52.97	18.81	3.46	1
安全措施	29.21	52.97	16.83	0.99	0
娱乐项目价格	16.83	38.61	33.17	9.9	1.49
空气质量	60.4	33.17	4.95	0.99	0.49
建筑与环境协调性	39.6	49.50	9.41	1.49	0
对此次旅行的满意度	25.39	53.88	19.17	0.52	1.04

5.2.12 游客对森林公园游憩的推荐意愿分析

从表5-2来看，非常愿意向他人推荐本次所选择的游憩地的游客占了26.24%，愿意的占了66.34%，7.42%的受访者对是否愿意向他人推荐本次所选择的游憩地表示无所谓，没有游客表示不愿意和非常不愿意。可见，超过90%的游客愿意推荐。从数据上来看，对此次旅行满意的游客十分乐于与他人分享此次旅行的经历，愿意推荐此次所选择的游憩地。

表 5-2　游客对森林公园游憩的推荐意愿分析

	非常愿意（%）	愿意（%）	无所谓（%）	不愿意（%）	非常不愿意（%）
是否愿意向他人推荐本次所选择的游憩地	26.24	66.34	7.42	0	0

5.2.13　游客的重游意愿分析

从表 5-3 来看，对于游客是否愿意重游，表示非常愿意再来本次所选择的游憩地的游客占了 22.39%，愿意的占了 58.20%，表示无所谓的占了 16.42%，2.99%的游客表示不愿意。从数据上来看，对此次旅行满意的游客表示愿意再次前来。

表 5-3　游客的重游意愿分析

	非常愿意（%）	愿意（%）	无所谓（%）	不愿意（%）	非常不愿意（%）
是否愿意再来本次所选择的游憩地	22.39	58.20	16.42	2.99	0

5.3　森林公园游憩价值评价

5.3.1　影响因素选择

根据文献综述和理论分析，本研究因变量设为游憩价值，自变量包括自然因素、社会因素、管理因素和成本因素，详见表 5-4。

自然因素包括植被覆盖率、溪水清澈度、天然特色景观数量。植被覆盖率反映森林公园绿化程度，植被覆盖率高，不仅负氧离子高，而且游客视觉感官好，旅游价值更高；溪水清澈度反映森林公园及其上游地区土壤泥沙流失、工业和生活水污染及其治理状况，溪水清澈度高体现生态环境状况好，对游客更有吸引力，旅游价值更高；天然特色景观是森林公园的亮点，也是主要景点，能够吸引游客，对森林公园的游憩价值具有重要影响。

社会因素包括森林公园人流量、知名度。森林公园人流量反映森林公园吸引游客的能力，体现森林公园游憩资源价值的高低，但是人流量多了，出现拥挤现象，会降低游客对森林公园游憩价值的评价；森林公园知名度是森林旅游品牌的体现，森林公园知名度越高，吸引游客就越多，森林公园游憩价值就越高。

管理因素包括森林公园交通便利性、休息区等服务设施数量。如果森林公园交通便利，对游客就更有吸引力，游客就会增加，森林公园游憩价值就更高；森林公园内休息区等服务设施越多，有利于游客的歇息与购物，游客满意度就越高，游客重游率也越高，从而增加旅游人次，提高森林公园的游憩价值。

成本因素用游客的旅行费用来表示，从理论上讲，游客的交通费、住宿费、森林公园门票等费用都会影响游客对游憩地的选择以及游憩地价值的评价。

表 5-4　影响因素及其赋值

变量类别		变量代号	变量名称	变量赋值
因变量	游憩价值	Y	森林公园游憩价值	高=2；一般=1；低=0
自变量	自然因素	Plant	植被覆盖率	非常高=5；高=4；一般=3；低=2；非常低=1
		Water	溪水清澈度	非常清澈=5；清澈=4；一般=3；不清澈=2；非常不清澈=1
	社会因素	Scenery	天然特色景观数量	5 处及以上特色景观=3；3 处至 4 处=2；1 处至 2 处=1
		Crowd	森林公园人流量	非常多=5；多=4；一般=3；少=2；非常少=1
		Brand	森林公园知名度	高=3；中=2；低=1
	管理因素	Transport	森林公园交通便利性	非常方便=5；方便=4；一般=3；不方便=2；非常不方便=1
		Rest	休息区等服务设施数量	5 处及以上休息区=3；3 处至 4 处=2；1 处至 2 处=1
	成本因素	Cost	旅行花费	实际值（元）

5.3.2　森林公园游憩价值影响因素的计量分析

本研究在福建省武夷山国家级森林公园和莆田市九龙谷国家级森林公园，选取样本游客进行实地访谈式问卷调查，调查样本总数为 202 个，获取有效样本问卷 181 份。通过询问游客：“您觉得该森林公园游憩价值高吗？（非常高、一般、低）”来了解和比较不同森林公园游憩价值的高低。

根据森林公园样本游客调查获取的数据，采用条件 Logistic 模型对森林公园游憩价值进行评价，运用 Stata 13.0 软件对森林公园游憩价值的影响因素进行回归分析，结果如表 5-5 所示。

由表 5-5 可知，在三种状态下，森林公园知名度的显著性水平均为 1%，与其他影响因素相比显著性水平最高，表明森林公园知名度对森林公园的游憩价值具有显著性影响，且影响方向为正，说明森林公园知名度越高，森林公园的游憩价值也越高。森林公园可以采取多种措施提高自身知名度，吸引更多的游客前来观光游览，提升森林公园游憩资源的价值。随着森林公园管理、建设等各个方面的不断完善，旅游宣传工作的加大，森林公园的品牌知名度将进一步提升，其游憩价值也将进一步提高。

表 5-5　森林公园游憩价值回归分析结果

变量名称	参数	目前状态	最佳状态	最差状态
植被覆盖率	回归系数	0.166	0.191	0.091 9
	标准误	(0.536)	(0.535)	(0.538)
溪水清澈度	回归系数	1.023**	1.000**	1.021**
	标准误	(0.434)	(0.432)	(0.430)
天然特色景观数量	回归系数	0.699*	0.673*	0.645*
	标准误	(0.376)	(0.376)	(0.375)
森林公园人流量	回归系数	0.678**	0.680**	0.647**
	标准误	(0.301)	(0.299)	(0.305)
休息区等服务设施数量	回归系数	−0.439	−0.441	−0.414
	标准误	(0.353)	(0.351)	(0.355)
森林公园交通便利性	回归系数	16.46	17.28	16.29
	标准误	(1.423)	(2.214)	(1.315)
森林公园知名度	回归系数	1.687***	1.653***	1.647***
	标准误	(0.398)	(0.398)	(0.392)
旅行花费	回归系数	−0.003 05**	−0.002 94**	−0.003 35**
	标准误	(0.001 32)	(0.001 30)	(0.001 50)

注：***、**、*分别代表1%、5%、10%显著性水平；括号里面的数值为标准误。

溪水清澈度、森林公园人流量在5%的显著性水平上对森林公园的游憩价值具有显著性影响，且溪水清澈度、森林公园人流量影响方向都为正，表明森林公园溪水清澈度越高、人流量越大，森林公园游憩资源的价值就越高。溪水清澈度是衡量森林公园生态环境优劣的重要指标之一，如果森林公园溪水清澈度越高，说明森林公园的生态环境越好，能够提升森林公园的游憩价值。森林公园人流量反映了森林公园吸引游客的能力，如果森林公园人流量大，表明森林公园吸引游客的能力强，游憩资源的价值就会提高。

由表5-5可知，森林公园天然特色景观数量在10%显著性水平上对森林公园的游憩价值具有显著性影响，且影响方向为正，表明特色景观数量越多，森林公园游憩资源的价值越高。森林特色景观能够吸引游客前来观赏，森林特色景观越多，观赏的价值越大，森林公园的游憩价值也就越高。

游客的旅行花费在5%的显著性水平上对森林公园的游憩价值具有显著性影响，且影响方向为负，说明旅游花费越多，游客对森林公园游憩价值的评价就越低。其他变量对森林公园游憩价值的影响不显著。

5.3.3 基于选择实验法的森林公园游客人均游憩价值测算

由于森林公园游憩价值受溪水清澈度、天然特色景观、森林公园人流量、森林公园知名度、旅行花费等因素的综合影响，因此，在测算游客人均游憩价值时，需要综合考虑多种因素对人均游憩价值的影响。根据第1章选择实验法的公式（1-7）和表5-5各个显著性影响因素的回归系数，可以测算出，在目前状态下，样本地游客人均游憩价值为1 318.39元，在最佳状态下游客人均游憩价值为1 381.38元，在最差状态下游客人均游憩价值为1 164.70元（表5-6）。结果表明，目前状态下森林公园所蕴含的人均游憩价值，比最差状态下人均游憩价值高153.69元，可见，目前样本地森林公园的游憩资源有所改善。但是，目前状态下的游客人均游憩价值与最佳状态下的人均游憩价值相比，低62.99元，因此，目前样本地国家森林公园游憩价值还可以进一步提升。

表5-6 森林公园游客人均游憩价值评价

变量名称	目前状态		最佳状态		最差状态	
	系数	价值	系数	价值	系数	价值
溪水清澈度	1.023	330	1.000	344.83	1.021	300.29
天然特色景观数量	0.699	225.49	0.673	232.07	0.645	189.71
森林公园人流量	0.678	218.71	0.680	234.48	0.647	190.29
森林公园知名度	1.687	544.19	1.653	570	1.647	484.41
旅行花费	0.003 1	—	0.002 9	—	0.003 4	—
人均游憩价值（元）	—	1 318.39	—	1 381.38	—	1 164.70

注：由于植被覆盖率、服务设施数量、交通便利性对森林公园游憩价值影响不显著，所以没有计算其游憩价值。

5.3.4 福建省森林公园游憩价值测算结果

根据样本地森林公园游客人均游憩价值（表5-6）和2017年福建省森林公园旅游人数（见表3-8），可以测算出福建省森林公园游憩价值（表5-7）。

由表 5－7 可知，在目前状态下全省森林公园游憩价值达到 3 142 593.51 万元，与 2017 年旅游收入相比，旅游收入占全省森林公园游憩价值的比例仅为 3.22%，森林公园游憩价值远远大于目前森林公园旅游收入，表明目前福建省森林公园游憩资源开发空间巨大，可以采取措施促进森林公园游憩价值实现。在最佳状态下，全省森林公园游憩价值达到3 292 740.25 万元，在最差状态下，全省森林公园游憩价值为 2 776 248.80 万元，两者相差516 491.45 万元。

表 5－7　福建省森林公园游憩价值

	样本地区人均游憩价值（元）	森林公园游憩价值（万元）
目前状态	1 318.39	3 142 593.51
最佳状态	1 381.38	3 292 740.25
最差状态	1 164.70	2 776 248.80

5.3.5　研究小结

根据计量分析结果，目前福建省森林公园游憩价值达到 314.26 亿元。溪水清澈度（自然因素）、天然特色景观数量（自然因素）、森林公园人流量（社会因素）、森林公园知名度（社会因素）等对福建省森林公园游憩价值具有显著的正向影响，因此要从这几方面入手促进森林公园趋向最佳状态，提高其游憩价值。也就是说，要促进森林公园周边居民和游客保护森林生态环境和资源，要将森林公园内针叶林改造成针阔混交林，实施荒山造林，提高森林公园水源涵养能力，加大森林公园水土保持力度，减少林地泥沙流失，提高森林公园溪水清澈度；在森林公园内仔细勘查，不断挖掘天然特色景观，如果发现天然特色景观，要进行道路建设，吸引游客观光；要健全森林公园基础设施建设，在不破坏森林生态环境的前提下，结合地形地貌因地制宜地修建便捷的交通网络，健全公共配套服务设施，提高森林公园接待能力，精心设计旅游产品，与省内外旅行社进行长期紧密的合作，增加森林公园人流量；森林公园经营管理者要加大宣传力度，通过网络、微信公众号、电视广告、报纸等方式进行宣传，做好森林旅游服务，创立森林公园旅游品牌，提高森林公园知名度。

对于森林公园游憩价值来说，社会因素和自然因素是显著的影响因素，管理因素影响不显著，这也是森林公园旅游价值与其他旅游（尤其是人造旅游景点）价值不同之处。

6 福建省湿地自然保护区游憩价值评价

6.1 数据来源及样本选择

样本调查主要集中在闽江河口湿地国家级自然保护区和泉州湾河口湿地省级自然保护区。调研时尽可能确保调查问卷保质保量完成。主要选择在游客空闲时进行问卷调查。调查样本通过群体随机抽样的方式进行选取，在调查过程中的表现方式为随机拦取周边的游客进行调查。

6.2 样本数据的描述性统计分析

6.2.1 湿地自然保护区生态状况分析

（1）湿地被破坏程度评价

由表6-1可以看出，游客对湿地自然保护区受到的破坏程度的看法不一。17.98%的游客认为湿地自然保护区受到的破坏程度非常大，15.73%的游客认为受到的破坏程度大，31.46%的游客认为受到的破坏程度一般，16.85%的游客认为受到的破坏程度小，17.98%的游客认为受到的破坏程度非常小。

表6-1 游客对湿地被破坏程度的评价

被破坏程度	百分比（%）	累计百分比（%）
非常大	17.98	17.98
大	15.73	33.71
一般	31.46	65.17
小	16.85	82.02
非常小	17.98	100

（2）游客对植物种类的评价

由图6-1可以看出，认为湿地自然保护区植物种类很多的游客，占样本总数的31%；其次是认为植物种类多的游客，占样本总数的30%；接着是认为植物种类一般的游客，占样本总数的23%；然后是认为植物种类少的游客，占样本总数的10%；认为植物种类很少的游客最少，仅占样本总数的6%。可见，大多数游客认为湿地自然保护区植物种类多，仅有16%游客认为植物种类少。

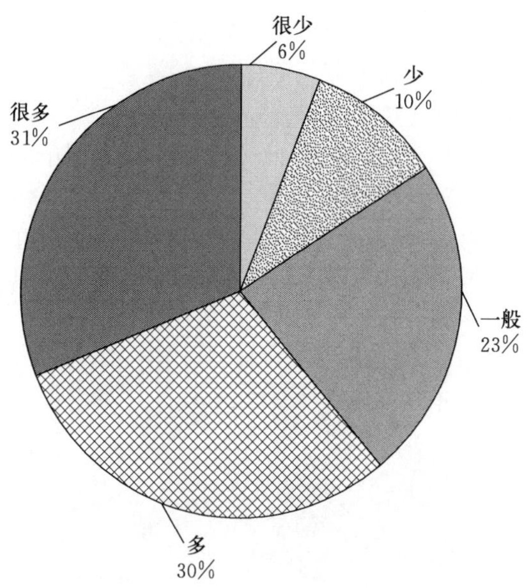

图 6-1　游客对植物种类的评价

(3) 游客对动物数量的评价

由图 6-2 可以看出，认为湿地自然保护区动物数量很多的游客，占样本总数的 30%；其次是认为动物数量一般的游客，占样本总数的 29%；接着是认为动物数量多的游客，占样本总数的 22%；然后是认为动物数量少的游客，占样本总数的 12%；认为动物数量很少的游客最少，仅占样本总数的 7%。可

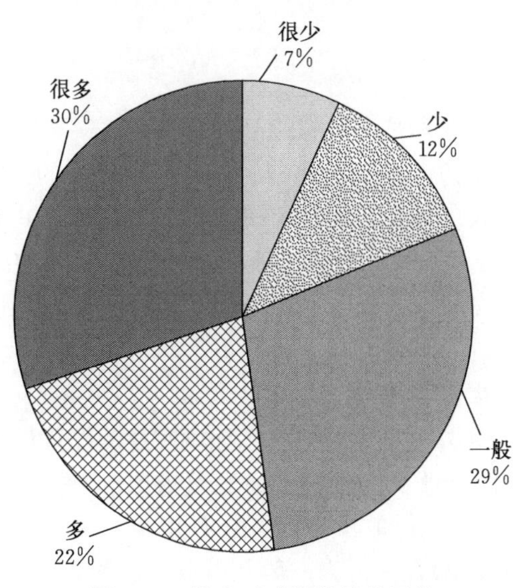

图 6-2　游客对动物数量的评价

见，超半数游客认为湿地自然保护区动物数量多，这也体现了湿地自然保护区生态环境较好，适宜许多动物生存、栖息。

（4）游客对水污染情况感受分析

由图 6－3 可以看出，认为湿地自然保护区水有污染的游客，占样本总数的 30％；其次是认为水污染严重的游客，占样本总数的 23％；接着是认为水轻微污染的游客，占样本总数的 17％；认为水污染较严重的游客占样本总数的 14％；16％的受访游客认为水没有受到污染。调查结果表明保护区水污染情况应该受到一定程度的重视。

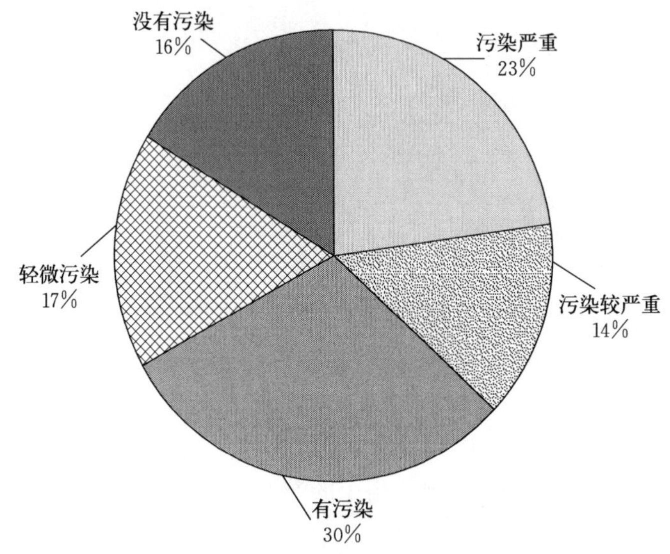

图 6－3　游客对水污染情况感受分析

（5）游客对湿地资源环境美观程度的评价

根据调查结果，受访者对于湿地资源环境美观程度的评价，占比最多的是美，占所有受访者的 36.96％；其次是评价为很美的游客，占比 32.61％；评价为一般的游客，占比 21.74％；评价为不美以及非常不美的游客很少，分别占 3.80％和 4.89％（表 6－2）。总体来看，游客评价一般及以上的达到 91.31％，可见湿地自然保护区资源环境美观程度较好。

（6）游客对湿地生态环境质量的评价

根据调查结果，受访者对于湿地生态环境质量的评价最多是高，占所有受访者的 37.08％；其次是评价为很高的游客，占比 36.49％；评价为一般的游客占比 20.22％；评价为低和非常低的游客很少，分别占 3.96％和 2.25％（表 6－3）。总体来看，游客评价为一般及以上的达到 93.79％，可见湿地自然保护区的生态环境质量较好。

表 6－2　游客对湿地资源环境美观程度的评价

游客满意度	比例（%）	累计百分比（%）
非常不美	4.89	4.89
不美	3.80	8.69
一般	21.74	30.43
美	36.96	67.39
很美	32.61	100

表 6－3　湿地生态环境质量分析

游客满意度	比例（%）	累计百分比（%）
非常低	2.25	2.25
低	3.96	6.21
一般	20.22	26.43
高	37.08	63.51
很高	36.49	100

（7）游客对湿地环境舒适度的评价

根据调查结果，受访者对于湿地环境舒适度的评价最多的是舒适，占所有受访者的 34.83%；其次是评价为非常舒适的游客，占比 33.15%；评价为一般的游客，占比 28.09%；评价为不舒适以及非常不舒适的游客很少，分别占 3.37%和 0.56%（表 6－4）。总体来看，近 7 成游客认为湿地自然保护区环境是舒适的。

表 6－4　湿地环境舒适度分析

游客满意度	比例（%）	累计百分比（%）
非常不舒适	0.56	0.56
不舒适	3.37	3.93
一般	28.09	32.02
舒适	34.83	66.85
非常舒适	33.15	100

6.2.2　湿地自然保护区社会状况分析

（1）游客居住地距离分析

由图 6－4 可以看出，居住地距离保护区 10 公里至 100 公里（不含 100 公里）的游客最多，占总样本的 40%，这部分游客主要来自保护区周边地区，保护区离居住地较近，适合自驾和乘公共汽车出行，这与游客出行方式主要是

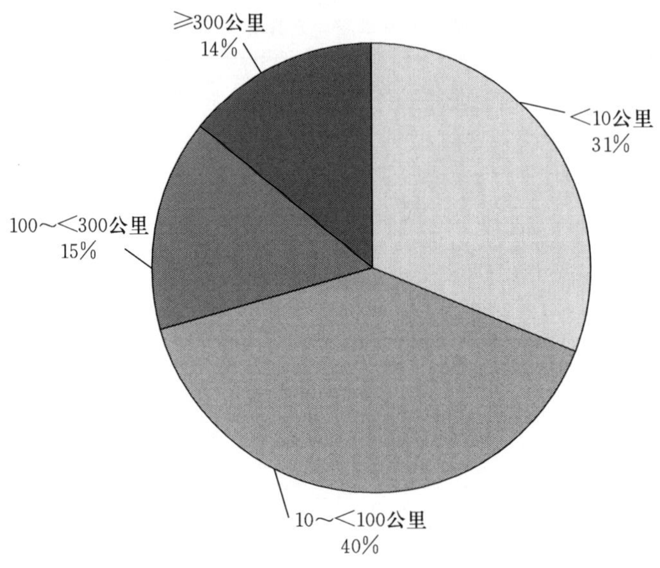

图 6-4　客源地距离分析

自驾和公共汽车结论相符。其次是居住地距离保护区不到 10 公里的游客，占总样本的 31%，这些受访者大多数是当地居民。居住地距离 100 公里至 300 公里（不含 300 公里）的游客和 300 公里及以上的游客分别占总样本的 15% 和 14%。可见，游客多是当地的居民或周边县市的居民。

（2）湿地自然保护区游憩价值的社会评价

由图 6-5 可以看出，游客对湿地自然保护区游憩价值的评价为一般的，

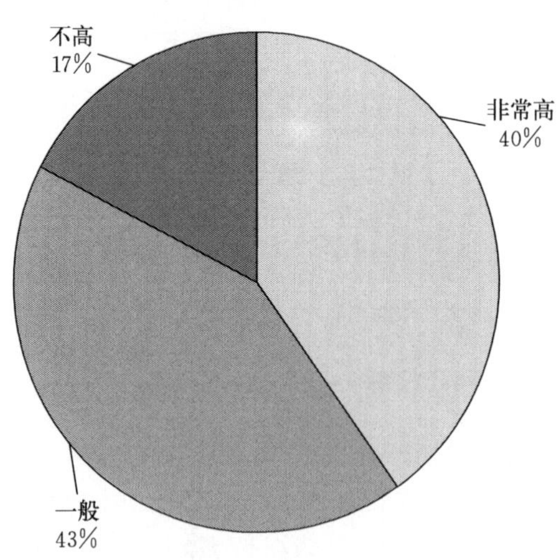

图 6-5　湿地自然保护区游憩价值的社会评价

占总样本的43%。不同于其他旅游区，有较多的娱乐项目和丰富的风景资源，湿地自然保护区的主要特征是发挥生态效益，娱乐项目和自然风景偏少，使得许多游客认为湿地自然保护区的游憩价值一般。认为湿地自然保护区游憩价值非常高的游客占40%。仅有17%的游客认为湿地自然保护区游憩价值不高。

(3) 湿地自然保护区知名度调查分析

根据调查结果，认为湿地自然保护区知名度为一般的受访者最多，占比33%；其次是认为湿地保护区知名度大的游客，占比31%；认为自然保护区知名度非常大、非常小以及小的游客所占比例比较低，分别为16%、8%和12%（图6-6）。可见，样本湿地自然保护区知名度一般，品牌价值不够高，宣传推广力度稍显不足。

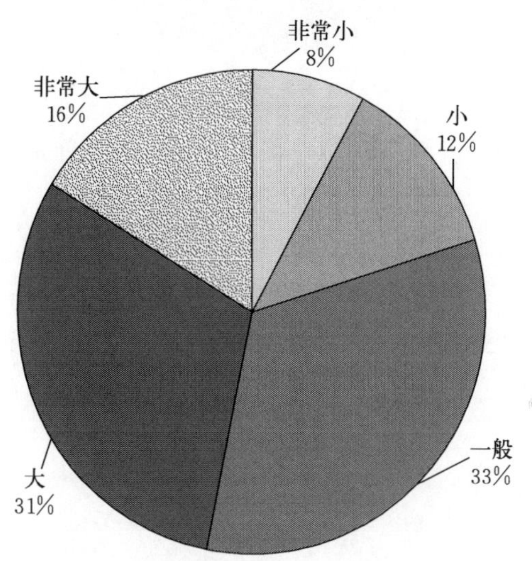

图6-6　湿地自然保护区知名度调查分析

(4) 周边农民对湿地自然保护区的干扰程度分析

样本调查结果如图6-7所示，可以看出周边农民对于自然保护区的干扰程度有不同的见解。36%的样本游客认为周边农民对保护区的干扰程度小和非常小，31%的样本游客认为周边农民对保护区的干扰程度大和非常大，33%的游客认为干扰程度中等（一般）。可见，周边农民对自然保护区产生一定程度的干扰。

(5) 社会效益分析

湿地自然保护区的社会效益调查结果如表6-5所示，63.48%的游客认为湿地自然保护区的社会效益大和非常大；28.09%的游客认为其社会效益一般；

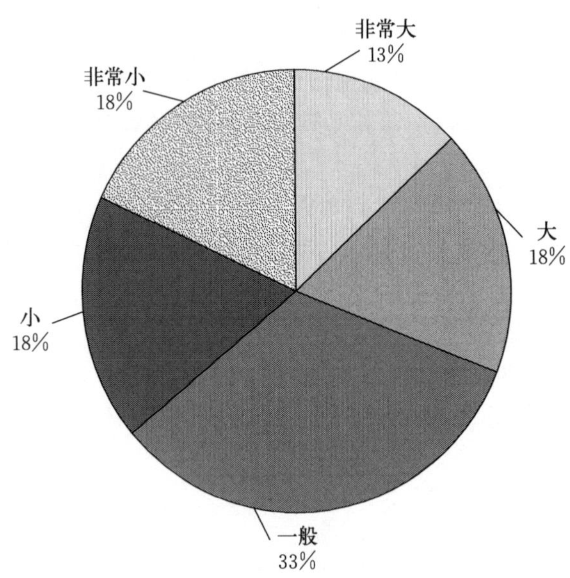

图 6-7　周边农民对湿地保护区的干扰程度分析

仅有 8.43%的游客认为其社会效益小和非常小。可见，样本湿地自然保护区的社会效益较大。

表 6-5　社会效益分析

程度	比例（%）	累计百分比（%）
非常小	0.56	0.56
小	7.87	8.43
一般	28.09	36.52
大	32.58	69.10
非常大	30.90	100

（6）游客周边人员到保护区游玩人数分析

关于游客周边的人来此游玩的数量，由图 6-8 可以看出，52%的游客表示其身边的人来此游玩的多和非常多；27%的游客表示身边来此游玩的人数一般；21%的游客表示身边人员来此游玩的少和非常少。因此可以看出，游客身边的人来样本湿地自然保护区游玩的比较多。

（7）自然保护区周边的酒店旅馆舒适度评价

调查结果如图 6-9 所示，30%的游客认为湿地自然保护区周边的酒店旅馆舒适和非常舒适；55%的游客认为自然保护区周边的酒店旅馆舒适度一般；

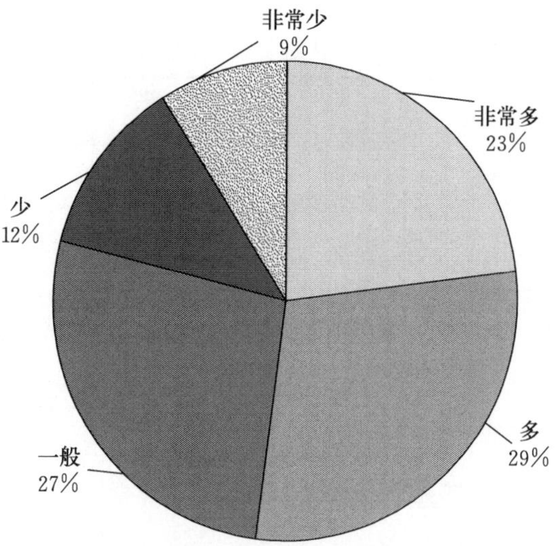

图 6－8　游客周边人员到保护区游玩人数分析

15%的游客认为自然保护区周边的酒店旅馆不舒适和非常不舒适。可见，湿地自然保护区周边酒店旅馆舒适度一般，有待于进一步提升。

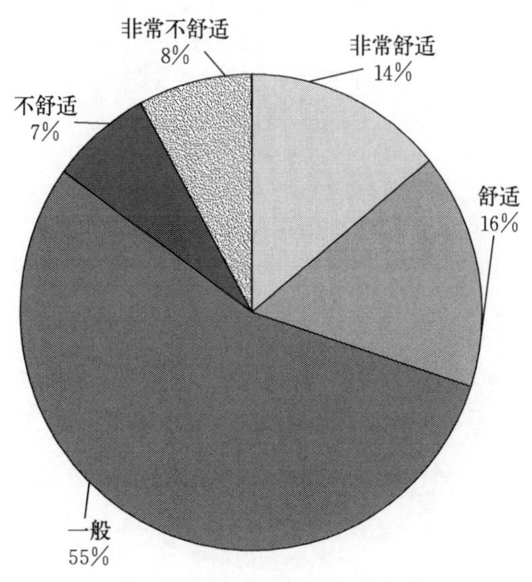

图 6－9　保护区周边酒店舒适度评价

（8）对自然保护区周边餐馆的食物满意度分析

由表 6－6 所示，37.64%的游客对周边餐馆的食物满意和非常满意；48.31%的游客满意度一般；14.05%的游客表示对周边餐馆的食物不满意和非常不满意。可见，比较满意的游客相对较多。

表 6-6 对保护区周边餐馆的食物满意度分析

程度	比例（%）	累计百分比（%）
非常不满意	6.18	6.18
不满意	7.87	14.05
一般	48.31	62.36
满意	20.22	82.58
非常满意	17.42	100

6.2.3 湿地自然保护区管理状况分析

(1) 娱乐项目价格分析

样本调查结果如图 6-10 所示，66%的游客觉得湿地自然保护区娱乐项目价格便宜和非常便宜；20%的游客认为其娱乐项目价格为中等水平；14%的游客认为其娱乐项目价格贵和非常贵。可见，大多数游客认为湿地自然保护区娱乐项目价格比较便宜。

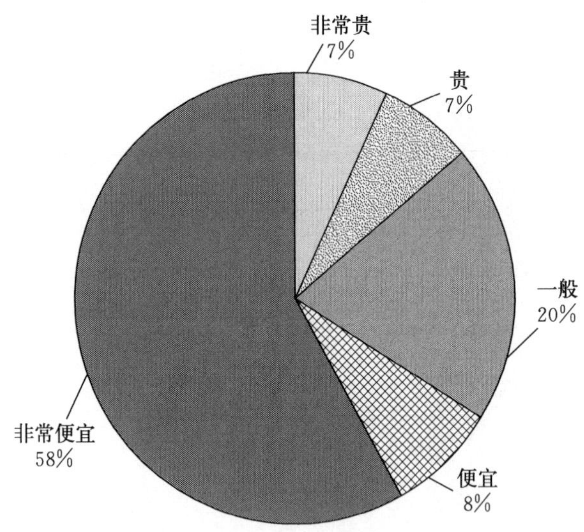

图 6-10 娱乐项目价格分析

(2) 环境卫生状况分析

由图 6-11 所示，大部分的游客认为湿地自然保护区环境卫生干净和非常干净，占比 66.29%。20.22%的游客觉得自然保护区的环境卫生一般；13.49%的游客觉得其环境卫生脏和非常脏。游客对环境卫生评价不同，可能是因为不同的游客游览的地点不一样，所以湿地自然保护区个别地方的环境卫生需要改进。

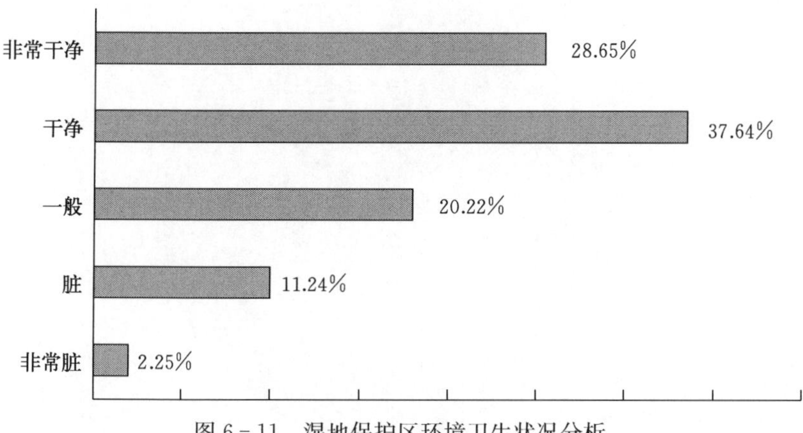

图 6-11　湿地保护区环境卫生状况分析

（3）交通便捷程度分析

由表 6-7 所示，对于湿地自然保护区的交通便捷程度，61.80%的游客认为交通方便和非常方便；22.47%的游客表示其交通便捷程度一般；15.73%的游客认为其交通不方便和非常不方便。可见，大部分游客认为湿地自然保护区交通方便。

表 6-7　交通便捷程度分析

程度	比例（%）	累计百分比（%）
非常不方便	8.43	8.43
不方便	7.30	15.73
一般	22.47	38.20
方便	34.27	72.47
非常方便	27.53	100

（4）湿地自然保护区游客（容）量分析

样本调查结果如图 6-12 所示，34%的游客认为湿地自然保护区游客量处于正常（一般）水平；13%的游客认为湿地自然保护区的游客量小和非常小；53%的游客认为湿地自然保护区的游客量大和非常大。总的来说，样本湿地自然保护区的游客（容）量较大。

（5）湿地自然保护区宣传教育分析

样本调查结果如图 6-13 所示，41.02%的游客认为湿地自然保护区宣传教育的普及程度高和很高；35.96%的游客认为自然保护区宣传教育的普及程度一般；23.02%的游客认为自然保护区宣传教育的普及程度小和未普及宣传。可见，湿地自然保护区的宣传教育普及面还需要进一步拓展。

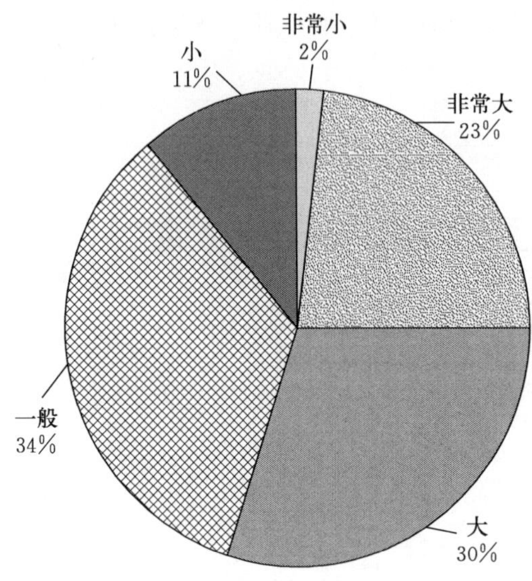

图 6-12 湿地保护区游客（容）量分析

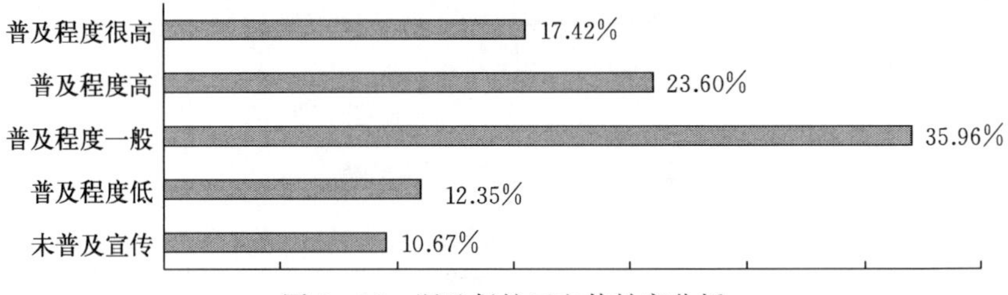

图 6-13 湿地保护区宣传教育分析

（6）湿地自然保护区巡护经常性分析

样本调查结果如表 6-8 所示，10.67%的游客认为湿地自然保护区很少进行巡护工作；12.36%的游客认为保护区偶尔有进行巡护；31.46%的游客认为保护区的巡护工作一般；25.84%的游客认为保护区只是有时开展巡护工作；19.67%的游客认为保护区经常开展巡护工作。

表 6-8 保护区巡护经常性分析

程度	比例（%）	累计百分比（%）
很少	10.67	10.67
偶尔	12.36	23.03
一般	31.46	54.49
有时	25.84	80.33
经常	19.67	100

（7）湿地自然保护区旅游秩序评价

样本调查结果如图 6－14 所示，52％的游客认为湿地自然保护区旅游秩序好和非常好；36％的游客认为其旅游秩序一般；12％的游客认为保护区的旅游秩序不好和非常差。可见，大部分游客对自然保护区的旅游秩序比较认可。

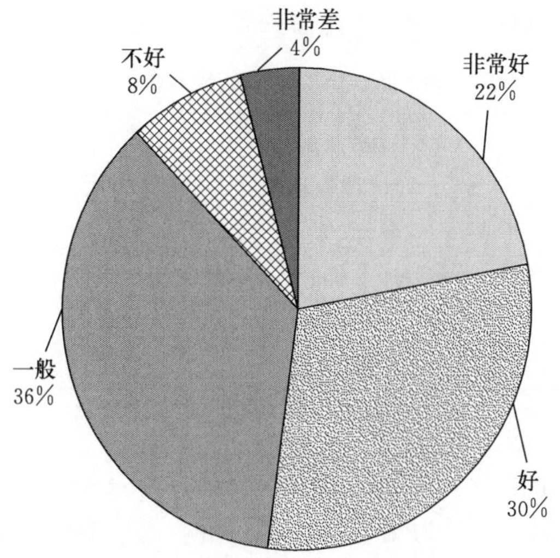

图 6－14　湿地保护区旅游秩序评价

（8）保护区休息区等服务设施满意度分析

根据调查结果显示，16％的游客对湿地自然保护区休息区等服务设施不满意和非常不满意；37％的游客对保护区休息区等服务设施满意度一般；47％的游客对保护区休息区等服务设施持满意和非常满意态度（图 6－15）。

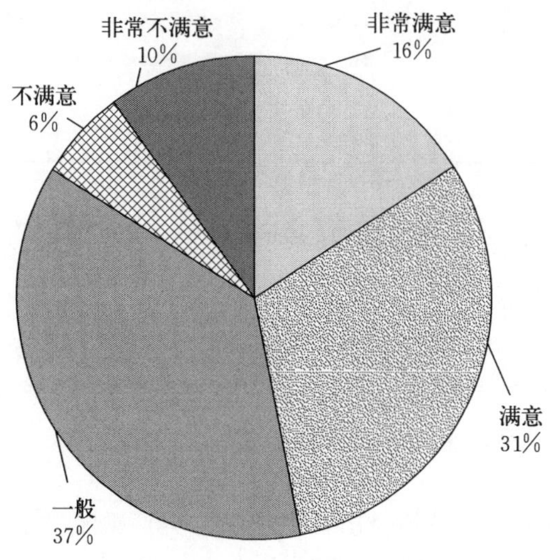

图 6－15　对保护区休息区等服务设施的满意度分析

(9) 游客对保护区游憩总体满意度分析

样本调查结果如表 6－9 所示，从游客对湿地自然保护区总体情况的满意度来看，49.72％的游客表示非常满意，37.43％的游客表示较为满意，11.73％的游客表示一般，1.12％的游客表示不满意，没有游客对保护区持非常不满意的态度。可见，大部分样本游客对保护区总体情况比较满意。

表 6－9 游客对保护区总体满意度分析

游客满意度	比例（％）	累计百分比（％）
非常满意	49.72	49.72
较为满意	37.43	87.15
一般	11.73	98.88
不满意	1.12	100
非常不满意	0	100

(10) 游客愉悦感分析

关于湿地自然保护区给游客带来的愉悦感，由表 6－10 可得，认为愉悦感多的游客占比 37.64％；认为愉悦感较多的游客占比 30.33％；认为愉悦感一般的游客占比 24.72％；认为愉悦感少的游客占比 5.62％；仅 1.69％的游客认为自然保护区游憩没有为其带来愉悦感。可见，大部分游客认为有愉悦感。

表 6－10 游客愉悦感分析

程度	比例（％）	累计百分比（％）
没有	1.69	1.69
少	5.62	7.31
一般	24.72	32.03
较多	30.33	62.36
多	37.64	100

6.2.4 湿地自然保护区游客游憩行为分析

(1) 游客旅行次数分析

由图 6－16 可以看出，大部分游客都是第一次来湿地自然保护区，占样本总量的 73.04％，距离较远、跟随旅游团来的游客，大多数是第一次来。来 2 次至 4 次和 5 次以上的游客分别占 12.92％和 14.04％。

(2) 游客重游意愿分析

如图 6－17 所示，24％的受访者表示非常愿意重游样本湿地自然保护区，16％的受访者表示愿意，31％的受访者表示无所谓，表示不愿意的游客占

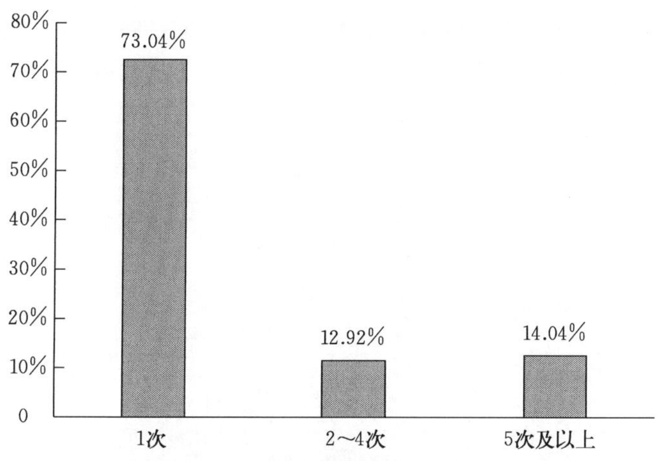

图 6-16　游客旅行次数分析

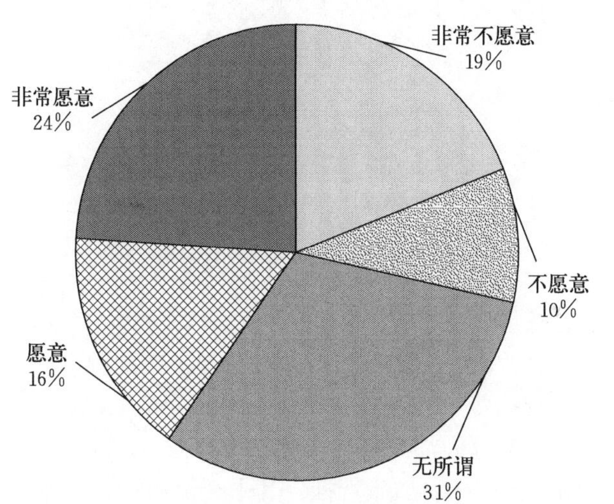

图 6-17　游客重游意愿分析

10%，非常不愿意的占 19%。可见，占比最多是无所谓，其次是非常愿意的游客，然后是非常不愿意的游客，不愿意的游客占比最少。

（3）游客交通方式分析

由图 6-18 可以看出，来湿地自然保护区游玩的旅客更愿意选择自驾出行，占样本总量的 48%，由于许多游客居住地离保护区较近，且到湿地保护区交通便利（福建省湿地自然保护区都是在福州、泉州、漳州等沿海地区，经济比较发达，交通基础设施比较好），所以选择自驾游；其次是选择乘坐公共汽车的游客，占总样本的 16%；选择铁路出行的游客占总样本的 14%，由于交通网的完善与发展，乘坐汽车和动车变得越来越方便，也是不少游客选择的出行方式；选择步行和选择骑行的游客人数比例相同，各占样本总量的10%，选择这两种出行方式的游客群体主要是住在湿地保护区周边的居民，距离保护区很近；仅2%的游客选择乘飞机出行，主要是省外游客。

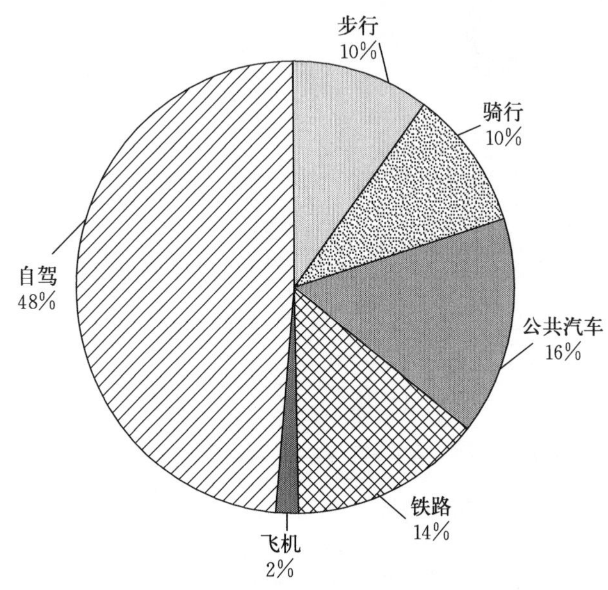

图6-18 游客交通方式分析

(4) 游客参加旅行社情况分析

由图6-19可以看出，大部分来湿地自然保护区的游客没有选择参加旅行社（即没有交给旅行社费用），占样本总数的93%。由于湿地自然保护区可游玩项目数量有限，大部分人都没有选择参加旅行社，这样行程安排更加自由有弹性。仅有7%的游客选择参加旅行社，其中交给旅行社费用200元至500元（不含500元）的最多，占总样本的4%；其次是交给旅行社500元及以上的，占2%；交给旅行社200元以下的最少，仅占总样本的1%。

(5) 游客对保护区了解程度分析

由图6-20可以看出，大部分游客对于保护区都有一定程度的了解，来游玩的游客都会从各种渠道对保护区进行了解。了解程度因人而异，对湿地自然保护区比较了解的游客占总样本的37%，一定了解和相当了解的游客比例分别占样本总数的24%和26%；13%的游客表示了解很少。

(6) 游客推荐意愿分析

由图6-21样本数据分析可得，较为愿意推荐的游客最多，其次是非常愿意的游客，表示不愿意和非常不愿意推荐的游客很少。总体来看，大部分游客

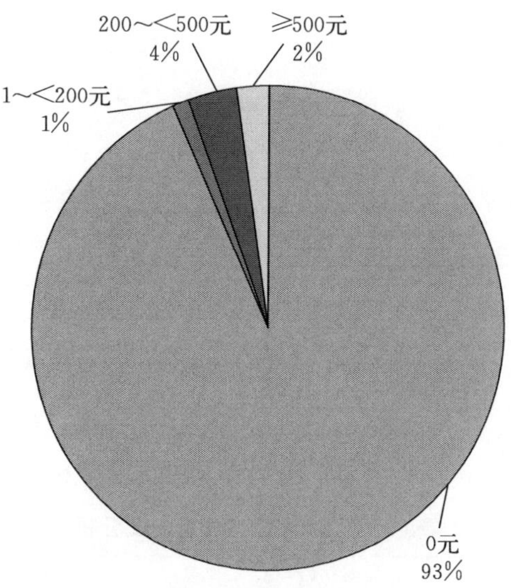

图 6－19　游客参加旅行社情况分析

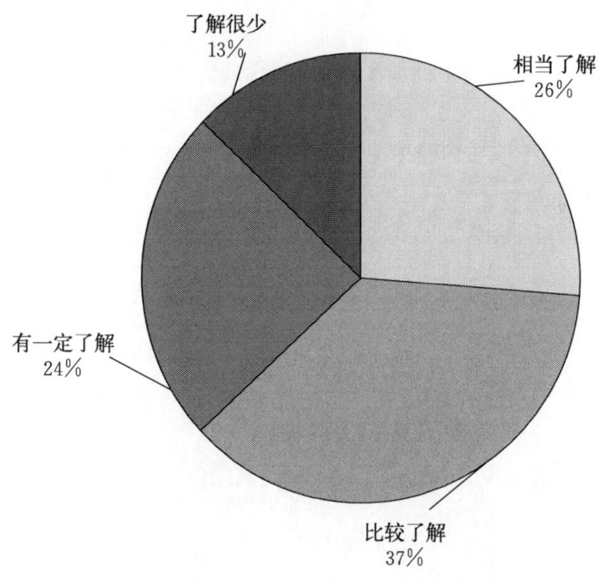

图 6－20　游客对湿地自然保护区了解程度分析

愿意向他人推荐样本湿地自然保护区旅游。

（7）游客旅途同行人员分析

样本调查结果如表 6－11 所示，大部分游客是陪同自己的亲人或亲戚到湿地自然保护区游玩，占总样本的 54%；其次是独自一人、与朋友来游玩的游

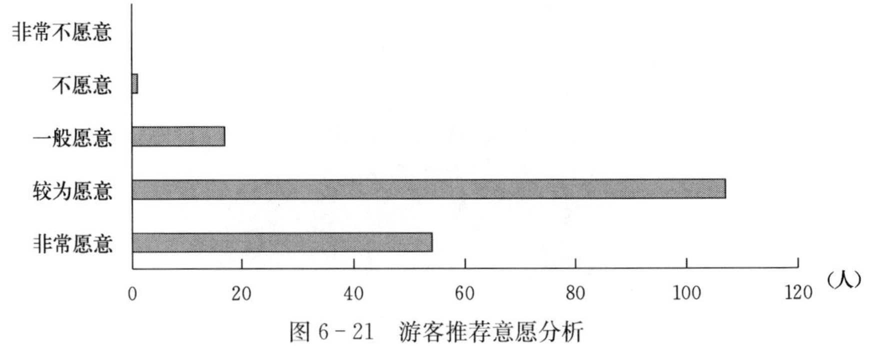

图 6-21　游客推荐意愿分析

客，占总样本的比例都是 14%；少部分游客选择和同事、同学来游玩，分别占总样本的 6%和 4%；选择其他的占 8%（包括参加旅行社）。

表 6-11　游客旅途同行人员分析

随行人员	百分比（%）	累计百分比（%）
陪同自己的亲人或亲戚	54	54
独自一人	14	68
与朋友	14	82
同事	6	88
同学	4	92
其他	8	100

（8）游客游玩天数分析

由图 6-22 可以看出，大多数游客选择游玩 1 天，占总样本的 71%，由于

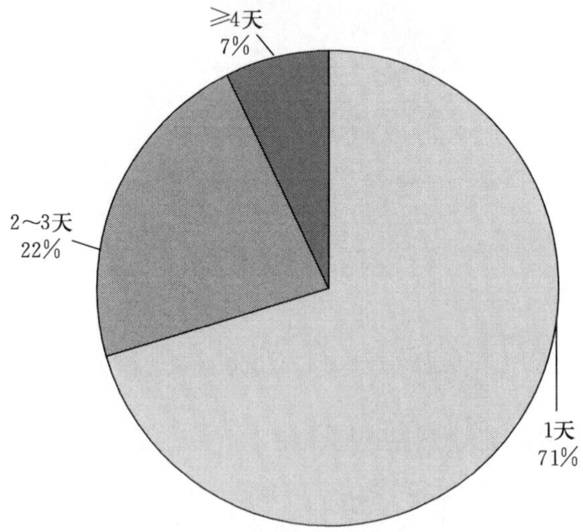

图 6-22　游客游玩天数分析

湿地自然保护区的游玩项目数量有限，使得大部分游客1天之内就能游完，以至于更愿意选择一日游；22%的游客选择游玩2天至3天；仅有少部分游客选择游玩4天及以上，占总样本的7%。

6.2.5　湿地自然保护区游客旅行花费分析

由图6-23可以看出，大部分受访游客旅行花费在200元以下，占总样本的62%。从交通方式来看，由于大部分游客来自周边地区，多是选择自驾、步行、骑行、公共汽车等方式到达样本地，交通费用较少；从娱乐设施和门票情况来看，样本湿地自然保护区没有门票，娱乐项目少且价格较低，因此大部分游客来此旅游花费少。旅行花费在200元至500元（不含500元）、500元至1 000元（不含1 000元）、1 000元及以上的游客分别占总样本15%、12%、11%。

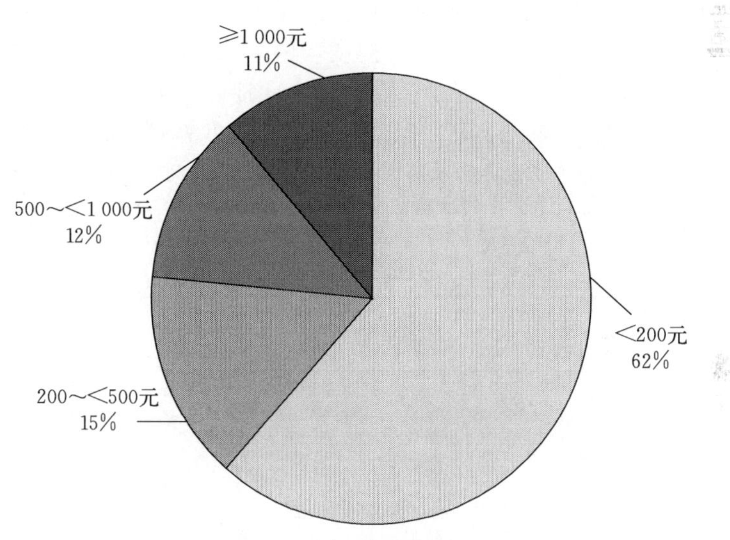

图6-23　游客旅行花费分析

6.3　湿地自然保护区游憩价值评价

6.3.1　影响因素选择

被解释变量：湿地自然保护区游憩资源价值。题项为“您觉得该景区的游憩资源价值高吗?”，选项是“非常高”“一般”和“不高”；同时，对其进行赋值，“不高”赋值为0，“一般”赋值为1，“非常高”赋值为2。

解释变量：为了估计福建省湿地自然保护区游憩价值，需构建评价指标，即影响湿地自然保护区游憩资源价值的因素。参考梁明珠等（2014）研究成果，将解释变量分为自然因素、社会因素和管理因素。其中，自然因素包括植被覆盖率、水体清澈度、天然特色景观数量；社会因素包括人流量和知名度；管理因素包括交通便捷度、服务设施数量。另外增加了成本因素。变量赋值及基本特征值如表 6－12 所示。

由表 6－12 可知，被解释变量“游憩资源价值”均值为 1.386，表明受访游客认为湿地自然保护区游憩资源价值处于中上水平。从自然因素来看，湿地自然保护区植被覆盖率均值为 3.681，水体清澈度均值为 3.903，天然特色景观数量均值为 0.908。数据表明，样本湿地自然保护区植被覆盖率较高，水体清澈度较高，天然特色景观数量多为 3 处至 4 处，说明湿地自然保护区自然条件较好，保护成效较为显著。从社会因素来看，湿地自然保护区人流量均值为 3.472，知名度均值为 1.156。数据表明，湿地自然保护区人流量和知名度处于中上水平，主要原因可能是样本湿地自然保护区开发程度不高，吸引游客的能力有限。从管理因素来看，交通便捷度均值为 3.764，服务设施数量均值为 1.033。数据表明，湿地自然保护区交通较为便捷，服务设施数量处于中等水平。旅行花费均值为 229.57 元，可见游客的旅行花费较少，可能的原因是湿地自然保护区不收取门票，并且开发程度不高，游玩项目少，游客逗留时间短，所以旅行花费少。

表 6－12　影响因素赋值及基本特征值

影响因素	变量	赋值说明	均值	标准差	最小值	最大值
	游憩资源价值	不高＝0；一般＝1；非常高＝2	1.386	0.593	0	2
自然因素	植被覆盖率	非常低＝1；较低＝2；一般＝3；较高＝4；非常高＝5	3.681	1.206	1	5
	水体清澈度	非常低＝1；较低＝2；一般＝3；较高＝4；非常高＝5	3.903	1.114	1	5
	天然特色景观数量	1 处至 2 处＝0；3 处至 4 处＝1；5 处以上＝2	0.908	0.774	0	2
社会因素	人流量	非常少＝1；较少＝2；一般＝3；较多＝4；　非常多＝5	3.472	1.116	1	5
	知名度	低＝0；中＝1；高＝2	1.156	0.707	0	2
管理因素	交通便捷度	非常低＝1；较低＝2；一般＝3；较高＝4；　非常高＝5	3.764	1.106	1	5
	服务设施数量	少＝0；中＝1；多＝2	1.033	0.847	0	2
成本因素	旅行花费（元）		229.57	474.64	0	2 200

6.3.2　湿地自然保护区游憩价值的影响因素分析

采用多元 Logistic 回归模型对湿地自然保护区游憩资源价值的影响因素进行回归分析，结果如表 6－13 所示。

表 6－13　湿地自然保护区游憩资源价值影响因素回归结果

变量	① 目前状态	② 最佳状态	③ 最差状态
植被覆盖率	0.478** (−0.198)	0.497** (−0.198)	1.027** (−0.419)
水体清澈度	−0.310 (−0.196)	−0.310 (−0.196)	0.369 (−0.31)
天然特色景观数量	0.488 (−0.308)	0.522* (−0.308)	0.715 (−0.694)
人流量	−0.470** (−0.203)	−0.461** (−0.203)	−1.453*** (−0.452)
知名度	1.919*** (−0.356)	1.940*** (−0.355)	2.331*** (−0.583)
交通便捷度	−0.101 (−0.192)	−0.083 9 (−0.191)	−0.309 (−0.293)
服务设施数量	−0.835*** (−0.298)	−0.864*** (−0.297)	0.766 (−0.674)
旅行花费	−0.004 53** (−0.001 98)	−0.004 50** (−0.001 99)	−0.010 2*** (−0.002 96)

注：*** 表示 $P<0.01$，** 表示 $P<0.05$，* 表示 $P<0.1$；括号里面的数值为标准误。

第①列是在目前状态下，湿地自然保护区游憩资源价值影响因素的回归结果参数。由表 6－13 可知，植被覆盖率（$P<0.05$）、人流量（$P<0.05$）、知名度（$P<0.01$）、服务设施数量（$P<0.01$）、旅行花费（$P<0.05$）等因素对湿地自然保护区游憩资源价值具有显著性影响，而水体清澈度、天然特色景观数量和交通便捷度等对湿地自然保护区的游憩资源价值影响不显著。

第②列是在最佳状态下，湿地自然保护区游憩资源价值影响因素的回归结果参数，可见，植被覆盖率（$P<0.05$）、天然特色景观数量（$P<0.1$）、人流量（$P<0.05$）、知名度（$P<0.01$）、服务设施数量（$P<0.01$）、旅行花费（$P<0.05$）等因素对湿地自然保护区游憩资源价值具有显著性影响，而水体清澈度和交通便捷度等因素影响不显著。

第③列是在最差状态下，湿地自然保护区游憩资源价值影响因素的回归结果参数，可见，植被覆盖率（$P<0.05$）、人流量（$P<0.01$）、知名度（$P<$

0.01)、旅行花费（$P<0.01$）等因素对湿地自然保护区游憩资源价值具有显著影响，而水体清澈度、天然特色景观数量、交通便捷度和服务设施数量等因素影响不显著。

（1）自然因素影响分析

如表6-13所示，首先，在三种状态下植被覆盖率对湿地自然保护区的游憩资源价值均具有正向显著影响，显著性水平均为5%。在目前状态、最佳状态和最差状态下回归系数分别是0.478、0.497、1.027，可知在最差状态下，植被覆盖率对湿地自然保护区游憩资源价值的影响更大。随着生态旅游的发展，植被覆盖率较高的湿地自然保护区对游客的吸引力较强，从而对湿地自然保护区的游憩资源价值具有提升作用。其次，在三种状态下水体清澈度对湿地自然保护区游憩资源价值的影响均不显著，主要原因可能是受湿地自然保护区本身特质的影响。湿地自然保护区内水生植物分布广泛，水面常被植物所覆盖，植被茂盛，而且湿地主要以淤泥、滩涂等为主，游客在视觉上无法辨明水体的清澈程度，而更多的是关注植被、水生植物、野生动物（尤其是水鸟）等湿地资源。最后，天然特色景观数量在最佳状态下对湿地自然保护区游憩资源价值具有显著影响，表明天然特色景观数量越多，越能使湿地自然保护区游憩资源价值达到最佳状态。因此，为了提升湿地自然保护区游憩资源价值，应当在保护的前提下开发更多的天然特色景观资源，从而提升湿地自然保护区的游憩资源价值，使其达到最佳状态。而在目前状态和最差状态下，天然特色景观数量对湿地自然保护区游憩资源价值影响不显著。

（2）社会因素影响分析

如表6-13所示，湿地自然保护区人流量和知名度两个因素对三种状态下的游憩资源价值均具有显著性影响，其中，人流量对游憩资源价值具有负向影响，即人流量越大，游憩资源价值越低。人流量的增加，一方面能够增加湿地旅游收入，提升湿地自然保护区管理成效，但另一方面也会出现破坏湿地生态系统、破坏湿地环境等不良行为，尤其是在节假日游客多、出现拥挤时，导致湿地自然保护区的游憩资源价值有所降低。知名度对游憩资源价值具有正向影响，即湿地自然保护区知名度的提升，增强了湿地自然保护区吸引游客的能力，越来越多的游客前往湿地旅游，增加了湿地的游憩资源价值。此外，人流量和知名度对于最差状态下的游憩资源价值影响更大，而在目前状态和最佳状态下对游憩资源价值的影响作用相当，表明在最差状态下，减少湿地自然保护区人流量和提高知名度对于提升游憩资源价值的作用更大。在最差状态下，湿地自然保护区应更多地以保护湿地为主，旅游开发为辅，在节假日控制人流量；同时，不断提升湿地自然保护区的知名度，有助于提升其游憩资源价值。

（3）管理因素影响分析

如表 6－13 所示，首先，在目前状态和最佳状态下，服务设施数量对湿地自然保护区游憩资源价值具有负向影响。在最差状态下，由于服务设施数量不多，很难对游憩资源价值产生影响，因而在最差状态下服务设施数量的影响并不显著。然而，随着湿地自然保护区状态改善，服务设施数量增加，实质上意味着湿地被过度开发的可能性越大。众所周知，生态系统良性运行需要达到人与自然和谐共生的平衡状态，人类既不能不进行干预，也不能过度干预，否则生态系统便会失衡。因此，服务设施数量越多，越有可能对湿地自然保护区自然环境产生破坏，不利于游憩资源价值的提升。其次，交通便捷度对游憩资源价值的影响并不显著，主要原因可能是湿地自然保护区主要吸引的是周边居民前来游览，因而交通因素在提升游憩资源价值上的作用还未显现。

（4）成本因素影响分析

如表 6－13 所示，旅行花费在三种状态下对湿地自然保护区游憩资源价值均具有负向影响，说明旅行花费越高，游憩资源价值将越低。游客旅游不仅需要考虑旅游目的地是否值得前往游览，更为重要的制约因素就是旅行花费。在旅行花费较高的前提下，游客对湿地旅游的关注点在于成本，如果旅行花费高于旅游中获得的价值，游客觉得性价比低，对游憩资源价值评价将降低。

6.3.3　基于选择实验法的湿地自然保护区游客人均游憩价值测算

在三种不同的状态下，湿地游憩资源价值受到植被覆盖率、天然特色景观数量、人流量、知名度、服务设施数量和旅行花费等多种因素影响，因此，在测算湿地自然保护区游憩资源价值时，需要综合考虑多种因素影响。根据第 1 章选择实验法的公式（1－7）与表 6－13 各个显著性影响因素的回归系数，可得福建省湿地自然保护区人均游憩资源价值，如表 6－14 所示。在目前状态下福建省湿地自然保护区人均游憩资源价值为 242.667 元；在最佳状态下，人均游憩资源价值为 363.111 元；在最差状态下，人均游憩资源价值为 186.765 元。测算结果表明，目前状态与最差状态下湿地自然保护区人均游憩资源价值存在差异，说明目前湿地自然保护区建设和保护使其游憩价值有所提升。目前状态下福建省湿地自然保护区的人均游憩资源价值与最佳状态相差较大，主要是由于最佳状态下，天然特色景观数量对湿地自然保护区游憩资源价值的影响较大。总体来看，目前状态下福建省湿地自然保护区人均游憩资源价值还存在进一步提升的空间。因此，应当在保护湿地资源的前提下，尝试进一步开发湿地天然特色景观，提高知名度，提升湿地游憩资源价值。

表 6-14 福建省湿地自然保护区人均游憩资源价值测算结果

变量	目前状态		最佳状态		最差状态	
	回归系数	价值	回归系数	价值	回归系数	价值
植被覆盖率	0.478	106.222	0.497	110.444	1.027	100.686
天然特色景观数量	—	—	0.522	116.000	—	—
人流量	−0.470	−104.444	−0.461	−102.444	−1.453	−142.451
知名度	1.919	426.444	1.940	431.111	2.331	228.529
服务设施数量	−0.835	−185.556	−0.864	−192.000	—	—
旅行花费	−0.004 5	—	−0.004 5	—	−0.010 2	—
人均游憩资源价值（元）	—	242.667	—	363.111	—	186.765

6.3.4 福建省湿地自然保护区游憩价值测算结果

根据福建林业统计年鉴中省级以上湿地自然保护区的旅游人数，结合表 6-14人均游憩价值测算结果，可以测算出福建省省级以上湿地自然保护区游憩总价值，如表 6-15 所示。在目前状态下，福建省湿地自然保护区游憩总价值达到 257.23 万元；最佳状态下的游憩总价值则达到 384.90 万元，与目前状态相比，高出 127.67 万元；最差状态下的游憩总价值为 197.97 万元，与最佳状态相比，低了 186.93 万元。测算结果表明，福建省湿地自然保护区游憩总价值并不高，主要原因在于福建省湿地旅游资源少（目前省级及以上的湿地自然保护区才 4 个），面积较少，而且旅游开发程度不高。

表 6-15 福建省湿地自然保护区游憩总价值测算结果

状态	人均游憩价值（元）	旅游人数（人）	游憩总价值（万元）
目前状态	242.667	10 600	257.23
最佳状态	363.111	10 600	384.90
最差状态	186.765	10 600	197.97

6.3.5 研究小结

通过实地调研，运用选择实验法，构建多元 Logistic 回归模型，分析影响福建省湿地自然保护区游憩资源价值的因素，并对游憩资源价值进行测算，得到以下结论：

第一，福建省湿地自然保护区游憩资源价值的影响因素主要是植被覆盖率、天然特色景观数量、人流量、知名度、服务设施数量和旅行花费。同时，在不同状态下，湿地自然保护区的影响因素和大小有所差异。其中，植被覆盖率对三种状态下的游憩资源价值均具有正向影响；天然特色景观数量在最佳状态下对游憩资源价值具有显著影响作用，而在目前和最差状态下影响并不显著；人流量对游憩资源价值具有负向影响，知名度对游憩资源价值具有正向影响，人流量和知名度对于最差状态下的游憩资源价值影响更大，而在目前状态和最佳状态下对游憩资源价值的影响作用相当；服务设施数量在目前和最佳状态下对游憩资源价值提升具有负面影响；旅行花费在三种状态下对游憩资源价值均具有负向影响。

第二，通过计算福建省湿地自然保护区人均游憩资源价值和总价值可知，福建省湿地自然保护区游憩资源价值开发空间较大。在目前、最佳和最差三种状态下，福建省湿地自然保护区游憩资源价值分别为 257.23 万元、384.90 万元和 197.97 万元。

在乡村振兴战略背景下，为了发展福建省湿地生态旅游，提高福建省湿地自然保护区游憩资源价值，在尊重湿地生态系统良性运转规律的同时，严守湿地保护红线，以可持续的湿地旅游开发为主，在保护中开发，在开发中保护。要提升湿地自然保护区游憩资源价值，可以从以下几方面着手：第一，不断提高湿地植被覆盖率，加强湿地生态系统维护和生态环境治理，同时在湿地自然保护区内开发天然特色景观，但应避免过度开发；第二，在湿地自然保护区旅游开发过程中，应当不断提高湿地自然保护区的知名度，可以通过加强旅游宣传、制作宣传手册、利用互联网宣传湿地旅游等方式，提升湿地自然保护区的知名度，吸引更多的域外游客，但也要处理好游客数量增长与湿地自然保护区承载力之间的矛盾；第三，在湿地自然保护区管理层面上，应当加强基础设施建设和提升服务水平，但基础设施的建设应当与湿地生态系统相适应，防止“为开发而开发”；第四，相关部门应当合理制定湿地自然保护区内及周边物品或服务价格，对价格进行合理控制，降低游客旅行花费，让游客全身心投入到湿地旅游之中，从而提升福建省湿地自然保护区的游憩资源总价值。

7 福建省森林游憩价值评价结论与对策

7.1 森林游憩总价值评价

通过对福建省森林自然保护区、森林公园和湿地自然保护区的调研，并采取实证分析方法测算森林自然保护区、森林公园和湿地自然保护区三者的游憩价值，最终结果如表 7－1 所示。

表 7－1 福建省森林游憩总价值评价表

	森林自然保护区游憩价值（万元）	森林公园游憩价值（万元）	湿地自然保护区游憩价值（万元）	森林游憩总价值（万元）
目前状态	4 190.85	3 142 593.51	257.23	3 147 041.59
最佳状态	5 322.62	3 292 740.25	384.90	3 298 447.77
最差状态	3 443.22	2 776 248.80	197.97	2 779 889.99

由表 7－1 可知，在目前状态下，福建省森林游憩总价值达到 3 147 041.59 万元，其中，森林自然保护区游憩价值为 4 190.85 万元，占总价值的 0.133%；森林公园游憩价值为 3 142 593.51 万元，占总价值的 99.859%；湿地自然保护区游憩价值为 257.23 万元，占总价值的 0.008%。测算结果表明，目前状态下福建省森林游憩价值中占比最大的是森林公园游憩价值，其次为森林自然保护区游憩价值，最少的是湿地自然保护区游憩价值。

从最佳状态来看，福建省森林游憩总价值达到 3 298 447.77 万元，其中，森林自然保护区游憩价值为 5 322.62 万元，占总价值的 0.161%；森林公园游憩价值为 3 292 740.25 万元，占总价值的 99.827%；湿地自然保护区游憩价值为 384.90 万元，占总价值的 0.012%。测算结果表明，在最佳状态下，福建省森林游憩总价值中占比最大的仍为森林公园，其次为森林自然保护区，占比最少的为湿地自然保护区。从目前状态和最佳状态下森林游憩总价值比较来看，目前福建省森林游憩价值并未达到最佳水平，表明福建省森林游憩资源价值仍有提升空间，以目前状态发展下去，福建省森林游憩价值将进一步提升。

从最差状态来看，福建省森林游憩总价值为 2 779 889.99 万元，其中，森林自然保护区游憩价值为 3 443.22 万元，占总价值的 0.124%；森林公园游憩价值为 2 776 248.80 万元，占总价值的 99.869%；湿地自然保护区游憩价值为 197.97 万元，占总价值的 0.007%。测算结果表明，在最差状态下，福建省森林游憩价值中占比最大的仍为森林公园，其次为森林自然保护区，占比最少的为湿地自然保护区。从目前状态和最差状态下森林游憩总价值比较来看，目前福建省森林游憩价值已经明显大于最差状态下森林游憩价值，表明目前福建省森林游憩价值处于提升的状态。

总体而言，通过测算福建省森林自然保护区、森林公园和湿地自然保护区的游憩价值，表明目前福建省森林自然保护区、森林公园和湿地自然保护区的游憩价值均处于较好的状态，与最差状态相比，目前状态下的福建省森林游憩价值已得到显著的提升，但与最佳状态下森林游憩总价值还有差距，森林游憩资源有待于进一步开发。在打造“生态省”战略背景下，以及乡村振兴战略推动下，在“保护生态环境”基本理念下，如果能够合理开发森林游憩资源，不断提升森林自然保护区、森林公园和湿地自然保护区的知名度，合理制定和规范价格体系，将推动福建省森林游憩价值进一步提升，继而成为福建省旅游经济发展的重要推动力。

7.2　研究结论

通过前期对福建省森林自然保护区、森林公园和湿地自然保护区的实地调研和问卷调查，获取相关数据，并采用选择实验法、实证分析法对调查数据进行实证分析，测算出福建省森林自然保护区、森林公园和湿地自然保护区的游憩价值，并以此测算出福建省森林游憩总价值。最终得到以下研究结论：

第一，从描述性统计分析结果来看，福建省森林自然保护区、森林公园和湿地自然保护区在生态、社会、管理等方面均表现出较好的成效。首先，福建省森林自然保护区生态环境保护成效显著，在资源状况、植被覆盖率、溪水能见度、天然特色景观、动植物多样性、卫生环境等方面均体现出良好的保护效果；森林自然保护区主要以近郊型游憩为主，旅游宣传效果较好，能够吸引游客前往游览观赏，也形成了一定的品牌知名度；从森林自然保护区管理方面来看，保护区内环境卫生条件较好，工作人员服务态度较好。但是，也存在交通不便、特色民俗活动较少、相关基础设施配套不够健全、周边农民对保护区干扰等问题。其次，森林公园在生态保护上同样表现出良好的成效，不管是溪水清澈度，还是动植物多样性保护方面，保护成效均表现突出；同时，由于森林公园基础设施更加健全，吸引游客游览的能力较强，因而游憩价值更高，所占比例大；此外，森林公园旅游宣传效果较为显著，越来越多的外地游客前往森林公园游玩，推动了当地旅游经济的发展。因此，游客对森林公园的满意度较高。但是，也存在部分森林公园门票价格偏高、公园娱乐项目与游客需求不符且收费高等问题。最后，福建省湿地自然保护区总体上保护成效明显，湿地被破坏程度低；湿地自然保护区的社会效益较大，能够为社会带来较大的效用；此外，湿地自然保护区交通较为便利，旅游花费少，环境卫生条件较好，旅游秩序较好。但仍存在吸引游客能力不足、知名度不高、周边居民干扰等问题，从而导致游憩价值评价不高。

第二，福建省森林自然保护区、森林公园和湿地自然保护区游憩价值差异较大。对福建省森林游憩总价值贡献度最大的是森林公园，其次是森林自然保护区，贡献最少的是湿地自然保护区。在开发空间上，三者也存在较大的差异。目前开发森林自然保护区受到保护区相关政策的影响，开发空间受到相应的限制；湿地自然保护区的开发空间则最小，原因在于湿地自然保护区游憩资源基数较小（数量少，面积小），开发受到基数的影响较大，同时也受到湿地自然保护区吸引游客能力不足的影响，导致湿地自然保护区游憩价值占比少。

第三，福建省森林游憩价值受诸多因素的影响，其中，植被覆盖率、溪水清澈度、天然特色景观数量、人流量、知名度和旅行花费等因素影响比较显著。具体而言，以目前状况看，森林自然保护区游憩价值的影响因素主要包括植被覆盖率、溪水清澈度、人流量、知名度和旅行花费；森林公园游憩价值的主要影响因素包括溪水清澈度、天然特色景观数量、人流量、知名度和旅行花费；湿地自然保护区游憩价值的主要影响因素包括植被覆盖率、人流量、知名度、服务设施数量和旅行花费等。计量分析结果显示，影响福建省森林游憩价值的关键因素为溪水清澈度、人流量、知名度和旅行花费等。因此，要提升福建省森林游憩价值，应当在提升福建省森林旅游的知名度、提高溪水清澈度、降低旅行花费、调控人流量等方面着手。提高森林旅游知名度、调控人流量主要从社会层面进行，提高溪水清澈度主要从生态环境着手，降低旅行花费则主要从成本角度出发。因此，应当出台针对性的措施。

第四，福建省森林游憩价值仍有提升空间。通过实际测算，目前状态下福建省森林游憩总价值为 3 147 041.59 万元，与最佳状态下森林游憩总价值相比仍有差距，还有提升空间。因此，可以进一步出台相关措施或制定相关发展政策，促进福建省森林自然保护区、森林公园和湿地自然保护区的森林旅游经济发展，使其成为福建省旅游经济发展的重要推动力之一。

7.3 森林游憩价值提升对策

通过实地调研和实证分析，福建省森林游憩价值仍有提升空间，因此，应当采取相关措施进一步挖掘森林旅游资源，提升福建省森林游憩价值。

7.3.1 提升森林旅游知名度

森林旅游知名度的提升，对于森林游憩价值的提升具有重要作用。因此，应当重视提高森林旅游知名度，进一步扩大品牌影响。可以采用多样化途径对森林自然保护区、森林公园和湿地自然保护区进行宣传，提高森林旅游知名度。

（1）提高相关部门的宣传意识。由于福建省森林自然保护区、森林公园和湿地自然保护区在全国范围内或在福建省内的知名度参差不齐，大部分较低，因此，需要提升旅游相关部门或自然保护区和森林公园管理者的宣传意识，采取措施加大对自然保护区或森林公园的旅游宣传工作。

（2）利用互联网宣传。在这个互联网高速发展的时代，互联网充斥生活的方方面面。福建省森林自然保护区、森林公园和湿地自然保护区可以利用当代互联网普及这一特点，开通森林自然保护区、森林公园、湿地自然保护区的官方微博和微信公众号，制定符合实际的个性化旅游方案，利用互联网信息量大、传播迅速、反馈及时的特点，借助网络和新媒体进行网络营销，在网上进行广泛的宣传。这一宣传方式能为森林旅游收获一大批年轻的游客群体。

（3）扩展客源市场，与省外旅行社合作。除了继续开发省内客源市场外，可以与省外旅行社进行长期紧密的合作，借助省外旅行社的广告宣传渠道对福建省森林公园进行推介，提高旅游产品品牌知名度与影响力，从而增大客源，促进森林旅游发展，提高森林公园的游憩价值。

另外，还可以通过吸引电影拍摄投资、开展主题宣传活动、进行旅游套餐营销、邀请名人体验并撰写游记，以及电视广告、报纸宣传等方式，让更多的人了解福建省森林自然保护区、森林公园和湿地自然保护区，提高森林旅游的知名度，增加游客们前来旅游的动机和意愿。

7.3.2 合理调控人流量

在影响森林游憩价值的诸多因素中，游客人数超载是国家森林公园面临的最具普遍性的问题，尤其在节假日。景区管理者要对人流量进行调控，关键还是要对客流量数据进行统计，实现科学的调控。建立游客容量监控与分流机制，逐渐融入信息技术，通过对森林公园客流量的采集，再结合数据分析，在高峰时段合理有效地疏导游客。

（1）配备必要的系统设备。一是大屏管理子系统。通过大型 LED 屏幕显示入园过闸人数、园内实时保有人数、已购票人数和每个时段的人流量，让现场的管理人员进行灵活的处理，通知售票窗口和入闸处进行人流入园管制。二是自动售检票管理子系统。自动售检票管理子系统是通过系统设定园内最大容纳量或标准人流量，进、出闸检票同步，以实时在窗口或电脑上显示园内人流量，一旦达到警戒线，电脑上管理系统可直接停止售票和一键关闭闸道检票，从而暂停入园人流，待人流恢复到警戒线以下可自动开启或手动开启闸道。三是视频人流量统计。通过人流量统计摄像头监控、统计游客的变化，就可了解到园内滞留游客人数，统计数据传输到系统后端进行人流量数据分析，从而应用大数据实现园内人流量智慧管理，在客流高峰时有效采取限制售票或者游客量少时采用门票降价来吸引更多的游客等。监控园内各个景点和游乐项目的人流量，让工作人员实时提醒游客先到客流量少的地方，使人流在园内合理分布。

（2）做好规划。森林旅游景区的规划设计涉及空间布局和空间优化的问题，应当更加注重细节规划设计。一是在区内道路的设计过程中，增加一些趣味性的东西，让游客在游览的路上可以驻足停留，并且植物绿化空间与休息空间要相互结合穿插，给游客更多的停留区域；在特定区域增设休息空间，让游客可以适当休息。二是在景区大型娱乐项目排队区，可增加电视直播屏幕，以缓解游客长时间排队的烦躁情绪；设置小型售卖车，方便排队的游客购买水和食品；增加临时座椅，供排队游客休息之用。三是卫生间作为景区重要的服务性建筑，其设计要有明确的可识别性和可进入性，要合理布局，数量适宜，标识醒目，空间与功能指引明确，避免人流过多重叠、排队等待，避免在旅游高峰期女卫生间排队现象。

确定生态容量，控制人流量，保证区内秩序，是提升游客游憩体验和提高游憩价值的重要举措。因此，在一些敏感地带应采取措施如限制入内或疏导游人，将人流量控制在生态阈值之内，使之在生态环境承受力允许范围之内，同时又不损游兴。

7.3.3 建立健全旅游基础设施

大部分森林旅游区处于偏僻地带，交通不便，因此旅游基础设施的健全，有助于提升游客对森林旅游区的满意度，进而提高森林游憩价值。

（1）完善交通基础设施，提升交通便利度。首先，在不破坏森林生态环境的前提下，根据旅游相关规划，修建便捷的交通网络，例如在城市入口、路口、公交站点、各个景区景点设立醒目的旅游指示牌，方便游客乘车；优化公交线路，在主要交通枢纽（动车站、汽车站等）开通可以直达的公交车，或者配备旅游专线交通工具，使游客进出方便快捷；停车场也要布局合理，规模适当，设施完善，机动车出入口应与人员通道、景观环境相协调。

（2）建立健全区内服务设施。首先，加强景区游览、安全、卫生等基础设施的建设，适当增加景区内休息亭、休息石凳、商品销售便利店的数量，以提供更好的旅游服务。健全景区内饮水、道路、休息亭、信息咨询、旅游地接、智慧导游体系等公共配套服务设施。例如景区服务人员可以按服务岗位的不同分别统一着装，佩带服务标识牌。其次，配备一定数量的医疗室（站）和有相应资质的医护人员。配备必要的药品、医疗器械设备，建立医疗服务制度，让游客能享受更加优质的服务。

7.3.4　加强对周边居民干扰活动的监督

为了保护森林资源和生态环境不被破坏，有必要加强对周边居民干扰活动的监督。一方面，可以增加巡护次数和巡护员，对重点区域进行巡查，及时制止相关的破坏活动。另一方面，需要制定相关奖惩措施，对于破坏自然保护区或森林公园生态资源的居民，应当给予严重警告或惩罚；对于及时制止周边居民干扰活动的人应当给予相应的奖励。此外，应当支持和鼓励游客进行相互监督，一旦发现周边居民或游客有破坏生态的行为，应及时向有关管理人员或部门反映。在监督手段上，可以采取安装监控、巡视、网络监督平台等方式。

7.3.5　适当调整门票和娱乐项目价格

价格是影响游客旅游意愿的重要因素，已成为游客和景区关注的重要对象，因此，制定一个合适的价格至关重要，能够提高游客的旅游满意度，从而提升森林游憩价值。按照市场供求关系制定、调整门票和娱乐项目价格，当游客较多时，可以适当提高价格；当游客较少时，应当降低价格，吸引更多的游客前来游玩。可以制定一个自动弹性价格体系，到旅游旺季时，价格自动调高；处于旅游淡季时，价格自动降低。但对于弹性价格需要制定一个变化区间，价格的变化不应该超过某一临界值。这一临界值的确定，可以参考历年旅游收入、价格等，或者借鉴国内外森林旅游区的经验。

7.3.6　不断加强森林生态保护

研究结果表明，植被覆盖率和溪水清澈度对森林生态游憩价值有正向的影响作用。基于此，应重视森林资源的保护，致力于提高植被覆盖率、溪水清澈度，应在保护的前提下开发利用游憩价值，将保护好旅游景区的生态环境作为一项重要的日常工作来抓。同时，应积极协同所在地环境保护主管部门对旅游景区和旅游建设项目生态环境进行监督管理。一方面，确保森林生态系统得到保护和森林生态循环正常运转。从保护林木资源、林地、野生动植物多样性等方面入手，保证林木资源不被浪费，林地不被破坏，野生动植物得到有效保护，通过保护森林生态系统进而促进森林生态循环良性运转。另一方面，健全宣传政策，制定完善的奖惩机制，采取多种宣传方式提高旅游经营者、当地居民、游客和旅游活动其他各方的生态环境保护意识，劝导游客要以生态友好的态度对待森林旅游资源，倡导文明、科学、健康的森林游憩行为，让旅客及周围的居民逐步形成生态伦理道德观。

此外，应设专门交通管理机构，配备经培训的专职人员，并与地方交通管理和公安交警部门保持联系，按照交通部门的有关规定，做好景区的交通管理，确保交通顺畅和车辆人员安全，缩短游客到景区的时间，增加游客游览时间，从而提升游客满意度，提高森林游憩价值。

森林公园管护与游憩利用是相辅相成的。二者如果能够协调发展，可以相互促进。森林公园建设和管护好了，能够吸引更多游客，促进森林公园旅游价值的实现。反之，森林公园旅游价值的充分实现，提高了森林旅游收入，就有更多的资金投入森林公园的建设和管护。

本篇主要参考文献

曹辉，兰思仁，2002. 条件价值法在森林景观资产评估中的应用［J］. 世界林业研究（3）：32－36.

陈鑫峰，沈国舫，2000. 森林游憩的几个重要概念辨析［J］. 世界林业研究（1）：69－76.

陈逸如，2018. 重庆万州区城区长江南岸游憩价值评估［D］. 大连：大连海洋大学.

陈应发，1993. 美国的森林游憩［J］. 世界林业研究（4）：82－85.

成程，肖燚，欧阳志云，等，2013. 张家界武陵源风景区自然景观价值评估［J］. 生态学报，33（3）：771－779.

程希平，2015. 森林，有关人类健康的九大功能［J］. 森林与人类（9）：28－33.

崔俊岭，1988. 国外森林美学研究评介［J］. 北京林业大学学报（S1）：24－28.

丁浩，陈荣坤，2010. 负离子：选择性吸附材料的功能与低碳理念［J］. 中国非金属矿工业导刊（4）：11－12.

丁振民，2017. CVM评价森林景区游憩价值的结构效度研究［D］. 福州：福建农林大学.

董雪旺，张捷，蔡永寿，等，2012. 基于旅行费用法的九寨沟旅游资源游憩价值评估［J］. 地域研究与开发，31（5）：78－84.

高岚，戴广翠，1996. 对森林游憩价值经济评估的研究［J］. 经济研究参考（I1）：14－30.

高悦，沈昊婧，李孔明，2008. 用改进的旅行费用法评估东湖风景区的游憩价值［J］. 中国集体经济（4）：72－73.

郭剑英，王乃昂，2004. 旅游资源的旅游价值评估：以敦煌为例［J］. 自然资源学报（6）：811－817.

何爱红，王森，王亦龙，2011. 莲花山国家级自然保护区游憩价值评估［J］. 安徽农业科学，39（13）：7986－7988.

黄水生，姜爱萍，李志萌，等，2009. 东江源区森林水源涵养、吸收二氧化碳和释放氧气价值核算［J］. 江西农业学报，21（12）：176－177.

靳乐山，1999. 用旅行费用法评价圆明园的环境服务价值［J］. 环境保护（4）：31－33.

李慧，2008. 贵州省紫林山森林公园空气负氧离子资源初析［J］. 贵州林业科技，36（1）：33－35.

李会杰，张宏敏，孙敬克，等，2017. 基于模拟旅行费用法的城郊农田休闲娱乐生态服务价值评估：以平顶山地区为例［J］. 中国农业资源与区划，38（3）：153－160.

李巍，李文军，2003. 用改进的旅行费用法评估九寨沟的游憩价值［J］. 北京大学学报（自然科学版）（4）：548－555.

梁明珠，刘志宏，2014. 城市人工湿地景区休闲游憩价值评价：以广州市南沙湿地公园为例［J］. 城市问题（7）：37－42.

刘东煊，黄羿，朱伟俊，等，2019. TCIA法在湿地公园休憩旅游价值评估中的应用：以广州海珠国家湿地公园为例［J］. 环境与发展，31（1）：179－181.

吕欢欢，2013. 基于选择实验法的国家森林公园游憩资源价值评价研究［D］. 大连：大连理工大学.
罗雪，2015. 试论基于森林负氧离子影响的森林生态旅游方式的转变 [J]. 美与时代：城市版 (11)：80.
马爱慧，张安录，2013. 选择实验法视角的耕地生态补偿意愿实证研究：基于湖北武汉市问卷调查 [J]. 资源科学，35 (10)：2061 - 2066.
麦国荣，1989. 森林与负氧离子 [J]. 云南林业 (4)：23.
毛成忠，于乃莲，杜佳乐，等，2014. 典型城市区与森林区空气负氧离子特征比较分析 [J]. 气象科技，42 (6)：1083 - 1089.
魏勇生，刘森茂，2002. 试论城市森林游憩的生态内涵 [J]. 林业经济问题 (1)：54 - 56.
王恩瑞，郭琴，张志勇，等，2015. 兰州市南北两山人工林对空气负氧离子浓度的影响研究 [J]. 甘肃林业科技，40 (4)：34 - 40.
王晋楠，2014. 基于选择实验法的村镇景观游憩价值评估 [D]. 北京：北京林业大学.
肖功武，1983. 森林生态系统中的氧气循环 [J]. 林业科技 (3)：5 - 6.
徐赫，2010. 基于 TCM 的滨水空间游憩价值评估：以杭州西湖景区为例 [J]. 商场现代化 (29)：110 - 111.
薛达元，2000. 长白山自然保护区生物多样性非使用价值评估 [J]. 中国环境科学 (2)：141 - 145.
杨志耕，张颖，2010. 基于条件价值法的井冈山森林游憩资源价值评估 [J]. 北京林业大学学报（社会科学版)，9 (4)：53 - 58.
尤建林，韦新良，李东，等，2009. 天目山国家级自然保护区森林游憩价值评估 [J]. 浙江林学院学报，26 (4)：575 - 580.
易逸瑜，张庆费，安齐，等，2018. 城市森林游憩发展探讨 [J]. 中国城市林业，16 (1)：7 - 10.
于洋，王尔大，2009. 基于 SWOT 分析的海岛旅游业开发策略研究：以辽宁大连王家镇海王九岛为例 [J]. 当代经济管理 (7)：47 - 52.
曾曙才，苏志尧，陈北光，2006. 我国森林空气负离子研究进展 [J]. 南京林业大学学报（自然科学版) (5)：107 - 111.
张丽娟，姜春艳，马骏，等，2013. 黑龙江省 20 世纪森林变化及对氧气释放量的影响 [J]. 生态学报，34 (2)：430 - 441.
张凌云，2009. 选择实验法在济南灵岩寺文化遗址景区开发管理中的应用 [J]. 山东社会科学 (9)：145 - 150.
赵久金，李玉敏，田华林，等，2012. 贵州省黔南州森林环境氧气含量分析 [J]. 山东林业科技，42 (3)：24 - 26.
赵强，李秀梅，张琪，等，2011. 千佛山风景区的非使用价值评估 [J]. 南京林业大学学报（自然科学版)，35 (6)：67 - 70.
周德平，佟维华，温日红，等，2015. 闾山国家级森林公园负氧离子观测及其空气质量分析 [J]. 干旱区资源与环境，29 (3)：181 - 187.
卓凌，廖成章，黄桂林，等，2016. 北京西山空气负（氧）离子浓度日变化研究 [J]. 林业资源管理（2）：110－115.

Bilberman J，Andereck K L，2006. The economic value of off-highway vehicle recreation [J]. Journal of Leisure Research，38（2）：208－223.

Bishop R C，Mitchell R C，Carson R T，1989. Using surveys to value public goods [J]. RFF Press（3）：484.

Carlsson F，Frykblom P，Liljenstolpe C，2003. Valuing wetland attributes：an application of choice experiments [J]. Ecological Economics（47）：95－103.

Clawson M，Knetsch J，1966. The economics of outdoor recreation [M]. Maryland：Johns Hopkins University Press.

Eiswerth M E，Englin J，Fadali E，et al，2000. The value of water levels in water-based recreation：a pooled revealed preference/contingent behavior model [J]. Water Resource Research（36）：1079－1086.

Horne P，Boxall P，Adamowicz W，2005. Multiple-use management of forest Recreation sites：a spatially explicit choice experiment [J]. Forest Ecology and Management（207）：189－199.

Jacobsen B，Boiesen J，Thorsen B，Strange N，2008. What's in a name? The use of quantitative measures versus "Iconised" species when valuing biodiversity [J]. Environmental and Resource Economics（39）：247－263.

Lee C K，Han S Y，2002. Estimating the use and preservation values of national parks'tourism resources using a contingent valuation method [J]. Tourism Management（23）：531－540.

Lockwood M，Tracy K，1995. Non-market economic valuation of an urban recreation park [J]. Nation Recreation and Park Association，27（2）：155－167.

Loomis J B，Walsh R G，1986. Recreation economic decisions：comparing benefits and costs [M]. State College，PA：Venture Publishing，Inc.

Pieter J H，van Beukering，Herman S J Cesar，et al，2003. Economic valuation of the Leuser National Park on Sumatra，Indonesia [J]. Ecological Economics（44）：43－62.

Rackham O，1986. The history of the countryside [J]. JM Dent & Sons London：445.

Scarpa R，Chilton S M，2000. Valuing the recreation benefits from the creation of nature reserves in Irish forests [J]. Ecological Economics（33）：237－250.

Seenprachawong U，2003. Economic valuation of coral reefs at Phi Phi Islands，Thailand [J]. International Journal of Global Environmental Issues，3（1）：104.

Smith V K，1997. Time and the valuation of environmental resources（Discussion Paper 98－07）[R]. Washington：RFF.

Soderqvist T，Eggert H，Olsson B，2005. Economic valuation for sustainable development in the swedish coastal zone [J]. AMBIO（30）：169－175.

Turner K R，Pearce D，Bateman I，1994. Environmental economics：an elementary introduction [J]. Hemel Hempstead：Harvester Wheatsheaf，34（2）：200－204.

Tyrvainen L, Vaananen H, 1998. The economic value of urban forest amenities: an application of the contingent valuation method [J]. Landscape and Urban Planning (43): 105 - 118.

Venkatachalam L, 2004. The contingent valuation method: a review [J]. Environmental Impact Assessment Review (24): 89 - 124.

Willis K G, Benson J F, 1989. Recreational values of forests [J]. Forestry, 62 (2): 93 - 109.

附录 1－1　福建省森林自然保护区游憩价值评价调查问卷

编号：

尊敬的先生/女士：

您好！我们是福建农林大学“福建省森林游憩价值评价技术研究”课题组成员。此项研究将会对森林自然保护区的合理保护起到重要的参考作用，希望您能帮助我们完成这项调查研究工作。此次调查获取的数据完全是用于科学研究，有关您本人的信息我们将会绝对保密。谢谢。

受访者姓名：________（可以不填）；手机号码：________；

调查员姓名：________。

一、受访者个人基本情况

1. 性别：□男，□女；年龄________岁。

2. 文化程度：□未上学，□小学，□初中，□高中，□中专，□大专，□本科，□研究生。

3. 居住地点：________省________市________县（区）____________乡镇（街道）。

4. 您 2017 年收入________元：□2 万元以下，□3 万—4 万元，□5 万—6 万元，□7 万—8 万元，□9 万—11 万元，□12 万元以上。

5. 职业：□公务员，□企事业单位管理人员，□企事业单位一般职员，□专业技术人员，□教师/科研人员，□服务业/运输业人员，□学生，□军警人员，□工人，□农民，□自由职业，□待业/家庭全职人员，□离退休人员，□个体工商户，□其他。

6. 您本次来使用的交通工具是什么？□自驾，□铁路，□飞机，□公共汽车，□骑行，□其他。

7. 您本次跟谁一起来的？□独自一人，□亲人或亲戚，□同事，□同学，□朋友，□情侣，□旅游团，□其他。

8. 您计划游玩几天？□1 天以内，□2—3 天，□4 天以上。

9. 您觉得该自然保护区游憩价值高吗？□非常高，□一般，□不高。

10. 您本次旅行花费（包括交通、餐饮、购物、门票、返程车票等）大约为______元？其中交给旅行社________元？其中门票________元？

11. 您从出发地到达此地的交通时间大概是多久?(　　)。

A. 1 小时以内　B. 2—3 小时　C. 4—5 小时　D. 6—8 小时

E. 9—12 小时　F. 13 小时以上

二、游客满意度调查

1. 您对本自然保护区的了解程度如何?(　　)。

A. 相当了解，熟悉主要景点及其历史文化等

B. 比较了解，熟悉主要的景点

C. 有一定了解，看过、听过有关介绍

D. 了解很少

2. 您通过哪几种途径知道本自然保护区（可多选)?(　　)。

A. 亲朋好友介绍　B. 报纸杂志　C. 政府宣传　D. 电视广播

E. 网络　F. 旅行社　G. 其他

3. 您对本次自然保护区的旅行是否满意?(　　)。

A. 非常满意　B. 较为满意　C. 一般　D. 不满意

E. 非常不满意

4. 您对本自然保护区各个方面满意程度如何?

	A. 非常满意	B. 较为满意	C. 一般	D. 不满意	E. 非常不满意
整体满意度					
卫生条件					
交通条件					
景观资源					
娱乐设施					
管理服务					
安全措施					
娱乐项目价格					
空气质量					
建筑与环境协调性					

5. 您愿意向他人推荐本次所选择的游憩地吗?(　　)。

A. 非常愿意　B. 愿意　C. 无所谓　D. 不愿意

E. 非常不愿意

6. 您愿意再来本次所选择的游憩地吗？（　　）。

A. 非常愿意　　B. 愿意　　C. 无所谓　　D. 不愿意

E. 非常不愿意

7. 如果提供或增加以下游玩项目，您会选择的程度是？（请打√）

游玩项目	5分	4分	3分	2分	1分
野外烧烤、垂钓等休闲活动					
登山、素质拓展等户外运动					
季节性植物展、专项演出					
参加科普教育活动					
疗养保健、度假山庄					

8. 您选择森林游憩主要考虑因素是？（请打√）

主要考虑因素	5分	4分	3分	2分	1分
观赏自然风景					
体验原生态生活					
强身健体					
联络和增强与他人的感情					
了解相关文化					
故地重游					
慕名而来，满足好奇心					
休闲放松					
进行户外运动					
价格					

三、游客支付意愿调查

1. 假如让您捐赠一定数目的生态保护费用，用于自然保护区的生态维护和建设，您每个月最多愿意支付______元？

2. 为保证这里的森林环境和风景质量不下降，以便自己将来能再来愉快游玩（选择价值），您每月愿意最高支付________元（若按上一题支付金额来分配，此项占________%）。其中为了完善自然保护区的休息便民设施，您每月愿意最高支付______元。

3. 为了子孙后代还有机会来欣赏这里的风景（遗产价值），享受这里舒适的森林环境，您每月愿意最高支付________元（若按上面支付金额来分配，此项占________%）。

4. 为了保护现有仅存的野生动植物和其他珍贵的生物资源，即为了保护珍稀物种（存在价值），您每月愿意最高支付________元（若按上面支付金额来分配，此项占________%）。

5. 如果上述都不愿意支付，主要由于下列哪几种原因？（　　）。

A. 收入有限，无能力支付

B. 所支付费用很可能用不到保护上

C. 保护费用应该由旅游企业支付

D. 门票价格高，应该包括保护费用

E. 本人居住地较远，对此保护不感兴趣

F. 该自然保护区质量欠佳，不值得支付

G. 已纳税，应由政府支付

H. 其他原因，请说明：________________________

四、目前本自然保护区资源的状态

1. 您认为本自然保护区目前的资源状态如何？□很好，□一般，□很差。

2. 请评价该自然保护区目前的资源状态：

（1）您觉得该自然保护区的植被覆盖率大概多高？（　　）。

A. 高　　B. 中　　C. 低

（2）您觉得该自然保护区湖水、河水的能见度多深？（　　）。

A. 深　　B. 中　　C. 浅

（3）在自然保护区内，您印象深刻的天然特色景观有多少处？（　　）。

A. 1—2 处　　B. 3—4 处　　C. 5 处以上

（4）该自然保护区的管理人员数量是否足够？（　　）。

（5）您游玩途中看到几处休息区（包括亭子）？（　　）。

A. 1—2 处　　B. 3—4 处　　C. 5 处以上

（6）该自然保护区品牌知名度（　　）。

A. 高　　B. 中　　C. 低

（7）该自然保护区服务设施数量多吗？（　　）。

A. 多　　B. 中等　　C. 少

3. 请为该自然保护区目前（2018 年）的资源状态打分：

		评分等级						
		5 分含义	5	4	3	2	1	1 分含义
自然因素	植被覆盖率高吗？	非常高						非常低
	植物种类多吗？	非常多						非常少
	这里资源、环境美吗？	非常美						不美
	这里生态环境舒适吗？	非常舒适						非常不舒适
	野生动物多吗？	非常多						非常少
	溪水清澈吗？	非常清澈						非常脏
	溪水通畅吗？	非常通畅						完全不通畅
	小溪的鱼多吗？	非常多						非常少
	空气清新吗？	非常清新						非常不清新
	自然风景保持好吗？	非常好						非常差
	天然特色景观多吗？	非常多						非常少
社会因素	该自然保护区人流量大吗？	非常大						非常小
	看到这里的景观，有愉悦感吗？	有						没有
	这里休闲娱乐价值大吗？	非常大						非常小
	通讯信号覆盖面	非常大						非常小
	风景资源对旅游者的吸引程度	非常大						非常小
	该自然保护区的知名度大吗？	非常大						非常小
	周边农民对自然保护区的干扰程度	非常大						非常小
	您周边的人来此游玩的多吗？	非常多						非常少
管理因素	交通方便吗？	非常方便						非常不方便
	自然保护区门票（或景点）价格贵吗？	非常贵						非常便宜
	自然保护区的环境卫生干净吗？	非常干净						非常脏
	自然保护区工作人员服务态度好吗？	非常好						非常差
	自然保护区有特色的民俗活动吗？	经常有						完全没有
	这里的管理制度严格、完善程度？	非常严格						非常不严格
	宣传教育普遍性（如对植物和动物介绍）	普遍						很少
	保护区巡护经常性	经常						很少
	自然保护区周边的酒店旅馆舒适吗？	非常舒适						非常不舒适
	您对自然保护区周边餐馆食物满意吗？	非常满意						非常不满意
	保护区内供游客休息的长椅多吗？	非常多						非常少
	您对保护区服务设施满意吗？	非常满意						非常不满意

4. 这是您第______次来此游玩？第一次来的时间为________年。如果是2次及以上，本次来感觉该自然保护区的资源状态是（　　）。

A. 中等　　B. 最差　　C. 最佳

备注：如果答案是A，需要回答第五、第六部分（来3次以上）。如果只有2次，本次是中等，还要问另一次比本次好，还是比本次差；如果另一次比本次好，只需回答第五部分；如果另一次比本次差，只需回答第六部分。

如果答案是B，只需回答第五部分。如果答案是C，只需回答第六部分。

5. 您对本自然保护区的发展和保护还有什么其他的意见或建议？

五、自然保护区资源最佳状态

1. 您认为该自然保护区资源状态什么时候最佳？________年________月

2. 您觉得该自然保护区资源状态好，体现在哪些方面？

□自然资源方面，□社会资源方面，□管理方面。

3. 请对该自然保护区的资源状态最佳阶段进行评价：

		评分等级						
		5分含义	5	4	3	2	1	1分含义
自然因素	植被覆盖率高吗？	非常高						非常低
	植物种类多吗？	非常多						非常少
	这里资源、环境美吗？	非常美						不美
	这里生态环境舒适吗？	非常舒适						非常不舒适
	野生动物多吗？	非常多						非常少
	溪水清澈吗？	非常清澈						非常脏
	溪水通畅吗？	非常通畅						完全不通畅
	小溪的鱼多吗？	非常多						非常少
	空气清新吗？	非常清新						非常不清新
	自然风景保持好吗？	非常好						非常差
	天然特色景观多吗？	非常多						非常少
社会因素	该自然保护区人流量大吗？	非常大						非常小
	看到这里的景观，有愉悦感吗？	有						没有
	这里休闲娱乐价值大吗？	非常大						非常小
	通讯信号覆盖面	非常大						非常小
	风景资源对旅游者的吸引程度	非常大						非常小
	该自然保护区的知名度大吗？	非常大						非常小
	周边农民对自然保护区的干扰程度	非常大						非常小
	您周边的人来此游玩的多吗？	非常多						非常少

（续）

		评分等级						
		5分含义	5	4	3	2	1	1分含义
管理因素	交通方便吗？	非常方便						非常不方便
	自然保护区门票（或景点）价格贵吗？	非常贵						非常便宜
	自然保护区的环境卫生干净吗？	非常干净						非常脏
	自然保护区工作人员服务态度好吗？	非常好						非常差
	自然保护区有特色的民俗活动吗？	经常有						完全没有
	这里的管理制度严格、完善程度？	非常严格						非常不严格
	宣传教育普遍性	普遍						很少
	保护区巡护经常性	经常						很少
	自然保护区周边的酒店旅馆舒适吗？	非常舒适						非常不舒适
	您对自然保护区周边餐馆食物满意吗？	非常满意						非常不满意
	保护区内供游客休息的长椅多吗？	非常多						非常少
	您对保护区服务设施满意吗？	非常满意						非常不满意

六、自然保护区资源最差（或较差，或变差）状态

1. 您认为该自然保护区资源状态什么时候最差？________年________月
2. 您觉得该自然保护区资源状态差体现在哪些方面？

□自然资源方面，□社会资源方面，□管理方面。

3. 请对该自然保护区的资源状态最差阶段进行评价：

		评分等级						
		5分含义	5	4	3	2	1	1分含义
自然因素	植被覆盖率高吗？	非常高						非常低
	植物种类多吗？	非常多						非常少
	这里资源、环境美吗？	非常美						不美
	这里生态环境舒适吗？	非常舒适						非常不舒适
	野生动物多吗？	非常多						非常少
	溪水清澈吗？	非常清澈						非常脏
	溪水通畅吗？	非常通畅						完全不通畅
	小溪的鱼多吗？	非常多						非常少
	空气清新吗？	非常清新						非常不清新
	自然风景保持好吗？	非常好						非常差
	天然特色景观多吗？	非常多						非常少

（续）

		评分等级						
		5分含义	5	4	3	2	1	1分含义
社会因素	该自然保护区人流量大吗?	非常大						非常小
	看到这里的景观，有愉悦感吗?	有						没有
	这里休闲娱乐价值大吗?	非常大						非常小
	通讯信号覆盖面	非常大						非常小
	风景资源对旅游者的吸引程度	非常大						非常小
	该自然保护区的知名度大吗?	非常大						非常小
	周边农民对自然保护区的干扰程度	非常大						非常小
	您周边的人来此游玩的多吗?	非常多						非常少
管理因素	交通方便吗?	非常方便						非常不方便
	自然保护区门票（或景点）价格贵吗?	非常贵						非常便宜
	自然保护区的环境卫生干净吗?	非常干净						非常脏
	自然保护区工作人员服务态度好吗?	非常好						非常差
	自然保护区有特色的民俗活动吗?	经常有						完全没有
	这里的管理制度严格、完善程度?	非常严格						非常不严格
	宣传教育普遍性	普遍						很少
	保护区巡护经常性	经常						很少
	自然保护区周边的酒店旅馆舒适吗?	非常舒适						非常不舒适
	您对自然保护区周边餐馆食物满意吗?	非常满意						非常不满意
	保护区内供游客休息的长椅多吗?	非常多						非常少
	您对保护区服务设施满意吗?	非常满意						非常不满意

附录 1－2　福建省森林公园游憩价值评价调查问卷

编号：

尊敬的先生/女士：

您好！我们是福建农林大学“福建省森林游憩价值评价技术研究”课题组成员。此项研究将会对森林公园合理保护和建设起到重要的参考作用，希望您能帮助我们完成这项调查研究工作。此次调查获取的数据完全是用于科学研究，有关您本人的信息我们将会绝对保密。谢谢。

受访者姓名：__________（可以不填）；手机号码：____________；调查员姓名：____________。

一、受访者个人基本情况

1. 性别：□男，□女；年龄：________岁。

2. 文化程度：□未上学，□小学，□初中，□高中，□中专，□大专，□本科，□研究生。

3. 居住地点：________省________市________县（区）____________乡镇（街道）。

4. 您 2017 年收入大约________元：□2 万元以下，□3 万—4 万元，□5 万—6 万元，□7 万—8 万元，□9 万—11 万元，□12 万元以上。

5. 职业：□公务员，□企事业单位管理人员，□企事业单位一般职员，□专业技术人员，□教师/科研人员，□服务业/运输业人员，□学生，□军警人员，□工人，□农民，□自由职业，□待业/家庭全职人员，□离退休人员，□个体工商户，□其他。

6. 您本次来这使用的交通工具是什么？□自驾，□铁路，□飞机，□公共汽车，□骑行，□其他。

7. 您本次跟谁一起来的？□独自一人，□亲人或亲戚，□同事，□同学，□朋友，□情侣，□旅游团，□其他。

8. 您计划游玩几天？□1 天以内，□2—3 天，□4 天以上。

9. 您本次旅行花费（包括购物、返程车票等）大约为________元？其中交给旅行社________元？其中门票________元？

10. 您觉得该森林公园游憩价值高吗？□非常高，□一般，□不高。

11. 您从出发地到达此地的交通时间大概是多久？（　　）。

A. 1 小时以内　B. 2—3 小时　C. 4—5 小时　D. 6—8 小时　E. 9—12 小时　F. 13 小时以上

12. 您对森林公园的认知度？□非常高，□一般，□不高。

二、游憩感受

1. 您对该森林公园的了解程度如何？（　　）。

A. 相当了解，熟悉主要景点及其历史文化等

B. 比较了解，熟悉主要的景点

C. 有一定了解，看过、听过有关介绍

D. 了解很少

2. 您通过哪几种途径知道该森林公园（可多选）？（　　）。

A. 亲朋好友　B. 报纸杂志　C. 政府宣传　D. 电视广播

E. 网络　F. 旅行社　G. 其他

3. 您对本次森林公园的旅行是否满意？（　　）。

A. 非常满意　B. 较为满意　C. 一般　D. 不满意

E. 非常不满意

4. 您对该森林公园各个方面满意程度如何？

	A. 非常满意	B. 较为满意	C. 一般	D. 不满意	E. 非常不满意
整体满意度					
卫生条件					
交通条件					
景观资源					
娱乐设施					
管理服务					
安全措施					
娱乐项目价格					
空气质量					
建筑与环境协调性					

5. 您愿意向他人推荐本次所选择的游憩地吗？（　　）。

A. 非常愿意　B. 愿意　C. 无所谓　D. 不愿意

E. 非常不愿意

6. 您愿意再来本次所选择的游憩地吗？（　　）。

A. 非常愿意　　B. 愿意　　C. 无所谓　　D. 不愿意
E. 非常不愿意

7. 如果提供或增加以下游玩项目，您会选择的程度是?

游玩项目	5分	4分	3分	2分	1分
野外烧烤、垂钓等休闲活动					
登山、素质拓展等户外运动					
季节性植物展、专项演出					
参加科普教育活动					
疗养保健、度假山庄					

8. 您选择森林游憩主要考虑因素是?

主要考虑因素	5分	4分	3分	2分	1分
观赏自然风景					
体验原生态生活					
强身健体					
联络和增强与他人的感情					
了解相关文化					
故地重游					
慕名而来，满足好奇心					
休闲放松					
进行户外运动					
摄影、写生、品尝美食等特定目的					
价格					

三、游客支付意愿调查

1. 假如让您捐赠生态保护费用，用于森林公园建设与维护，您每个月最多愿意支付＿＿＿＿＿元?

2. 为保证这里的森林环境和风景质量不下降，以便自己将来能再来愉快游玩（选择价值），您每月愿意最高支付＿＿＿＿元（若按上一题支付金额来分配，此项占＿＿＿＿%）。其中为了完善森林公园的休息便民设施，您每月愿意最高支付＿＿＿元。

3. 为了子孙后代还有机会来欣赏这里的风景（遗产价值），享受这里舒适的森林环境，您每月愿意最高支付＿＿＿＿元（若按上面支付金额来分配，此项占＿＿＿＿%）。

4. 为了保护现有仅存的野生动植物和其他珍贵的生物资源，即为了保护珍稀物种（存在价值），您每月愿意最高支付________元（若按上面支付金额来分配，此项占________%）。

5. 如果上述都不愿意支付，主要由于下列哪几种原因？（　　）。

A. 收入有限，无能力支付

B. 所支付费用很可能用不到保护上

C. 保护费用应该由旅游企业支付

D. 门票价格高，应该包括保护费用

E. 本人居住地较远，对此保护不感兴趣

F. 该森林公园质量欠佳，不值得支付

G. 已纳税，应由政府支付

H. 其他原因，请说明：____________________

四、目前该森林公园资源的状态

1. 您认为该森林公园目前资源状态如何？□很好，□一般，□很差。

2. 结合游玩感受，请评价该森林公园目前的资源状态：

（1）您觉得该森林公园的植被覆盖率如何？（　　）。

A. 高　　B. 中　　C. 低

（2）您觉得该森林公园湖水、河水的能见度多深？（　　）。

A. 深　　B. 中　　C. 浅

（3）您印象深刻的森林公园天然特色景观多少处？（　　）。

A. 1—2 处　　B. 3—4 处　　C. 5 处以上

（4）您觉得该森林公园拥挤吗？（　　）。

A. 拥挤　　B. 比较拥挤　　C. 一般　　D. 不拥挤

（5）您到达该森林公园运用了几种交通方式？（　　）。

A. 1—2 种　　B. 3—4 种　　C. 5 种以上

（6）目前该森林公园门票价格______元，您觉得门票应该______元合理？

（7）您游玩途中看到几处休息区（包括亭子）？（　　）。

A. 1—2 处　　B. 3—4 处　　C. 5 处以上

（8）该森林公园品牌知名度（　　）。

A. 高　　B. 中　　C. 低

（9）已有的建设（开发）对森林公园生态环境的影响（　　）。

A. 大　　B. 中　　C. 小

（10）该自然保护区服务设施数量多吗？（　　）。

A. 多　　B. 中等　　C. 少

3. 请为该森林公园目前（2018年）的资源状态打分：

资源状态		评分等级					
		5分含义	5	4	3	2	1	1分含义
自然因素	植被覆盖率高吗？	非常高						非常低
	植物种类多吗？	非常多						非常少
	风景资源类别、形态、特征多样化程度	非常大						非常小
	溪水清澈吗？	非常清澈						非常脏
	溪水通畅吗？	非常通畅						完全不通畅
	小溪的鱼多吗？	非常多						非常少
	空气清新吗？	非常清新						非常不清新
	该森林公园景观有特色吗？	有						没有
	这里资源、环境美吗？	非常美						不美
	这里生态环境舒适吗？	非常舒适						非常不舒适
	森林郁闭度	非常大						非常小
	天然特色景观多吗？	非常多						非常少
社会因素	该森林公园人流量大吗？	非常大						非常小
	来森林公园的旅游团多吗？	非常多						非常少
	看到这里的景观，有愉悦感吗？	有						没有
	这里休闲娱乐价值大吗？	非常大						非常小
	该森林公园社会效益大吗？	非常大						非常小
	通讯信号覆盖面	非常大						非常小
	该森林公园的知名度大吗？	非常大						非常小
	周边农民对森林公园的干扰程度？	非常大						非常小
	您周边的人来此游玩的多吗？	非常多						非常少
管理因素	交通方便吗？	非常方便						非常不方便
	森林公园门票（或景点）价格贵吗？	非常贵						非常便宜
	这里的娱乐项目收费贵吗？	非常贵						非常便宜
	应急救助点	非常多						未见到
	森林公园的环境卫生干净吗？	非常干净						非常脏
	森林公园工作人员服务态度好吗？	非常好						非常差
	旅游秩序好吗？	非常好						非常差
	这里的管理制度严格、完善程度？	非常严格						非常不严格
	宣传教育普遍性（如对植物和动物介绍）	普遍						很少
	森林公园有特色的民俗活动吗？	经常有						完全没有
	森林公园周边的酒店旅馆舒适吗？	非常舒适						非常不舒适
	您对森林公园周边餐馆食物满意吗？	非常满意						非常不满意
	公园内供游客休息的长椅多吗？	非常多						非常少
	您对公园休息区等服务设施满意吗？	非常满意						非常不满意

4. 这是您第______次来此游玩？第一次来的时间为________年。如果是2次及以上，本次来感觉这里的资源状态是（　　）。

A. 中等　　　　　　B 最差　　　　　　C. 最佳

备注：如果答案是A，需要回答第五、第六部分（来3次以上）。如果只有2次，本次是中等，还要问另一次比本次好，还是比本次差；如果另一次比本次好，只需回答第五部分；如果另一次比本次差，只需回答第六部分。

5. 您对本森林公园的发展和保护还有什么其他的意见或建议？

五、该森林公园资源最佳状态

1. 请对该森林公园的资源状态最佳阶段进行评价：

资源状态		评分等级						
		5分含义	5	4	3	2	1	1分含义
自然因素	植被覆盖率高吗？	非常高						非常低
	植物种类多吗？	非常多						非常少
	风景资源类别、形态、特征多样化程度	非常大						非常小
	溪水清澈吗？	非常清澈						非常脏
	溪水通畅吗？	非常通畅						完全不通畅
	小溪的鱼多吗？	非常多						非常少
	空气清新吗？	非常清新						非常不清新
	该森林公园景观有特色吗？	有						没有
	这里资源、环境美吗？	非常美						不美
	这里生态环境舒适吗？	非常舒适						非常不舒适
	森林郁闭度	非常大						非常小
	天然特色景观多吗？	非常多						非常少
社会因素	该森林公园人流量大吗？	非常大						非常小
	来森林公园的旅游团多吗？	非常多						非常少
	看到这里的景观，有愉悦感吗？	有						没有
	这里休闲娱乐价值大吗？	非常大						非常小
	该森林公园社会效益大吗？	非常大						非常小
	通讯信号覆盖面	非常大						非常小
	该森林公园的知名度大吗？	非常大						非常小
	周边农民对森林公园的干扰程度？	非常大						非常小
	您周边的人来此游玩的多吗？	非常多						非常少

（续）

资源状态		评分等级						
		5 分含义	5	4	3	2	1	1 分含义
管理因素	交通方便吗?	非常方便						非常不方便
	森林公园门票（或景点）价格贵吗?	非常贵						非常便宜
	这里的娱乐项目收费贵吗?	非常贵						非常便宜
	应急救助点	非常多						未见到
	森林公园的环境卫生干净吗?	非常干净						非常脏
	森林公园工作人员服务态度好吗?	非常好						非常差
	旅游秩序好吗?	非常好						非常差
	这里的管理制度严格、完善程度?	非常严格						非常不严格
	宣传教育普遍性	普遍						很少
	森林公园有特色的民俗活动吗?	经常有						完全没有
	森林公园周边的酒店旅馆舒适吗?	非常舒适						非常不舒适
	您对森林公园周边餐馆食物满意吗?	非常满意						非常不满意
	公园内供游客休息的长椅多吗?	非常多						非常少
	您对公园休息区等服务设施满意吗?	非常满意						非常不满意

2. 您认为该森林公园资源状态什么时候最佳？________年________月

3. 您觉得该森林公园资源状态好在哪些方面？

□自然资源，□社会资源，□森林公园管理。

六、该森林公园资源最差（或较差，或变差）状态

1. 您认为该森林公园资源状态什么时候最差？________年________月

2. 您觉得该森林公园资源状态差在哪些方面？

□自然资源方面，□社会资源方面，□森林公园管理方面。

3. 请对该森林公园的资源状态最差阶段进行评价：

资源状态		评分等级						
		5 分含义	5	4	3	2	1	1 分含义
自然因素	植被覆盖率高吗?	非常高						非常低
	植物种类多吗?	非常多						非常少
	风景资源类别、形态、特征多样化程度	非常大						非常小
	溪水清澈吗?	非常清澈						非常脏
	溪水通畅吗?	非常通畅						完全不通畅
	小溪的鱼多吗?	非常多						非常少

（续）

资源状态		评分等级						
		5分含义	5	4	3	2	1	1分含义
自然因素	空气清新吗？	非常清新						非常不清新
	该森林公园景观有特色吗？	有						没有
	这里资源、环境美吗？	非常美						不美
	这里生态环境舒适吗？	非常舒适						非常不舒适
	森林郁闭度	非常大						非常小
	天然特色景观多吗？	非常多						非常少
社会因素	该森林公园人流量大吗？	非常大						非常小
	来森林公园的旅游团多吗？	非常多						非常少
	看到这里的景观，有愉悦感吗？	有						没有
	这里休闲娱乐价值大吗？	非常大						非常小
	该森林公园社会效益大吗？	非常大						非常小
	通讯信号覆盖面	非常大						非常小
	该森林公园的知名度大吗？	非常大						非常小
	周边农民对森林公园的干扰程度？	非常大						非常小
	您周边的人来此游玩的多吗？	非常多						非常少
管理因素	交通方便吗？	非常方便						非常不方便
	森林公园门票（或景点）价格贵吗？	非常贵						非常便宜
	这里的娱乐项目收费贵吗？	非常贵						非常便宜
	应急救助点	非常多						未见到
	森林公园的环境卫生干净吗？	非常干净						非常脏
	森林公园工作人员服务态度好吗？	非常好						非常差
	旅游秩序好吗？	非常好						非常差
	这里的管理制度严格、完善程度？	非常严格						非常不严格
	宣传教育普遍性	普遍						很少
	森林公园有特色的民俗活动吗？	经常有						完全没有
	森林公园周边的酒店旅馆舒适吗？	非常舒适						非常不舒适
	您对森林公园周边餐馆食物满意吗？	非常满意						非常不满意
	公园内供游客休息的长椅多吗？	非常多						非常少
	您对公园休息区等服务设施满意吗？	非常满意						非常不满意

附录 1-3 福建省湿地自然保护区游憩价值评价调查问卷

编号：

尊敬的先生/女士：

您好！我们是福建农林大学“福建省森林游憩价值评价技术研究”课题组成员。此项研究将会对湿地自然保护区的合理保护起到重要的参考作用，请您帮助我们完成这项调查研究工作。此次调查获取的数据完全是用于科学研究，有关您本人的信息我们将会绝对保密。谢谢。

受访者姓名：__________（可以不填）；手机号码：____________；

调查员姓名：__________。

一、受访者个人基本情况

1. 性别：□男，□女；年龄________岁。

2. 文化程度：□未上学，□小学，□初中，□高中，□中专，□大专，□本科，□研究生。

3. 居住地点：________省________市________县（区）____________乡镇（街道）。

4. 2017 年收入______元：□2 万元以下，□3 万—4 万元，□5 万—6 万元，□7 万—8 万元，□9 万—11 万元，□12 万元以上。

5. 职业：□公务员，□企事业单位管理人员，□企事业单位一般职员，□专业技术人员，□教师/科研人员，□服务业/运输业人员，□学生，□军警人员，□工人，□农民，□自由职业，□待业/家庭全职人员，□离退休人员，□个体工商户，□其他。

6. 您本次来这使用的交通工具是什么？□自驾，□铁路，□飞机，□公共汽车，□骑行，□其他。

7. 您本次跟谁一起来的？□独自一人，□亲人或亲戚，□同事，□同学，□朋友，□情侣，□旅游团，□其他。

8. 您计划游玩几天？□1 天以内，□2—3 天，□4 天以上。

9. 您觉得该自然保护区游憩价值高吗？ □非常高，□一般，□不高

10. 您本次旅行花费（包括交通、餐饮、购物、门票、返程车票等）大约为________元？其中交给旅行社________元？其中门票________元？

11. 您从出发地到达此地的交通时间大概是多久？（　　）。

A. 1 小时以内　　B. 2—3 小时　　C. 4—5 小时　　D. 6—8 小时

E. 9—12 小时　　F. 13 小时以上

12. 您对湿地自然保护区的认知度（湿地保护区的功能、作用等）？

□非常高，□一般，□不高。

二、游客满意度等情况调查

1. 您对本自然保护区的了解程度如何？（　　）。

A. 相当了解，熟悉主要景点及其历史文化等

B. 比较了解，熟悉主要的景点

C. 有一定了解，看过、听过有关介绍

D. 了解很少

2. 您通过哪几种途径知道本自然保护区（可多选）？（　　）。

A. 亲朋好友介绍　　B. 报纸杂志　　C. 政府宣传　　D. 电视广播

E. 网络　　F. 旅行社　　G. 其他

3. 您对本次自然保护区的旅行是否满意？（　　）。

A. 非常满意　　B. 较为满意　　C. 一般　　D. 不满意

E. 非常不满意

4. 您对本自然保护区各个方面满意程度如何？

	A. 非常满意	B. 较为满意	C. 一般	D. 不满意	E. 非常不满意
整体满意度					
卫生条件					
交通条件					
景观资源					
娱乐设施					
管理服务					
安全措施					
娱乐项目价格					
空气质量					
建筑与环境协调性					

5. 您愿意向他人推荐本湿地自然保护区吗？（　　）。

A. 非常愿意　　B. 愿意　　C. 无所谓　　D. 不愿意

E. 非常不愿意

6. 您愿意再来本湿地自然保护区吗？（　　）。

A. 非常愿意　　B. 愿意　　C. 无所谓　　D. 不愿意

E. 非常不愿意

7. 如果提供或增加以下游玩项目，您会选择的程度是？

游玩项目	5分	4分	3分	2分	1分
野外烧烤、垂钓等休闲活动					
素质拓展等户外运动					
季节性植物展、专项演出					
参加科普教育活动					
疗养保健、度假山庄					

8. 您选择本湿地自然保护区主要考虑因素是？

主要考虑因素	5分	4分	3分	2分	1分
观赏自然风景					
体验原生态生活					
强身健体					
联络和增强与他人的感情					
了解相关文化					
故地重游					
慕名而来，满足好奇心					
休闲放松					
进行户外运动					
价格					

三、游客支付意愿调查

1. 假如让您捐赠一定数目的生态保护费用，用于湿地自然保护区的生态维护和建设，您每个月最多愿意支付__________元？

2. 为保证这里的湿地资源和风景质量不下降，以便自己将来能再来愉快游玩（选择价值），您每月愿意最高支付________元（若按上一题支付金额来分配，此项占________%)。其中为了完善湿地自然保护区的休息便民设施，您每月愿意最高支付______元。

3. 为了子孙后代还有机会来欣赏这里的风景（遗产价值），享受这里舒适的湿地环境，您每月愿意最高支付________元（若按上面支付金额来分配，此项占________%)。

4. 为了保护现有仅存的湿地、野生动植物和其他珍贵的生物资源，即为了保护珍稀物种（存在价值），您每月愿意最高支付________元（若按上面支付金额来分配，此项占________%)。

5. 如果上述都不愿意支付，主要由于下列哪几种原因？（　　）。

A. 收入有限，无能力支付

B. 所支付费用很可能用不到保护上

C. 保护费用应该由旅游企业支付

D. 门票价格高，应该包括保护费用

E. 本人居住地较远，对此保护不感兴趣

F. 该自然保护区质量欠佳，不值得支付

G. 已纳税，应由政府支付

H. 其他原因，请说明：____________________

四、目前该自然保护区资源的状态

1. 您认为该湿地自然保护区目前的湿地资源状态好吗？

□很好，□一般，□很差

2. 请评价该自然保护区目前的湿地资源状态：

(1) 在自然保护区内，您印象深刻的天然特色景观有多少处？（　　）。

A. 1—2 处　　B. 3—4 处　　C. 5 处以上

(2) 该自然保护区的管理人员数量是否足够？（　　）。

(3) 您游玩途中看到几处休息区（包括亭子)?（　　）。

A. 1—2 处　　B. 3—4 处　　C. 5 处以上

(4) 该自然保护区品牌知名度（　　）。

A. 高　　B. 中　　C. 低

(5) 旅游对湿地生态环境的影响（　　）。

A. 大　　B. 中　　C. 小

(6) 已有的建设（开发）对湿地生态环境的影响（　　）。

A. 大　　B. 中　　C. 小

(7) 该自然保护区服务设施数量多吗？（　　）。

A. 多　　B. 中等　　C. 少

3. 请为该湿地自然保护区目前的资源状态打分：

资源状态		评分等级						
		5分含义	5	4	3	2	1	1分含义
自然因素	植物种类多吗？	非常多						非常少
	植被覆盖率高吗？	非常高						非常低
	动物（鸟）多吗？	非常多						非常少
	水里的生物（鱼）多吗？	非常多						非常少
	这里气候舒适吗？	非常舒适						非常不舒适
	水源充足吗？	非常充足						非常不充足
	水体清澈吗？	非常清澈						非常脏
	有水污染吗？	有						没有
	该湿地景观资源多吗？	非常多						非常少
	该湿地景观有特色吗？	有						没有
	这里资源、环境美吗？	非常美						不美
	这里湿地自然生态环境质量好吗？	非常好						非常差
	这里环境舒适吗？	非常舒适						非常不舒适
社会因素	该湿地自然保护区的游客（人流量）多吗？	非常多						非常少
	该湿地自然保护区的知名度大吗？	非常大						非常小
	周边农民对自然保护区的干扰程度	非常大						非常小
	看到这里的景观，有愉悦感吗？	有						没有
	这里休闲娱乐价值大吗？	非常大						非常小
	该湿地自然保护区社会效益大吗？	非常大						非常小
	您周边的人来此游玩的多吗？	非常多						非常少
	湿地受到的破坏与退化程度	非常大						非常小
	通讯信号覆盖面	非常大						非常小
管理因素	交通方便吗？	非常方便						非常不方便
	自然保护区门票（或景点）价格贵吗？	非常贵						非常便宜
	自然保护区的环境卫生干净吗？	非常干净						非常脏
	自然保护区湿地资源保护好吗？	非常好						非常差
	该湿地自然保护区游客容量大吗？	非常大						非常小
	自然保护区工作人员服务态度好吗？	非常好						非常差
	这里的管理制度严格、完善程度？	非常严格						非常不严格
	宣传教育普遍性（如对植物和动物的介绍）	普遍						很少
	保护区巡护经常性	经常						很少
	旅游秩序好吗？	非常好						非常差
	自然保护区周边的酒店旅馆舒适吗？	非常舒适						非常不舒适
	您对自然保护区周边餐馆的食物满意吗？	非常满意						非常不满意
	您对保护区内服务设施满意吗？	非常满意						非常不满意

4. 这是您第______次来此游玩？第一次来的时间为________年。如果是 2 次及以上，本次来感觉湿地自然保护区的资源状态是（　　）。

A. 中等　　　　B 最差　　　　C. 最佳

备注：如果答案是 A，需要回答第五、第六部分（来 3 次以上）。如果只有 2 次，本次是中等，还要问另一次比本次好，还是比本次差；如果另一次比本次好，只需回答第五部分；如果另一次比本次差，只需回答第六部分。

如果答案是 B，只需回答第五部分。如果答案是 C，只需回答第六部分。

5. 您对该湿地自然保护区的发展和保护还有什么其他的建议？

五、湿地自然保护区资源最佳状态

1. 您认为该湿地自然保护区资源状态什么时候最佳？______年______月

2. 您觉得该湿地自然保护区资源状态好，体现在哪些方面？

□自然资源，□社会资源，□管理方面。

3. 请对该湿地自然保护区的资源状态最佳阶段进行评价：

资源状态		评分等级						
		5 分含义	5	4	3	2	1	1 分含义
自然因素	植物种类多吗？	非常多						非常少
	植被覆盖率高吗？	非常高						非常低
	动物（鸟）多吗？	非常多						非常少
	水里的生物（鱼）多吗？	非常多						非常少
	这里气候舒适吗？	非常舒适						非常不舒适
	水源充足吗？	非常充足						非常不充足
	水体清澈吗？	非常清澈						非常脏
	有水污染吗？	有						没有
	该湿地景观资源多吗？	非常多						非常少
	该湿地景观有特色吗？	有						没有
	这里资源、环境美吗？	非常美						不美
	这里湿地自然生态环境质量好吗？	非常好						非常差
	这里环境舒适吗？	非常舒适						非常不舒适
社会因素	该湿地自然保护区的游客（人流量）多吗？	非常多						非常少
	该湿地自然保护区的知名度大吗？	非常大						非常小
	周边农民对自然保护区的干扰程度	非常大						非常小
	看到这里的景观，有愉悦感吗？	有						没有
	这里休闲娱乐价值大吗？	非常大						非常小

（续）

资源状态		评分等级						
		5分含义	5	4	3	2	1	1分含义
社会因素	该湿地自然保护区社会效益大吗?	非常大						非常小
	您周边的人来此游玩的多吗?	非常多						非常少
	湿地受到的破坏与退化程度	非常大						非常小
	通讯信号覆盖面	非常大						非常小
管理因素	交通方便吗?	非常方便						非常不方便
	自然保护区门票（或景点）价格贵吗?	非常贵						非常便宜
	自然保护区的环境卫生干净吗?	非常干净						非常脏
	自然保护区湿地资源保护好吗?	非常好						非常差
	该湿地自然保护区游客容量大吗?	非常大						非常小
	自然保护区工作人员服务态度好吗?	非常好						非常差
	这里的管理制度严格、完善程度?	非常严格						非常不严格
	宣传教育普遍性	普遍						很少
	保护区巡护经常性	经常						很少
	旅游秩序好吗?	非常好						非常差
	自然保护区周边的酒店旅馆舒适吗?	非常舒适						非常不舒适
	您对自然保护区周边餐馆的食物满意吗?	非常满意						非常不满意
	您对保护区内服务设施满意吗?	非常满意						非常不满意

六、湿地自然保护区资源最差（或较差，或变差）状态

1. 您认为该湿地自然保护区资源状态什么时候最差? ______年______月
2. 您觉得该湿地自然保护区资源状态差体现在哪些方面?

□自然资源方面，□社会资源方面，□管理方面。

3. 请对该湿地自然保护区的资源状态最差阶段进行评价：

资源状态		评分等级						
		5分含义	5	4	3	2	1	1分含义
自然因素	植物种类多吗?	非常多						非常少
	植被覆盖率高吗?	非常高						非常低
	动物（鸟）多吗?	非常多						非常少
	水里的生物（鱼）多吗?	非常多						非常少
	这里气候舒适吗?	非常舒适						非常不舒适
	水源充足吗?	非常充足						非常不充足

（续）

资源状态		评分等级						
		5分含义	5	4	3	2	1	1分含义
自然因素	水体清澈吗？	非常清澈						非常脏
	有水污染吗？	有						没有
	该湿地景观资源多吗？	非常多						非常少
	该湿地景观有特色吗？	有						没有
	这里资源、环境美吗？	非常美						不美
	这里湿地自然生态环境质量好吗？	非常好						非常差
	这里环境舒适吗？	非常舒适						非常不舒适
社会因素	该湿地自然保护区的游客（人流量）多吗？	非常多						非常少
	该湿地自然保护区的知名度大吗？	非常大						非常小
	周边农民对自然保护区的干扰程度	非常大						非常小
	看到这里的景观，有愉悦感吗？	有						没有
	这里休闲娱乐价值大吗？	非常大						非常小
	该湿地自然保护区社会效益大吗？	非常大						非常小
	您周边的人来此游玩的多吗？	非常多						非常少
	湿地受到的破坏与退化程度	非常大						非常小
	通讯信号覆盖面	非常大						非常小
管理因素	交通方便吗？	非常方便						非常不方便
	自然保护区门票（或景点）价格贵吗？	非常贵						非常便宜
	自然保护区的环境卫生干净吗？	非常干净						非常脏
	自然保护区湿地资源保护好吗？	非常好						非常差
	该湿地自然保护区游客容量大吗？	非常大						非常小
	自然保护区工作人员服务态度好吗？	非常好						非常差
	这里的管理制度严格、完善程度？	非常严格						非常不严格
	宣传教育普遍性	普遍						很少
	保护区巡护经常性	经常						很少
	旅游秩序好吗？	非常好						非常差
	自然保护区周边的酒店旅馆舒适吗？	非常舒适						非常不舒适
	您对自然保护区周边餐馆的食物满意吗？	非常满意						非常不满意
	您对保护区内服务设施满意吗？	非常满意						非常不满意

第二篇

基于消费者剩余理论的福建省森林公园游憩价值评价

根据资源环境经济学理论，资源价值可分为使用价值和非使用价值，其中使用价值包括直接使用价值、间接使用价值；非使用价值主要指存在价值、选择价值和遗产价值。本篇将对福建省森林公园的以上各种价值分别进行评价。

8 福建省森林公园游憩直接使用价值研究

根据福建省林业统计年鉴，2013 年福建省森林公园旅游收入为 63 117.08 万元，旅游人数为 2 065.07 万人，门票收入为 12 646.13 万元。2017 年森林公园旅游收入为 101 191.40 万元，比 2013 年增长 60.32%，增长速度较快；全省森林公园门票收入为 15 962.07 万元，比 2013 年增长 26.22%；森林公园旅游人数为 2 383.66 万人，比 2013 年增长 15.43%，增长较慢。

8.1 天阶山国家森林公园游憩的直接使用价值研究

8.1.1 概况

天阶山国家森林公园地处三明市将乐县，距县城 2 公里，毗邻著名的国家级风景名胜区玉华洞，地处东经 117°05′至 117°40′，北纬 26°25′至 27°04′。该公园为武夷山脉南段，南北长 14.3 公里，东西宽 15.2 公里（兰凤英，2015）。1994 年成立“天阶山森林公园”，2002 年 8 月被福建省林业厅审定为“省级森林公园”，2003 年 12 月被国家林业局审定为“国家森林公园”。

天阶山国家森林公园受海洋季风影响显著，属亚热带海洋性湿润型气候，气温适宜，无霜期长，四季分明。雨量充沛，属福建省丰水区，3 月至 4 月为春雨季，5 月至 6 月为夏雨季，7 月至 9 月为台风雷雨季，10 月至翌年 2 月为旱季；年平均降水量为 1 688 毫米，最大年降水量 2 255 毫米，最小年降水量 1 131 毫米；年平均相对湿度 79%至 94%；年平均气温为 17 ℃至 19.4 ℃，其中西北部年平均气温在 18 ℃以下，东部在 18 ℃以上，夏长无酷暑，冬短且少寒，一年四季均宜旅游。

公园内森林覆盖率达 95%以上，山体峰峦连绵，沟谷纵横，岭脊尖锐，峰顶群出。园内植物种类丰富，珍稀植物和古树名木品种繁多，草木争荣，季相鲜明，极为俊秀。天然阔叶林绿荫如盖，马尾松林苍翠欲滴，枫香林色彩纷呈，满山桂花香气扑鼻，熏人欲醉（郑金凤，2006）。公园的地质结构以石灰岩为主，土层薄，但潮润的地衣苔藓、蕨类植物长势茂盛。由于特殊的地理条件，许多百年古槠、柚木、枫树、桂花树的生长，以石为基，破石而出，多为根在齐腰处即分枝丫数股，呈子孙满堂状向天空舒展。公园风水旖旎、秀色宜人，完整地保存着亚热带季风性气候的原始植物群落，是一座生趣盎然的植物博物馆，被专家们称为喀斯特地貌上的一片绿洲。天阶山国家森林公园游憩由

7个景区和1条旅游观光专线组成。

8.1.2 直接使用价值

从表8-1可知，2003年福建省天阶山森林公园的旅游收入为946万元，2016年旅游收入为4 334万元，增长了358.14%；2017年旅游收入4 674万元，同比增长7.84%。2003年至2012年，天阶山森林公园的旅游收入整体上呈上升趋势，2012年达到4 606万元，2013年急剧下降，2014年开始又回升。

2003年天阶山森林公园的旅游人数为9万人，2016年旅游人数为18.1万人，大约增长了1倍；2017年旅游人数为21.8万人，同比增长20.44%，增长速度快。2003年至2013年，天阶山森林公园的旅游人数波动较大，2013年旅游人数最多，为23.5万人，2005年旅游人数最少，只有6.49万人。

从表8-1可知，福建省天阶山森林公园建设面积2015年、2016年为8 400公顷，2009年为1 152公顷，其余年份建设面积均为939公顷；年末从业人数先增后减，2005年最多时达到846人，2017年从业人数只有87人；本年投资变动大，在9.5万元至2 100万元之间剧烈波动，2007年最多达到2 100万元，2017年投资只有13万元。

表8-1 福建省天阶山森林公园基本情况

年份	旅游人数（万人）	旅游收入（万元）	建设面积（公顷）	年末人数（人）	本年投资（万元）
2003	9	946	939	12	60
2004	11	1 100	939	12	170
2005	6.49	845	939	846	160
2006	10	1 209	939	—	510
2007	12.1	1 628.4	939	759	2 100
2008	14.7	1 970.9	939	759	500
2009	7.6	1 653.01	1 152	—	—
2010	17.3	2 526	939	300	2 000
2011	15	2 997	939	380	300
2012	22.6	4 606	939	408	45
2013	23.5	516	939	483	9.5
2014	12.3	3 123	939	68	9.5
2015	14.8	3 534	8 400	75	10
2016	18.1	4 334	8 400	86	12
2017	21.8	4 674	939	87	13

注：表中数据来源于福建省林业统计年鉴。

根据 2017 年福建省森林公园建设经营情况统计表，2017 年天阶山森林公园门票收入为 203 万元。直接使用价值按照森林公园门票收入计算，2017 年天阶山森林公园的直接使用价值为 203 万元。

8.1.3　天阶山国家森林公园游憩描述性统计分析

8.1.3.1　天阶山国家森林公园游客基本特征的总体分析

本研究在理论分析和文献综述的基础上，借鉴已有的研究成果，结合福建省国家森林公园的情况，设计了调查问卷。采用随机抽样的方法，对将乐天阶山国家森林公园的游客进行问卷调查。调查问卷总共 150 份，其中有效问卷 145 份，问卷有效率为 96.67%。然后整理和汇总调查问卷数据，并且对调查问卷数据进行统计分析。

从表 8-2 可以看出，样本对象支付意愿的最小值为 0，最大值为 1 000 元，均值为 63.24 元，标准差为 151.29，表明样本游客对森林公园生态保护的支付意愿值差异较大；旅游次数的最小值为 1 次，最大值为 10 次，均值为 2.08 次，标准差为 2.56，表明样本游客的重游率较高；性别最小值为 0，最大值为 1，均值为 0.59，标准差为 0.494 4，表明在样本中，男性占的比重比女性略高；婚否的最小值为 0，最大值为 1，均值为 0.75，标准差为 0.431 5，表明在样本中，大部分是已婚的游客；月收入的最小值为 0，最大值为 100 000 元，均值为 4 390.92 元，标准差为 8 924.97，表明样本游客之间月收入差异很大，平均收入不高；旅行费用最小值为 0，最大值为 8 000 元，均值为 1 082.97 元，标准差为 1 593.88，表明样本游客支付的旅行费用差异较大；了解程度的最小值为 0，最大值为 3，均值为 1.21，标准差为 1.023 3，表明样本游客对天阶山国家森林公园的了解程度较低；卫生条件满意度的最小值为 0，最大值为 4，均值为 2.84，标准差为 0.98，表明样本游客对卫生条件的满意度不高；交通条件满意度的最小值为 1，最大值为 4，均值为 3.08，标准差为 0.83，表明样本游客对交通条件的满意度较高；景观条件满意度的最小值为 1，最大值为 4，均值为 3.25，标准差为 0.71，表明样本游客对景观条件的满意度较高；娱乐设施满意度的最小值为 0，最大值为 4，均值为 2.16，标准差为 1.17，表明样本游客对娱乐设施的满意度较低；管理服务水平满意度的最小值为 0，最大值为 4，均值为 2.80，标准差为 0.94，表明样本游客对管理服务水平的满意度不高（白斯琴，2016）。

表 8-2　游客基本特征描述性统计分析

变量名称（数值范围）	样本最小值	样本最大值	样本均值	标准差
支付意愿值	0	1 000	63.24	151.29
旅游次数	1	10	2.08	2.56
年龄	14	80	41.06	14.706
性别	0	1	0.59	0.494 4
婚否	0	1	0.75	0.431 5
受教育程度	0	6	3.35	1.899 5
居住地点	1	3	2.03	0.780 0
月收入	0	100 000	4 390.92	8 924.97
旅行费用	0	8 000	1 082.97	1 593.88
了解程度（0～3）	0	3	1.21	1.023 3
卫生条件满意度（0～4）	0	4	2.84	0.98
交通条件满意度（0～4）	1	4	3.08	0.83
景观条件满意度（0～4）	1	4	3.25	0.71
娱乐设施满意度（0～4）	0	4	2.16	1.17
管理服务水平满意度	0	4	2.80	0.94

注：以上数据由样本问卷调查数据整理所得。

8.1.3.2　游客基本特征的具体分析

（1）年龄的描述性统计分析

如表 8-3 所示，年龄在 18 岁及以下的游客占样本总数的 0.69%；19 岁至 25 岁的游客占 21.38%；26 岁至 35 岁的游客占 20.69%；36 岁至 55 岁的游客占 39.31%；56 岁至 65 岁的游客占 11.03%；66 岁及以上的游客占 6.90%。可见，大部分样本游客年龄是 19 岁至 55 岁。

表 8-3　年龄的描述性统计分析

年龄（岁）	人数（人）	百分比（%）	累计百分比（%）
≤18	1	0.69	0.69
19～25	31	21.38	22.07
26～35	30	20.69	42.76
36～55	57	39.31	82.07
56～65	16	11.03	93.10
≥66	10	6.90	100

(2) 性别的描述性统计分析

如表 8-4 所示，根据样本游客问卷调查数据的计算结果，在样本游客中，男性占样本总数的 58.62%，女性占样本总数的 41.38%。可见，样本游客中男性多于女性。

表 8-4　性别的描述性统计分析

性别	人数（人）	百分比（%）	累计百分比（%）
男	85	58.62	58.62
女	60	41.38	100

(3) 婚姻状况的描述性统计分析

如表 8-5 所示，已婚游客占的比例较大，占样本总数的 75.17%，未婚游客只占样本总数的 24.83%。

表 8-5　婚姻状况的描述性统计分析

婚否	人数（人）	百分比（%）	累计百分比（%）
已婚	109	75.17	75.17
未婚	36	24.83	100

(4) 受教育程度的描述性统计分析

如表 8-6 所示，受教育程度为小学的游客占样本总数的 13.79%；初中的游客占 6.90%；高中的游客占 13.79%；中专的游客占 10.34%；大专的游客占 17.24%；本科的游客占 29.66%；研究生及以上的游客占 8.28%。可见，本科生所占的比例较大，样本游客受教育程度普遍较高。

表 8-6　受教育程度的描述性统计分析

受教育程度	人数（人）	百分比（%）	累计百分比（%）
小学	20	13.79	13.79
初中	10	6.90	20.69
高中	20	13.79	34.48
中专	15	10.34	44.82
大专	25	17.24	62.06
本科	43	29.66	91.72
研究生及以上	12	8.28	100

8.1.3.3 游客的收入分析

如表 8－7 所示，根据样本游客问卷调查数据的计算结果，月收入在 2 000 元以下的游客占样本总数的 37.93%；月收入 2 000 元到 4 000 元（不含 4 000 元）的游客占 31.03%；月收入 4 000 元到 6 000 元（不含 6 000 元）的游客占 19.31%；月收入 6 000 元到 8 000 元（不含 8 000 元）的游客占 5.52%；月收入 8 000 元及以上的游客占 6.21%。可见，月收入 4 000 元以下的游客占大多数，大部分游客收入较低。

表 8－7 月收入的描述性统计分析

月收入（元）	人数（人）	百分比（%）	累计百分比（%）
<2 000	55	37.93	37.93
2 000～<4 000	45	31.03	68.96
4 000～<6 000	28	19.31	88.27
6 000～<8 000	8	5.52	93.79
≥8 000	9	6.21	100

8.1.3.4 客源市场地域分析

如表 8－8 所示，居住地点在三明地区（天阶山地处三明市）的游客占样本总数的 28.97%；福建省内其他地区的游客占 40.00%；省外地区的游客占 31.03%。

表 8－8 居住地点的描述性统计分析

居住地点	人数（人）	百分比（%）	累计百分比（%）
三明地区	42	28.97	28.97
省内其他地区	58	40.00	68.97
省外地区	45	31.03	100

8.1.3.5 游客旅游特性分析

（1）旅游次数的描述性统计分析

如表 8－9 所示，旅游次数为 1 次的游客占样本总数的 64.14%；2 次的游客占 17.24%；3 次的游客占 8.28%；4 次的游客占 0.69%；5 次及以上的游客占 9.65%。可见，来 2 次及以上的游客占 35.86%，表明游客重游率较高。

表 8-9 旅游次数的描述性统计分析

旅游次数（次）	人数（人）	百分比（%）	累计百分比（%）
1	93	64.14	64.14
2	25	17.24	81.38
3	12	8.28	89.66
4	1	0.69	90.35
≥5	14	9.65	100

（2）天阶山生态保护支付意愿的描述性统计分析

如表 8-10 所示，天阶山生态保护支付意愿值为 0 元的游客占样本总数的 55.86%；1 元到 20 元（不含 20 元）的游客占 11.03%；20 元到 50 元（不含 50 元）的游客占 9.66%；50 元到 100 元（不含 100 元）的游客占 11.03%；100 元到 200 元（不含 200 元）的游客占 4.14%；200 元到 500 元（不含 500 元）的游客占 6.21%；500 元及以上的游客占 2.07%。可见，除了旅行费用外，大部分游客不愿意为天阶山生态保护支付费用。

通过对样本问卷调查结果的分析发现：55.86%的游客不愿意支付的理由如下：25.93%的游客理由是“收入有限，无能力支付”（样本游客收入大部分在 4 000 元以下）；6.17%的游客理由是“所支付费用很可能用不到保护上”；23.46%的游客理由是“保护费用应该由政府或旅游企业支付”；13.58%的游客理由是“门票价格高，应该包括保护费用”；20.99%的游客理由是“本人居住地远离此地，对此保护不感兴趣”；9.87%的游客是“其他原因”。通过以上分析，可以得出以下结论：①收入低是不愿意支付的最主要原因，因为在收入有限的情况下，人们会把绝大多数的收入用在基本生活保障上，其他支出就会受到限制。②一部分游客理由是所支付费用很可能用不到保护上，说明人们对目前的资金使用存在疑虑，所以资金使用的透明度至关重要。③20.99%的游客理由是居住地点较远，森林公园保护与他们关系不大，这说明人们生态环境的保护意识仍有待进一步提高（刘杰，2013）。

表 8-10 天阶山生态保护支付意愿的描述性统计分析

支付意愿值（元）	人数（人）	百分比（%）	累计百分比（%）
0	81	55.86	55.86
1～<20	16	11.03	66.89
20～<50	14	9.66	76.55
50～<100	16	11.03	87.58

（续）

支付意愿值（元）	人数（人）	百分比（%）	累计百分比（%）
100～<200	6	4.14	91.72
200～<500	9	6.21	97.93
≥500	3	2.07	100

(3) 了解程度的描述性统计分析

如表 8－11 所示，对天阶山国家森林公园没有多少了解的游客占样本总数的 28.28%；有一定了解的游客占 37.24%；比较了解的游客占 19.31%；相当了解的游客占 15.17%。可见，有一定了解的游客占比较大。

表 8－11　了解程度的描述性统计分析

了解程度	人数（人）	百分比（%）	累计百分比（%）
没有多少了解	41	28.28	28.28
有一定了解	54	37.24	65.52
比较了解	28	19.31	84.83
相当了解	22	15.17	100

(4) 旅行费用的描述性统计分析

如表 8－12 所示，旅行费用在 100 元以下的游客占样本总数的 12.41%；100 元到 200 元（不含 200 元）的游客占 26.21%；200 元到 500 元（不含 500 元）的游客占 22.76%；500 元到 1 000 元（不含 1 000 元）的游客占 11.03%；1 000 元到 2 000 元（不含 2 000 元）的游客占 13.79%；2 000 元到 5 000 元（不含 5 000 元）的游客占 11.03%；5 000 元及以上的游客占 2.77%。可见，大部分样本游客旅行费用在 500 元以下，基本属于一日游，没有住宿宾馆。

表 8－12　旅行费用的描述性统计分析

旅行费用（元）	人数（人）	百分比（%）	累计百分比（%）
<100	18	12.41	12.41
100～<200	38	26.21	38.62
200～<500	33	22.76	61.38
500～<1 000	16	11.03	72.41
1 000～<2 000	20	13.79	86.20
2 000～<5 000	16	11.03	97.23
≥5 000	4	2.77	100

8.1.3.6　森林公园特征的描述性统计分析

（1）卫生条件满意度的描述性统计分析

如表 8－13 所示，对天阶山国家森林公园卫生条件非常不满意的游客占样本总数的 6.20%；不满意的游客占 5.52%；认为卫生条件一般的游客占 22.07%；较为满意的游客占 39.31%；非常满意的游客占 26.90%。可见，天阶山国家森林公园卫生条件有待进一步改善。

表 8－13　卫生条件满意度的描述性统计分析

卫生条件满意度	人数（人）	百分比（%）	累计百分比（%）
非常不满意	9	6.20	6.20
不满意	8	5.52	11.72
一般	32	22.07	33.79
较为满意	57	39.31	73.10
非常满意	39	26.90	100

（2）交通条件满意度的描述性统计分析

如表 8－14 所示，对天阶山国家森林公园交通条件不满意的游客占样本总数的 5.52%；认为交通条件一般的游客占 14.48%；较为满意的游客占 44.14%；非常满意的游客占 35.86%。可见，与卫生条件相比，游客对交通条件的满意度更高。天阶山森林公园距离将乐动车站与高速公路出口都不到 10 公里。

表 8－14　交通条件满意度的描述性统计分析

交通条件满意度	人数（人）	百分比（%）	累计百分比（%）
非常不满意	0	0	0
不满意	8	5.52	5.52
一般	21	14.48	20.00
较为满意	64	44.14	64.14
非常满意	52	35.86	100

（3）景观条件满意度的描述性统计分析

如表 8－15 所示，对天阶山国家森林公园景观条件不满意的游客占样本总数的 2.07%；认为景观条件一般的游客占 11.72%；较为满意的游客占 47.59%；非常满意的游客占 38.62%。可见，样本游客对景观条件的满意度较高。

表 8-15 景观条件满意度的描述性统计分析

景观条件满意度	人数（人）	百分比（%）	累计百分比（%）
非常不满意	0	0	0
不满意	3	2.07	2.07
一般	17	11.72	13.79
较为满意	69	47.59	61.38
非常满意	56	38.62	100

（4）娱乐设施满意度的描述性统计分析

如表 8-16 所示，对天阶山国家森林公园娱乐设施非常不满意的游客占样本总数的 11.04%；不满意的游客占 16.55%；认为娱乐设施一般的游客占 29.66%；较为满意的游客占 31.03%；非常满意的游客占 11.72%。（非常）不满意的游客占了 27.59%，可见，天阶山国家森林公园娱乐设施建设比较滞后。

表 8-16 娱乐设施满意度的描述性统计分析

娱乐设施满意度	人数（人）	百分比（%）	累计百分比（%）
非常不满意	16	11.04	11.04
不满意	24	16.55	27.59
一般	43	29.66	57.25
较为满意	45	31.03	88.28
非常满意	17	11.72	100

（5）管理服务水平满意度的描述性统计分析

如表 8-17 所示，对天阶山国家森林公园管理服务水平非常不满意的游客占样本总数的 2.07%；不满意的游客占 6.21%；认为管理服务水平一般的游客占 26.90%；较为满意的游客占 41.37%；非常满意的游客占 23.45%。可见，天阶山国家森林公园的管理服务水平有待进一步提高。

表 8-17 管理服务水平满意度的描述性统计分析

管理服务水平满意度	人数（人）	百分比（%）	累计百分比（%）
非常不满意	3	2.07	2.07
不满意	9	6.21	8.28
一般	39	26.90	35.18
较为满意	60	41.37	76.55
非常满意	34	23.45	100

综上所述，根据样本游客对天阶山国家森林公园的满意度问卷调查数据计算结果：对娱乐设施感到不满意与非常不满意的游客占样本总数的 27.59%；对卫生条件感到不满意与非常不满意的游客占样本总数的 11.72%；对管理服务水平感到不满意与非常不满意的游客占样本总数的 8.28%；对交通条件感到不满意与非常不满意的游客占样本总数的 5.52%；对景观条件感到不满意与非常不满意的游客占样本总数的 2.07%。从中可以看出，样本游客主要对天阶山国家森林公园的娱乐设施感到不满意，这在一定程度上表明天阶山国家森林公园存在娱乐设施供给不足的问题，因此，需要加大对森林公园娱乐设施建设的投入。此外，卫生条件和管理服务水平不满意与非常不满意所占的比例也相对较高，需要重视管理服务水平的提高和卫生条件的改善。

8.2　旗山国家森林公园游憩的直接使用价值研究

8.2.1　概况

福州旗山森林公园成立于 1999 年，其前身是国有林场，后经政府批准改建而成。1999 年公园的基础设施建设全面展开，如公园大门、招待所、服务部、游道、索桥、天梯、蓄水调节库等各类工程相继开展，于 2000 年竣工并投入使用，也因此提升为国家级森林公园。2001 年，为了解决公园道路交通问题，实施了道路建设工程，使得各项配套工程在此基础上有序进行。

旗山国家森林公园位于福州市闽侯县南屿镇境内，地理位置独特，总面积达 3 587 公顷。旗山的命名源于其在雨后云雾缭绕于山峰左右，视觉上像凯旋的旌旗。公园距福州市中心仅 25 公里，距离福州高铁站约 20 公里，距长乐国际机场 50 公里，同时紧靠福州市大学城、316 国道、高速公路，交通网络比较完善，是福州市近郊森林旅游、避暑、度假、探险的理想去处（林小玲，2007）。

福州旗山森林公园地处亚热带海洋性季风气候带，气候宜人，全年平均气温为 19.50 ℃左右，无霜期为 309 天左右，夏长无酷暑，冬短且少寒；雨量充沛，年均降水量 900～2 100 毫米；年相对湿度约为 77%。每年 4 月至 11 月是其最佳旅游时期。

森林公园境内山脉连绵，溪谷纵横，园内活立木总蓄积量为 273 714 立方米，森林覆盖率高达 92%（林小玲，2007），因此其森林旅游资源相当丰富。比如：这里岩壁林立，溪沟纵横，林木丰茂；有国家珍贵保护植物（南方红豆杉、刺桫椤等）；有成群结队的猕猴引游客逗趣，让您感受人与自然和谐相处的乐趣；有百龄的乐东拟单性木莲、柳杉王、古藤等；有列为国家级重点保护的野生动物云豹等 48 种（林小玲，2007）；有奇特的“地池湖”“天池湖”；有充满神话般绚丽色彩的动物命名的各类山峰；有竞相施展歌喉的各类鸟；还有总让游客流连忘返的瀑布群。

福州旗山森林公园有五大景区，均已对外开放。虽然已对其投入开发过，但是其各项配套设施仍然不够健全，旅游服务及接待设施等相对比较简陋，市场竞争力不够。目前旗山的游客来源主要为本地居民，仅有小部分来自福建省内其他地市的游客，省外游客很少。

8.2.2 直接使用价值

根据表 8-18 可知，2002 年至 2012 年福建省旗山森林公园旅游收入小幅度波动，2013 年较大幅度增长，2014 年急剧下降，2015 年以后缓慢回升，2017 年旅游收入急剧增长，同比增长 29 倍，达到 2 778.65 万元，增长速度很快。2002 年至 2013 年森林旅游人数也是小幅度波动，2014 年急剧增加，2015 年以后缓慢增长，2016 年达到 93.34 万人，2017 年又下降到 37.2 万人。

福建省旗山森林公园建设面积 2009 年为 1 295.67 公顷，2016 年为 939 公顷，其余年份为 3 587 公顷或 3 300 公顷。年末从业人数先增后减，变化较大，最少只有 16 人，最多达到 460 人，2017 年仅 62 人。本年投资只有 2010 年较多，达到 6 270 万元，2009 年为 1 080 万元，其他年度投资少，导致其基础设施建设不够完善。2017 年投资额较大幅度回升，达到 717.88 万元，同比增长 242.84%。

表 8-18 福建省旗山森林公园基本情况

年份	旅游人数（万人）	旅游收入（万元）	建设面积（公顷）	年末人数（人）	本年投资（万元）
2002	7	90	3 587	16	—
2003	10	126	3 587	130	130
2004	8	235	3 300	130	130
2005	—	—	3 300	—	—
2006	6	156	3 300	120	70
2007	6	153	3 300	200	415
2008	6	155	3 300	200	210
2009	10	175	1 295.67	71	1 080
2010	8	155	3 587	460	6 270
2011	3.6	61.41	3 587	460	119.6
2012	4.2	70.84	3 587	30	241

（续）

年份	旅游人数（万人）	旅游收入（万元）	建设面积（公顷）	年末人数（人）	本年投资（万元）
2013	7	281.32	3 587	80	174.29
2014	80	83.13	3 587	41	189.92
2015	88.9	87.29	3 587	43	199.42
2016	93.34	91.65	939	43	209.39
2017	37.2	2 778.65	3 587	62	717.88

注：表中数据来源于福建省林业统计年鉴。

根据 2017 年福建省森林公园建设经营情况统计表，2017 年旗山森林公园门票收入为 853.37 万元。直接使用价值按照森林公园门票收入计算，2017 年旗山森林公园的直接使用价值为 853.37 万元。

8.2.3　旗山国家森林公园游憩的描述性统计分析

8.2.3.1　样本游客的基本特征分析

（1）样本游客性别的描述性统计分析

如表 8－19 所示，在福州旗山国家森林公园内对 428 名游客进行实地访谈式问卷调查，其中男性有 281 人，占样本总数的 65.65%；女性有 147 人，占样本总数的 34.35%，男性游客人数明显多于女性（男性约是女性的 2 倍）。说明来旗山森林公园的游客以男性为主，这可能是因为男女双方在自身体质状况、冒险精神以及消费观念等方面存在差异（杨秀云，2012）。相对女性，男性更喜欢选择登山锻炼，挑战冒险，因此男性更愿意到陡峭的旗山森林公园游憩。

表 8－19　性别分布的描述性统计分析

性别	人数（人）	百分比（%）	累计百分比（%）
男	281	65.65	65.65
女	147	34.35	100

（2）样本游客年龄的描述性统计分析

如表 8－20 所示，到旗山森林公园旅游的主要年龄段集中在 19 岁至 25 岁，占样本总数的 47.66%，这个年龄段许多是学生，有空闲时间，利用周末和寒暑假出游，目的是放松身心、增长见识，同时结伴出游可以培养团队合作精神及集体感；26 岁至 35 岁的游客占样本总数的 25%，这可能是因为该年龄段人群消费观念较强，年轻身体状况好，闲暇时间相对较多；虽然 36 岁至 55

岁的游客收入状况相对稳定且比较可观，但由于其家庭事业压力、闲暇时间、身体健康状况等原因，所占的比例不高，仅达 12.15%；18 岁及以下的大多为高中及以下学生，其收入来源有限且学业繁重，所以其出游相对较少，仅占样本总数的 10.28%；56 岁及以上的人群更少，仅占 4.91%，这是由于老年人的身体状况不宜在陡峭的旗山森林公园旅游。可见，19 岁至 35 岁年龄段的人相对于其他年龄段来说，到陡峭的旗山森林公园旅游的概率要大，是旗山及其类似森林公园旅游宣传的主要对象。

表 8－20 年龄分布的描述性统计分析

年龄（岁）	百分比（%）	累计百分比（%）
≤18	10.28	10.28
19～25	47.66	57.94
26～35	25.00	82.94
36～55	12.15	95.09
56～65	4.67	99.76
≥66	0.24	100

（3）样本游客婚姻状况的描述性统计分析

从表 8－21 可知，旗山国家森林公园样本游客有 292 人未婚，占样本总数的 68%；已婚 136 人，占样本总数的 32%。这可能是由于已婚人员的家庭负担较重，闲暇时间相对较少。

表 8－21 婚姻状况的描述性统计分析

婚姻状况	人数（人）	百分比（%）	累计百分比（%）
已婚	136	32	32
未婚	292	68	100

（4）样本游客受教育程度的描述性统计分析

从表 8－22 可知，在受访的 428 名游客中，有 15 名是研究生学历，占比 3.51%；234 名是本科及大专学历，占比 54.67%；126 名是高中及中专学历，占比 29.44%；44 名是初中学历，占比 10.28%；9 名是小学学历，占比 2.10%。从中可以看出，本科及大专所占的比重最高，其他（按降序排序）依次为高中及中专、初中、研究生、小学。也就是说，到旗山森林公园旅游的大部分是大专及以上学历，旗山森林公园的管理人员应重视这类游客的市场需求。

表 8-22　受教育程度的描述性统计分析

学历	人数（人）	百分比（%）	累计百分比（%）
小学	9	2.10	2.10
初中	44	10.28	12.38
高中及中专	126	29.44	41.82
本科及大专	234	54.67	96.49
研究生	15	3.51	100

（5）样本游客职业的描述性统计分析

从表 8-23 可以看出，样本游客以企事业单位职员和学生为主，所占比例分别为 47.20%和 25.47%；另外，个体户占比 15.19%，公务员占比 6.54%，农民占比 1.40%，工人占比 0.93%，其他占比 3.27%。不同职业类型的游客，其收入水平、受教育程度以及闲暇时间等都不同，导致不同职业类型的游客旅游选择也存在差异。企事业单位职员有固定的工作时间及节假日，由于平常工作压力大及缺乏锻炼，因而在节假日会选择去旗山森林公园锻炼、踏青以缓解压力、放松心情。学生的闲暇时间较多，且生活压力和负担较轻，但是没有自己的收入来源；旗山森林公园紧靠福州大学城，大学生到旗山森林公园花费时间少，交通费也少，景区消费也较低，于是前来游玩的学生较多；而个体户工作忙，繁琐之事多，没有精力出去游玩，因此这类游客占比不高；工人和农民受其收入和文化水平限制，旅游的意识比较薄弱，因此较少前来旗山森林公园游憩。

表 8-23　游客职业的描述性统计分析

职业	工人	农民	学生	企事业职员	政府公务员	个体户	其他	合计
人数（人）	4	6	109	202	28	65	14	428
占比（%）	0.93	1.40	25.47	47.20	6.54	15.19	3.27	100

8.2.3.2　样本游客的收入分析

一般来说，每个人的旅游选择与其收入高低相关。相对而言，个人的月收入水平越高，旅游消费能力就越强。根据表 8-24 可知，游客平均月可支配收入 1 000 元至 2 000 元（不含 2 000 元）的有 176 人，占样本总数的 41.12%，占比最多；其次是 1 000 元以下的游客，有 122 人，占样本总数的 28.51%；月收入 2 000 元至 3 000 元（不含 3 000 元）的游客有 82 名，占样本总数的 19.16%；3 000 元至 5 000 元（不含 5 000 元）的样本游客有 35 人，占了 8.18%；5 000 元及以上的样本游客相对较少，仅占 3.03%。可见，大部分样本游客是中低收入者，这与旗山森林公园旅游的花费较低相吻合。

表 8-24　游客收入的描述性统计分析

收入（元/月）	人数（人）	百分比（%）	累计百分比（%）
<1 000	122	28.51	28.51
1 000～<2 000	176	41.12	69.63
2 000～<3 000	82	19.16	88.79
3 000～<5 000	35	8.18	96.97
5 000～<8 000	12	2.80	99.77
≥8 000	1	0.23	100

8.2.3.3　客源市场的地域特征分析

如表 8-25 所示，旗山森林公园的游客是以福州市及其周边地区居民为主，占样本总数的 87.85%；福建省内其他地区的游客仅占 4.21%；省外游客占了 7.94%。可见，旗山森林公园在省外和省内其他地区的知名度都低，主要是本地客源。这也说明进一步加强宣传是旗山森林公园未来的重点工作之一。

表 8-25　客源市场的地域特征分析

客源地	百分比（%）	累计百分比（%）
福州及周边	87.85	87.85
省内其他地区	4.21	92.06
省外	7.94	100

8.2.3.4　样本游客的旅游特性分析

（1）旅游目的的描述性统计分析

对 428 名游客的旅游目的进行统计分析，结果见表 8-26，可见出游目的主要是以锻炼和游览观光为主，其中锻炼的人数有 214 人，占样本总数的 50.00%；游览观光的游客有 141 人，占样本总数的 32.94%；休闲度假的游客占 12.85%；其他占 4.21%。由于旗山的地理位置优越，与福州市区距离较近，因此锻炼的人数较多。

表 8-26　旅游目的的描述性统计分析

旅游目的	人数（人）	百分比（%）	累计百分比（%）
旅游观光	141	32.94	32.94
休闲度假	55	12.85	45.79
锻炼	214	50.00	95.79
其他	18	4.21	100

（2）旅游次数的描述性统计分析

样本游客年均到旗山森林公园游憩次数见表 8－27 所示，它是旅行费用法 ITCM 模型中测算旗山森林公园游憩价值必不可少的因变量。每年 1 次和每年 2 次的样本游客较多，分别占样本总数的 50.5％和 20.3％，两者累计占 70.79％；约有一半是重游，部分样本对象（周边居民）是经常去，甚至每周都去。到旗山森林公园游憩的样本游客人均次数达 4.3 次/年，重游率高。进一步调查分析发现，82.47％的游客曾经游览过福州市及周边的其他森林公园或者森林游憩景点，可见这些游客经常选择游憩森林公园。

表 8－27　年旅游次数统计表

次数	1 次	2 次	3 次	4 次	每两三个月 1 次	每一两个月 1 次	每半个月至 1 个月 2 次	每一两周 1 次	每周两三次	有空每天	合计
人数（人）	216	87	36	53	5	11	9	7	3	1	428
百分比（％）	50.5	20.3	8.4	12.4	1.2	2.6	2.1	1.6	0.7	0.2	100
累计百分比（％）	50.5	70.8	79.2	91.6	92.8	95.3	97.4	99.1	99.8	100	100

（3）了解途径的描述性统计分析

随着信息技术的迅速发展，游客获取旅游信息的方式多种多样。如表 8－28 所示，通过对 428 名游客的调查发现，游客主要是通过亲朋好友介绍、网络和其他途径了解旗山森林公园，其中 49.30％的游客是亲朋好友介绍的；35.98％的游客是通过其他方式了解旗山公园的（这部分游客大多为当地居民），这两种方式占比高达 85.28％；通过网络途径的占样本总数的 10.51％；通过报纸杂志、政府宣传、电视广播、旅行社等途径的，分别占样本总数的 1.64％、0.93％、1.17％、0.47％。从这组数据可以看出，目前旗山森林公园通过报纸杂志、电视广播的宣传力度不够，也没有与旅行社开展密切合作。加之旗山森林公园在福州地区以外的知名度低，因此今后旗山森林公园的管理层可以通过以上途径加强宣传，让更多的人了解旗山森林公园，并且吸引他们前来游憩。

表 8－28　了解途径的描述性统计分析

途径	人数（人）	百分比（％）	累计百分比（％）
亲朋好友介绍	211	49.30	49.30
报纸杂志	7	1.64	50.94
政府宣传	4	0.93	51.87
电视广播	5	1.17	53.04
网络	45	10.51	63.55
旅行社	2	0.47	64.02
其他	154	35.98	100

(4) 对旗山了解程度的描述性统计分析

如表 8-29 所示，非常了解旗山森林公园（熟悉主要景点及其历史文化等）的游客比例不高，仅占样本总数的 5%；比较了解（熟悉主要景点）的游客占 29%；有一定了解，看过或者听过有关介绍的游客占 39%；没有多少了解的游客占 27%。由此可看出，游客对旗山森林公园的了解程度不高。

表 8-29 对旗山了解程度的描述性统计分析

了解程度	百分比（%）	累计百分比（%）
没有多少了解	27	27
有一定了解	39	66
比较了解	29	95
非常了解	5	100

8.2.3.5 样本游客满意度的描述性统计分析

如表 8-30 所示，49.77%的样本游客对旗山森林公园的总体情况满意度回答“一般”；对旗山森林公园的总体情况感到较为满意的游客占 41.36%；对旗山森林公园的总体情况感到非常满意、不满意、非常不满意的游客所占比例分别为 3.26%、5.14%、0.47%。可见，较少游客对旗山森林公园不满意，但是非常满意的也不多，说明满意度有待进一步提高。

表 8-30 游客满意度的描述性统计分析

满意度	人数（人）	百分比（%）	累计百分比（%）
非常不满意	2	0.47	0.47
不满意	22	5.14	5.61
一般	213	49.77	55.38
较为满意	177	41.36	96.74
非常满意	14	3.26	100

通过对感受不满意、非常不满意的游客进一步询问对卫生条件、园内交通条件、景观条件、娱乐设施、管理服务水平等方面的满意度（可以多项选择），其中 78%的样本游客对娱乐设施感到不满意；49%的样本游客对园内交通条件感到不满意；23%的样本游客对卫生条件感到不满意；16%的样本游客对管理服务水平感到不满意；对景观条件不满意的样本游客仅占 4.7%。从中可以看出，游客主要对旗山森林公园的娱乐设施及园内交通条件感到不满意。目前

除了旗山森林公园的主要景区——四大瀑布、月亮桥和索桥以外，其他一些景点的相关服务设施配套不够，如旗山森林公园部分地方的垃圾桶设置不够显眼且数量偏少，造成游客有意或无意地乱扔纸屑、塑料袋等生活垃圾，这在一定程度上影响了旗山森林公园的环境卫生形象，也造成了环境污染；园内道路建设不够完善，也是游客对旗山森林公园不太满意的原因。对景观条件不满意的样本游客占比最少，说明旗山森林公园景观条件较好。

8.2.3.6　非使用价值支付意愿的描述性统计分析

根据环境经济学理论，非使用价值包括选择价值、遗产价值和存在价值。本研究分别针对这些非使用价值，对样本游客进行问卷调查。根据游客对旗山森林公园的非使用价值支付意愿和 WTP 值的调查分析结果，愿意为保护旗山森林公园的非使用价值支付费用的有 324 人，占样本总数的 76%；不愿意支付的游客有 104 人，占样本总数的 24%（表 8 - 31）。可见，大部分游客愿意为旗山森林公园非使用价值的保护支付费用。

表 8 - 31　是否愿意支付的描述性统计分析

支付意愿	人数（人）	百分比（%）	累计百分比（%）
不愿意	104	24	24
愿意	324	76	100

对于不愿意支付的 104 名游客，进一步询问其原因，并对问卷结果进行统计分析（表 8 - 32），发现 45.79%的游客认为应由政府或旅游企业支付；27.57%的游客因个人收入有限，没有能力支付；15.42%的游客担心所支付费用很可能用不到保护上；6.54%的游客认为门票费高，门票中已经包含该价值；3.97%的游客认为居住地远离此地，难以享用非使用价值；0.71%的游客是其他原因。

表 8 - 32　不愿意支付的原因分析

拒付原因	人数（人）	百分比（%）	累计百分比（%）
收入有限，无能力支付	118	27.57	27.57
所支付费用很可能用不到保护上	66	15.42	42.99
保护费用由政府、旅游企业支付	196	45.79	88.78
门票费高，应该包括保护费用	28	6.54	95.32
居住地较远	17	3.97	99.29
其他	3	0.71	100

8.3 猫儿山国家森林公园游憩的直接使用价值研究

8.3.1 概况

猫儿山国家森林公园位于三明市泰宁县境内，地处大金湖中心，因山石似猫而得名。1997 年 9 月被福建省林业厅审定为省级森林公园，2000 年 2 月晋升为国家级森林公园。森林公园面积 2 560 公顷，主要有金猫山景区、鹤鸣山景区、黄家湖景区和平湖景区。

泰宁猫儿山国家森林公园游憩资源十分丰富，森林植被翠绿繁茂，峰岩瀑泉各具神韵，各种人文景观引人入胜，森林覆盖率高达 90%。物种资源丰富，有各种野生植物、珍稀树种 102 科 360 余种，其中国家保护的植物有水杉、红豆杉、长叶槐、乌干枥、红茶树等 10 余种；有各种珍贵的野生动物 30 余种。森林公园属典型的丹霞地貌，由于地质构造、流水侵蚀、崩塌和风化作用，使森林公园内山峰平地拔起，峭拔奇特。森林公园地处平湖环抱之中，几乎山山有泉瀑，谷谷有溪涧。森林公园历史悠久，长期流传着许多生动有趣、想象奇特的民间传说，有较大的民俗学价值、文化价值和景观价值。森林公园气候宜人，冬无严寒，夏日凉润，秋高气爽，春暖花香，空气质量优良，山泉清澈甘甜，尤其负氧离子含量高，堪称泰宁金湖“天然氧吧”。

8.3.2 直接使用价值

从表 8－33 可知，2002 年猫儿山国家森林公园的旅游收入为 36 万元，2017 年旅游收入为 14.11 万元，可见旅游收入显著下降。2002 年至 2008 年，猫儿山国家森林公园的旅游收入变化幅度不大，2009 年急剧上升，达到最大值 428.08 万元，2010 年又急剧下降，之后缓慢增减交替波动。

从表 8－33 可知，2002 年猫儿山国家森林公园的旅游人数为 26 万人，2017 年旅游人数仅为 0.35 万人，下降很多。2003 年猫儿山国家森林公园的旅游人数变化也很大，急剧下降。2004 年后，变化比较缓慢，总体呈下降趋势。近几年旅游人数都很少。

从表 8－33 可知，猫儿山国家森林公园建设面积 2009 年最大，达到 5 735 公顷，2015 年至 2016 年为 4 573 公顷，其余年份均为 2 560 公顷；年末从业人数 2009 年减少最多，2012 年次之，其余年份缓慢增减交替波动，2017 年年末从业人数仅 20 人；本年投资最多年份只有 130 万元，最少是 2008 年仅 2 万元，年均投资仅为 33 万元，2017 年投资 51 万元，投资严重不足，基础设施建设相对落后。

表 8-33　福建省猫儿山森林公园基本情况

年份	旅游人数（万人）	旅游收入（万元）	建设面积（公顷）	年末从业人数（人）	本年投资（万元）
2002	26	36	2 560	25	—
2003	2	60	2 560	23	130
2004	4	53	2 560	25	35
2005	3.04	90	2 560	30	24
2006	2	67	2 560	20	16
2007	2.2	66	2 560	35	5
2008	1.7	51	2 560	35	2
2009	1.1	428.08	5 735	6	60
2010	1.2	48	2 560	28	46
2011	1.3	52	2 560	26	54
2012	2	81.2	2 560	12	60
2013	1.9	16.86	2 560	12	3
2014	0.2	6.72	2 560	20	3
2015	0.2	8.68	4 573	20	3
2016	0.65	26	4 573	20	3
2017	0.35	14.11	2 560	20	51

注：表中数据来源于福建省林业统计年鉴。

根据 2017 年福建省森林公园建设经营情况统计表，2017 年猫儿山森林公园门票收入为 14.11 万元。直接使用价值按照门票收入计算，2017 年猫儿山森林公园的直接使用价值为 14.11 万元。

8.4　福州国家森林公园游憩的直接使用价值研究

8.4.1　概况

福州国家森林公园原名福州树木园，是集科研和游览于一体的综合性公园。其三面环山，一面临水，呈长方形，最高处的笔架山海拔 643 米，最低海拔仅 47 米。

福州国家森林公园有多种国家一类保护的珍稀植物，如“活化石”水杉，“中国鸽子树”珙桐，数量很少的“林中巨人”望天树。还有“茶族皇后”金花茶和世界最古老的活化石、人称古森林遗迹的桫椤，以及世界著名的巨树之一，被称作“万木之王”的秃杉。园内受国家二类保护的珍稀植物也有多种，如银杏、连香树、普陀鹅耳枥、杜仲、伯乐树、夏蜡梅、长瓣短柱茶、云南山茶、海南粗榧等。

由于地理环境和森林的防护效应，形成了公园内特有的小气候。这里冬暖夏凉，夏季平均气温比福州市区低 3～5 ℃。森林释放出大量的氧气和负氧离子，吸引了众多市民前来感受“森林浴”，被誉为“福州市最大的天然氧吧”和“福州之肺”。

8.4.2 直接使用价值

从表 8-34 可知，2002 年福州国家森林公园的旅游人数为 10.5 万人，2017 年旅游人数为 523 万人，增长了 40 多倍，其中 2003 年、2008 年、2009 年增长率较高，旅游人数整体呈上升趋势。旅游收入变化缓慢，呈增减波动趋势，波动幅度不大，2002 年福州国家森林公园的旅游收入为 1 285 万元，2017 年旅游收入为 476.53 万元，下降了一半多，主要原因是从前有收门票费，近几年没有收门票费。

表 8-34 福州国家森林公园基本情况

年份	旅游人数（万人）	旅游收入（万元）	建设面积（公顷）	年末人数（人）	本年投资（万元）
2002	10.5	1 285	859.33	155	—
2003	85	1 285	41 815	180	510
2004	110	2 251	41 815	135	1 241
2005	90	842	41 815	200	1 463
2006	100	1 353	41 815	165	2 142
2007	112	1 495	41 814.5	250	1 605
2008	200	1 169	41 814.5	200	2 380
2009	415	927	41 814.5	159	3 230
2010	350	810	2 891	200	3 220
2011	430	575	2 891	235	3 680
2012	430	1 105	2 891	458	4 949
2013	451	1 114.32	2 891	458	5 117.09
2014	450	1 142	2 891	126	4 405.51
2015	456.40	928.70	1 704.6	121	3 883.06
2016	479.22	975.14	1 704.6	121	4 077.21
2017	523	476.53	2 891	116	4 988.3

从表 8-34 可知，福州国家森林公园建设面积变化大，2003 年急剧增加，

2010 年急剧减少，2017 年建设面积为 2 891 公顷；年末从业人员先增后减，2017 年减少到最小值，为 116 人；本年投资呈现交替波动上升趋势，2009 年开始每年投资额都在 3 000 万元以上，2017 年投资额为 4 988.3 万元，与福建省其他国家森林公园相比，投资较大。

根据 2017 年福建省森林公园建设经营情况统计表，2017 年福州国家森林公园门票收入为 0（门票免费），直接使用价值按照门票收入计算，2017 年福州国家森林公园的直接使用价值为 0。也有学者认为直接使用价值按照旅游收入计算，2017 年福州国家森林公园的旅游收入为 476.53 万元。

9 福建省森林公园游憩的间接使用价值研究

9.1 天阶山国家森林公园游憩的间接使用价值研究

旅行费用法（Travel Cost Method，TCM）是揭示偏好评估法的代表，即通过个人行为结果来分析判断个人偏好，主要用于森林公园、风景名胜区、游乐休闲场所的使用价值评估。TCM 以消费者剩余理论为基础，通过计算游客往返于景区所支付的所有费用（交通费、食宿费等）和花费的时间，建立游憩需求与游憩费用之间的需求曲线，然后利用该需求函数计算出游客的消费者剩余（徐赫，2010）。

TCM 可以分为区域旅行费用模型（Zonal Travel Cost Model，ZTCM）和个人旅行费用模型（Individual Travel Cost Model，ITCM）。ZTCM 的研究对象是跨区域的集合数据，将客源地划分为若干区域，到访率用各个客源区到景点的旅游次数来表示，以各个客源区的到访率为因变量，以各个客源区的平均旅行费用及其他变量为自变量，建立旅游需求函数（Ciriacy Wantrup，1947）。ZTCM 假设来自同一客源区的所有人行为一致，即相同客源区的所有游客偏好相同，旅行费用相同，是一种比较理想化的状态。而 ITCM 的研究对象是个人，根据个人的旅行费用数据进行分析，强调用个人数据来推算整个模型，到访率用每个游客到景点的旅游次数来表示。

9.1.1 变量解释及模型构建

Tobit 模型最先由詹姆斯·托宾提出，是一种因变量受到限制的模型，因此一些学者也把它称为限值因变量模型（达摩达尔·古扎拉蒂，2009）。如果因变量只有大于一定数值或者小于一定数值时才能被观测到，或者说，因变量的取值范围受到限制，不可能取到范围之外的数值，那么，采用普通最小二乘法来分析，可能会使数据无法完整地呈现，从而导致估计结果出现偏差，在这种情况下，Tobit 模型是一个更好的选择（张甜，2014）。如果把游客的游憩次数作为因变量，该因变量的取值范围最小只能取 0，就可以采用 Tobit 模型分析游客到森林公园的游憩次数及其影响因素。Tobit 模型的表达式如下所示（达摩达尔·古扎拉蒂，2012）：

$$Y_i^* = \beta_0 + \beta_1 X_{1i} + \beta_2 X_{2i} + \cdots + \beta_n X_{ni} + \mu_i \qquad (9-1)$$

$$Y_i = \begin{cases} 0 & (Y_i^* \leqslant 0) \\ Y_i^* & (Y_i^* > 0) \end{cases} \tag{9-2}$$

公式（9-1）中 Y_i^* 为潜在的被解释变量，表示实际观测值。公式（9-2）中 Y_i 为被解释变量，若 $Y_i^*>0$，则 $Y_i=Y_i^*$，此时 Y_i 是无限制观测值；若 $Y_i^* \leqslant 0$，则 $Y_i=0$，此时 Y_i 是受限制观测值。i 代表不同的游客；β_0 表示常数项；X_{ni} 表示解释变量；β_n 表示各个影响因素的系数；μ_i 表示误差项，服从标准正态分布。

结合文献综述和理论分析，本研究针对游憩次数的影响因素提出如下假设：①年龄。由于福建省森林公园基本上都是山高路陡，所以假设年龄会显著影响游客到森林公园的游憩次数。②性别。假设性别对游客游憩次数具有显著正向影响，即男性更喜欢到森林公园进行登山运动，游憩次数更多。③婚否。假设婚否对游客游憩次数具有显著负向影响，因为结婚后家庭事务增加，尤其是小孩出生后，到森林公园游憩次数会更少。④受教育程度。假设受教育程度对游客游憩次数具有显著负向影响，天阶山森林公园的游客大部分来自本地区，受教育程度高的游客更多选择远处旅游，甚至出国旅游。⑤居住地点。居住地点越近，游憩越方便，而且旅行费用更低，花费时间也更少，游憩次数也就越多。假设居住地点对游客游憩次数具有显著负向影响。⑥月收入。月收入越高，表明越有经济能力旅行，游憩次数越多。假设月收入与游憩次数正相关。⑦旅行费用。旅行费用越少，每次旅行成本越低，游憩次数越多。假设旅行费用对游客游憩次数具有显著负向影响。⑧了解程度。对森林公园越了解，越能发现森林公园的美景价值和文化价值，游憩次数越多。假设了解程度对游客游憩次数具有显著正向影响。⑨满意度。对森林公园的卫生条件、交通条件、景观条件、娱乐设施、管理服务水平越满意，再次旅游的欲望越强烈，游憩次数越多。假设卫生条件满意度、交通条件满意度、景观条件满意度、娱乐设施满意度、管理服务水平满意度均对游客游憩次数具有显著正向影响。

本研究采用随机抽样的方法，对将乐天阶山国家森林公园的游客进行问卷调查。调查问卷总共 150 份，其中有效问卷 145 份，问卷有效率为 96.67%。问卷主要包括四个方面的内容：第一部分是游客的基本情况调查，包括年龄、性别、婚否、受教育程度等；第二部分是旅游费用调查；第三部分是游客满意度调查；第四部分是游客支付意愿调查，详见附录 2-1 的调查问卷。

本研究采用 Tobit 模型，选择游憩次数（Y）作为因变量，选择年龄（X_1）、性别（X_2）、婚否（X_3）、受教育程度（X_4）、居住地点（X_5）、月收入（X_6）、旅行费用（X_7）、了解程度（X_8）、卫生条件满意度（X_9）、交通条件满意度（X_{10}）、景观条件满意度（X_{11}）、娱乐设施满意度（X_{12}）、管理服务水平满意度（X_{13}）作为自变量，构建 ITCM 模型，分析游憩次数（旅游需求）

的主要影响因素。具体变量及解释见表 9－1。

表 9－1　变量及解释

变量	假设	解释及赋值
因变量 Y		游客平均每年到天阶山国家森林公园的游憩次数
自变量 X_1	＋	18 岁及以下＝1；19 岁至 25 岁＝2；26 岁至 35 岁＝3；36 岁至 55 岁＝4；56 岁至 65 岁＝5；66 岁及以上＝6
X_2	＋	男＝1；女＝0
X_3	－	已婚＝1；未婚＝0
X_4	－	小学＝0；初中＝1；高中＝2；中专＝3；大专＝4；本科＝5；研究生及以上＝6
X_5	－	三明地区＝1；省内其他地区＝2；省外＝3
X_6	＋	2000 元以下＝1；2000 元至 3999 元＝2；4000 元至 5999 元＝3；6000 元至 7999 元＝4；8000 元及以上＝5
X_7	－	游客在旅行过程中的直接花费，实际数（元）
X_8	＋	相当了解＝3；比较了解＝2；有一定了解＝1；没有多少了解＝0
X_9	＋	非常满意＝4；较为满意＝3；一般＝2；不满意＝1；非常不满意＝0
X_{10}	＋	非常满意＝4；较为满意＝3；一般＝2；不满意＝1；非常不满意＝0
X_{11}	＋	非常满意＝4；较为满意＝3；一般＝2；不满意＝1；非常不满意＝0
X_{12}	＋	非常满意＝4；较为满意＝3；一般＝2；不满意＝1；非常不满意＝0
X_{13}	＋	非常满意＝4；较为满意＝3；一般＝2；不满意＝1；非常不满意＝0

根据表 9－1，可得如下需求函数模型：

$$Y_i = f\ (X_{1i},\ X_{2i},\ X_{3i},\ X_{4i},\ X_{5i},\ X_{6i},\ X_{7i},\ X_{8i},\ X_{9i},\ X_{10i},\ X_{11i},\ X_{12i},\ X_{13i})$$

9.1.2　模型的回归分析

对问卷调查所得的数据进行整理赋值后，利用 Stata 12.0 软件，运用 Tobit 模型进行估计，分析上述自变量对天阶山国家森林公园游憩次数的影响，计量结果如表 9－2 所示，模型的 P 值（Prob＞chi2）＝0.000 0＜0.05，说明模型整体显著。各个自变量对天阶山国家森林公园游憩次数的影响具体如下：①居住地点的显著性水平为 0.001，即在 1％显著性水平上对游憩次数具有显著负向影响，回归系数为－3.070 62，也就是说，居住地点离天阶山森林公园越近，游憩次数越多，与前述理论假设一致。因此，天阶山国家森林公园的营销策略应该主要针对居住地点较近的居民，可以在本省做一些宣传推介。②旅行费用显著性水平为 0.024，即在 5％显著性水平上对游憩次数具有显著负向影响，回归系数为−0.002 498 4，也就是说，旅行费用越少，游憩次数越多，与前述理论假设一致。③了解程度显著性水平为0.000，即在1%显著性水平上对游憩次数具有显著正向影响，回归系数为1.861 72，也就是说，对森林公园越了解，游憩次数就越多，与前述理论假设一致。可见宣传的重要性，可以运用网络、新媒体进行宣传，通过微信公众号进行宣传。④卫生条件满意度显著性水平为0.033，即在5%显著性水平上对游憩次数具有显著正向影响，回归系数为1.006 429，也就是说，卫生条件满意度越高，游憩次数越多，与前述理论假设一致。可见，天阶山国家森林公园应该注重卫生条件的改善，增设卫生设施，增加卫生人员，提升卫生服务质量，改善游客对公园的印象，以提高游客对森林公园的满意度，从而增加游憩人次。其余自变量对游憩次数影响不显著。

表9-2　计量结果

	回归系数	估计标准误	t值	P值#	95%置信区间	
年龄X_1	0.273 238	0.591 976 7	0.46	0.645	−0.897 750 4	1.444 227
性别X_2	−0.433 841 2	0.944 954 3	−0.46	0.647	−2.303 054	1.435 372
婚否X_3	0.586 232 9	1.269 838	0.46	0.645	−1.925 632	3.098 098
受教育程度X_4	0.073 841 7	0.308 560 1	0.24	0.811	−0.536 520 7	0.684 204 1
居住地点X_5	−3.070 62	0.903 972	−3.4	0.001	−4.858 766	−1.282 474
月收入X_6	0.104 945 2	0.470 892	0.22	0.824	−0.826 525 7	1.036 416
旅行费用X_7	−0.002 498 4	0.001 093 5	−2.28	0.024	−0.004 661 5	−0.000 335 2
了解程度X_8	1.861 72	0.482 485	3.86	0.000	0.907 316 9	2.816 123
卫生条件满意度X_9	1.006 429	0.466 428 4	2.16	0.033	0.083 787 7	1.929 071
交通条件满意度X_{10}	−0.303 242 9	0.564 479 4	−0.54	0.592	−1.419 839	0.813 353 1
景观条件满意度X_{11}	−0.485 577 5	0.670 357 1	−0.72	0.47	−1.811 61	0.840 455 2
娱乐设施满意度X_{12}	−0.423 335 7	0.454 985 3	−0.93	0.354	−1.323 342	0.476 670 3
管理服务水平满意度X_{13}	−0.253 863 4	0.545 123	−0.47	0.642	−1.332 171	0.824 443 8
C	3.436 794	3.018 192	1.14	0.257	−2.533 488	9.407 076
Number of obs=145						
LR chi2（13）=101.03						
Prob>chi2=0.000 0						
Log likelihood=−159.061 16						
Pseudo R2=0.241 0						

注：# 表示显著性水平。

根据上述计量分析结果，可以构建如下需求函数：

$$Y_i = 3.436\,794 - 3.070\,62X_5 - 0.002\,498\,4X_7 + 1.861\,72X_8 + 1.006\,429\,X_9 \quad (9-3)$$

9.1.3 基于消费者剩余理论的天阶山森林公园的间接使用价值测算

根据消费者剩余理论，旅游资源的游憩价值计算公式为：旅游资源的游憩价值=消费者支出+消费者剩余（Robert P，Anex，1995）。消费者支出是指游客旅行费用的实际支出，包括交通、住宿、饮食等费用，旅行时间成本和其他附属费用（摄影、购物等）（张红霞，苏勤，2011）。

9.1.3.1 旅行费用的测算

旅行费用包括直接旅行费用和间接旅行费用两部分。直接旅行费用是游客本次旅行实际支付的所有费用，包括交通费、食宿费、娱乐费等（本研究这里不包括门票，门票在第 8 章直接使用价值中已经论述，下同），可以通过问卷调查数据整理得到。间接旅行费用是指旅游的时间成本，一般用机会成本替代。对于天阶山森林公园的游客来说，在游玩的这一段时间丧失了从事其他工作获取收入的机会。旅游的时间包括旅行时间和游览时间，已有的研究大多将时间花费折算为货币，目前主要有按每小时工资的 1/3 计算和按每小时工资的 1/4 计算两种，前者更普遍，因此本研究参照每小时工资的 1/3 估算游客旅游的时间成本（蔡秀飞，2012）。

旅行费用的计算公式为：

旅行费用=每年游憩次数×(每次直接旅行费用+每次时间成本) （9－4）

公式（9－4）中的时间成本计算公式为：

时间成本=1/3×旅游时间×（游客月收入/22/24） （9－5）

根据样本调查数据可计算出直接旅行费用平均为 1 034.59 元，并且根据公式（9－5）和样本数据计算（每月扣除周末，按照 22 天计算；1 天按照 24 小时计算）得到人均时间成本约为 22.82 元。根据表 8－7 中的样本数据可以计算出游客人均每年游憩次数为 2.08 次，然后按照公式（9－4）计算出样本游客旅行费用为 2 199.41 元/（年・人）。

9.1.3.2 消费者剩余的测算

依据 Huang（2004）关于福利经济学的研究推导结果，消费者剩余计算公式如下（郑江帏，2009）：

$$\mathrm{CS} = -\frac{\hat{V}_i^{\,2}}{2\beta_1} \quad (9-6)$$

公式（9-6）中，分母 β_1 表示旅行费用的回归系数，分子 $\hat{V}_i$ 表示简化处理后的游客游憩次数，用样本游客的平均游憩次数来表示。根据问卷调查数据，天阶山国家森林公园的游客人均游憩次数 V_i 为 2.08 次/年，通过计量得到旅行费用的回归系数 β_1 为－0.002 498 4（表 9-2），因此，可以计算得到天阶山国家森林公园的人均消费者剩余 CS。

$$CS=-2.08^2/[2\times(-0.0024984)]=865.83\text{元}$$

9.1.3.3 间接使用价值的测算

依据理论分析，天阶山国家森林公园的间接使用价值由消费者剩余和旅行费用两部分构成（张红霞，苏勤，2011），根据计算结果，人均消费者剩余为 865.83 元，人均旅行费用为 2 199.41 元，因此天阶山国家森林公园的人均游憩间接使用价值为二者之和，即 3 065.24 元。

根据福建省林业统计年鉴，2017 年天阶山国家森林公园的游客量为 21.8 万人（表 8-1），据此求得天阶山国家森林公园 2017 年游憩资源的间接使用价值＝3065.24×21.8＝66822.23 万元。

9.2 旗山国家森林公园游憩的间接使用价值研究

9.2.1 变量解释及模型构建

本研究选择游憩次数（Y）为因变量，来表示旅游需求，选择旅行费用（X_1）、居住地点（X_2）、月收入（X_3）、受教育程度（X_4）、性别（X_5）、年龄（X_6）、婚否（X_7）、了解程度（X_8）、旅游满意度（X_9）作为自变量，建立 ITCM 模型，具体变量及解释见表 9-3。

根据表 9-3，需求函数模型可以表示为：

$$Y_i=f(X_{1i}, X_{2i}, X_{3i}, X_{4i}, X_{5i}, X_{6i}, X_{7i}, X_{8i}, X_{9i}) \quad (9-7)$$

表 9-3 模型中相关变量的定义及赋值

变量	假设	解释及赋值
Y		旅游者平均每年到旗山森林公园的游憩次数
X_1	－	游客在旅行过程中的花费
X_2	－	福州市区及周边地区＝1；省内其他地区＝2；省外＝3
X_3	＋	1000 元以下＝1；1000 元至 1999 元＝2；2000 元至 2999 元＝3；3000 元至 4999 元＝4；5000 元及以上＝5
X_4	－	小学及以下＝1；初中＝2；高中及中专＝3；本科及大专＝4；研究生＝5
X_5	＋	女＝0；男＝1

（续）

变量	假设	解释及赋值
X_6	+	18 岁及以下=1；19 岁至 25 岁=2；26 岁至 35 岁=3；36 岁至 55 岁=4；56 岁至 65 岁=5；66 岁及以上=6
X_7	−	未婚=0；已婚=1
X_8	+	非常不了解=1；不了解=2；一般了解=3；了解=4；非常了解=5
X_9	+	非常不满意=1；不满意=2；一般=3；满意=4；非常满意=5

9.2.2 计量结果分析和解释

运用 SPSS17.0 对年游憩次数的影响因素进行多元回归分析。假设游客的年游憩次数的影响因素包括游客的旅行费用、个人特征、经济状况、对旗山的了解程度、满意度等（详见本章 9.1.1 变量解释及模型构建中的论述），对问卷调查所得的数据进行汇总，并且进行逐步多元回归分析，回归最终结果见表 9-4、表 9-5 和表 9-6。

由表 9-4 可知，R^2 为 0.845，调整后的 R^2 为 0.844。R^2 值越接近 1，模型整体的拟合度越高，因此，可以看出所构建的模型整体拟合度较高。

表 9-4　模型整体参数

模型	R	R^2	调整后 R^2	标准估计的误差
5	0.919	0.845	0.844	1.031

注：预测变量：（常量），居住地点，旅行费用，受教育程度，满意度，月收入。

通过表 9-5 对模型的均方差进行计算、分析，得出模型整体的 Sig=0.000，表明模型是显著的（杨秀云，2012）。

表 9-5　方差分析表

模型		方差和	自由度	均方差	检验值 F	显著性水平
5	回归	2 394.861	5	478.972	450.649	0.000
	残差	437.895	422	1.063		
	总计	2 832.756	427			

注：预测变量：（常量），居住地点，旅行费用，受教育程度，满意度，月收入；因变量：游憩次数。

模型的回归分析结果如表 9-6 所示：①游客的居住地点、旅行费用、受教育程度在 1%显著性水平上对游憩次数具有显著负向影响，回归系数分别为

−4.953、−0.025和−0.215。也就是说，居住地点离森林公园越近，游憩次数越多；旅行费用越高，旅游越次越少；受教育程度越高，到福州市近郊旗山森林公园游憩次数越少，这与表9-3预期假设一致。②游客月收入在1%显著性水平上对游憩次数具有显著正向影响，即经济收入越高，游憩次数越多，这与表9-3预期假设一致。③游客对森林公园的满意度在1%显著性水平上对游憩次数具有显著正向影响，也就是说满意度越高，游憩次数越多，这与表9-3预期假设一致。

表9-6　回归结果

模型		非标准化系数		标准系数	t值	显著性水平
		系数	标准误差			
5	（常量）	12.830	0.526	—	27.531	0.000
	居住地点	−4.953	0.203	−0.577	−24.411	0.000
	旅行费用	−0.025	0.001	−0.470	−20.297	0.000
	受教育程度	−0.215	0.057	−0.083	−3.793	0.000
	满意度	0.350	0.107	0.067	3.282	0.001
	月收入	0.087	0.034	0.054	2.578	0.010

根据以上回归分析结果，构建的需求函数表达式为：

$$Y_i = 12.830 - 0.025X_1 - 4.953X_2 + 0.087X_3 - 0.215X_4 + 0.350X_9 \quad (9-8)$$

9.2.3　基于消费者剩余理论的旗山森林公园的间接使用价值测算

9.2.3.1　旅行费用的测算

旅行费用包括直接旅行费用和间接旅行费用两个部分。直接旅行费用是游客本次旅行实际支付的费用，包括交通费、食宿费、娱乐费、乘坐缆车、摄影等，可以通过调查问卷数据整理得到。间接旅行费用是指旅游的时间成本，一般用机会成本替代。

一般情况下，交通费用在很大程度上影响年游憩次数，因此，对交通费用的核算应尽量详细。针对游客可能使用的交通工具，计算过程如下：①对于自驾车到旗山森林公园的游客，由于直接交通费用数据不易获取，用交通工具每公里的耗油费乘以驾车距离，以此估算交通费用。根据问卷调查结果，小汽车耗油费为每小时0.5元至0.8元，本研究取值0.7元；摩托车每小时的耗油费为0.11元至0.13元，本研究取值0.12元（杨净，2010）；行车距离的估算是按照游客回答或游客的出发地点进行计算。②对于乘坐公共交通工具前往旗山森林公园的游客，可以直接通过口头询问来获取相关数据。此外，对于步行或骑自行车到旗山森林公园的游客，可将其交通费用视为 0 元。根据样本调查数据，游客到旗山森林公园的交通费用如表 9－7 所示，可以计算出人均交通费用为 53 元。

表 9－7　样本游客交通费用分析表

费用（元）	<10	10～<50	50～<100	100～<150	150～<200	合计
人数（人）	10	284	121	10	3	428
占比（%）	2.34	66.36	28.27	2.34	0.70	100

对样本游客调查数据进行加权平均，可以计算出旗山森林公园的人均景区消费为 23 元。综上所述，样本游客人均直接旅行费用为 53＋23＝76 元。

根据时间成本的计算公式（9－5）和样本调查数据，旗山森林公园样本游客的人均时间成本为 20 元。根据公式（9－4）计算，样本游客旅行费用为 4.3×（76＋20）＝412.8 元/（年・人）。

9.2.3.2　消费者剩余的测算

根据本章节多元回归分析构建的需求方程和以下消费者剩余公式，可以计算出消费者剩余（郑江帏，2009）。

$$CS=\frac{\hat{V}_i}{2\beta_1} \tag{9-9}$$

公式（9－9）中，分母 β_1 表示旅行费用的回归系数，分子 $\hat{V}_i$ 表示简化处理后的游客游憩次数，可以用样本游客的平均游憩次数来表示。根据样本问卷调查数据，旗山森林公园的游客游憩总次数达到 1 840 次/年，样本总数为 428 人，人均次数达 4.3 次/年；旅行费用的回归系数为－0.025（表 9－6），按照公式（9－9）可计算出旗山森林公园游客的消费者剩余 CS＝－4.3×4.3/[2×(－0.025)]＝369.8 元。

9.2.3.3　间接使用价值的测算

旗山森林公园游憩资源的间接使用价值包含了两个部分，一部分是游客的消费者剩余，另一部分则为游客到旗山森林公园游玩所花费的旅行费用。按照前述方法，由问卷调查数据整理和计算得出，旗山森林公园样本游客的旅行费用人均花费为 412.8 元。人均游憩间接使用价值为两者之和，由此可推算出旗山国家森林公园游客人均游憩间接使用价值为 782.6 元。

根据福建省林业统计年鉴，2017 年旗山森林公园旅游人数为 37.2 万人（表 8－18），因此，福州旗山森林公园 2017 年游憩资源的间接使用价值＝(CS＋COST)×N＝(369.8＋412.8）×37.2＝29 112.72 万元。

10 福建省森林公园游憩的非使用价值研究

10.1 天阶山国家森林公园游憩的非使用价值研究

10.1.1 天阶山国家森林公园的非使用价值估算

本研究运用条件价值法，通过实地访谈式问卷调查获得游客对天阶山国家森林公园非使用价值的支付意愿值（Willingness to Pay，简称 WTP）。

对于人均 WTP 值的估计，国内外学者大多采用平均数或中位数来计算（王胜男，2011）。本研究采用平均数估算。通过计算样本游客支付意愿值的平均数，即 WTP 值的平均值，来估算森林游憩的非使用价值。按照平均数估算 WTP 的公式如下（王胜男，2011）：

$$WTP_a = E(WTP) = \sum b_i P_i \tag{10-1}$$

公式（10－1）中：WTP_a 表示 WTP 值的平均值，b_i 表示游客选择的第 i 个支付意愿值；P_i 表示游客选择第 i 个支付意愿值的概率。

森林游憩的非使用价值计算公式如下：

$$P_{NUV} = WTP_a \times N \tag{10-2}$$

公式（10－2）中：P_{NUV} 表示非使用价值总值，WTP_a 表示 WTP 值的平均值，N 表示游憩总人数。

通过整理调查问卷数据，分别得到天阶山森林游憩的非使用价值和选择价值、遗产价值、存在价值的支付意愿值及其所对应的支付意愿值的概率，然后利用公式（10－1），分别求得：

①非使用价值的 WTP 值的平均值＝64.12 元/人

②选择价值的 WTP 值的平均值＝22.05 元/人

③遗产价值的 WTP 值的平均值＝21.63 元/人

④存在价值的 WTP 值的平均值＝20.44 元/人

2017 年将乐天阶山国家森林公园的游客量为 21.8 万人次，根据非使用价值、选择价值、遗产价值和存在价值的 WTP 值的平均值，利用公式（10－2），可以计算出天阶山国家森林公园游憩的非使用价值＝21.8×64.12＝1 397.82 万元，其中选择价值为 480.71 万元，占非使用价值的 34.39%；遗产价值为 471.48 万元，占非使用价值的 33.73%；存在价值为 445.63 万元，占非使用价值的 31.88%。

可见，天阶山国家森林公园游憩的非使用价值（支付意愿值）低，以下就分析其原因，即受哪些因素影响。

10.1.2 天阶山国家森林公园非使用价值的影响因素分析

10.1.2.1 变量解释及模型构建

本研究将样本游客对天阶山国家森林公园的非使用价值的支付意愿值（Y）作为因变量，将年龄（X_1）、性别（X_2）、婚否（X_3）、受教育程度（X_4）、居住地点（X_5）、月收入（X_6）、旅行费用（X_7）、了解程度（X_8）、卫生条件满意度（X_9）、交通条件满意度（X_{10}）、景观条件满意度（X_{11}）、娱乐设施满意度（X_{12}）、管理服务水平满意度（X_{13}）作为自变量，建立 Tobit 回归模型，找出影响游客对森林公园非使用价值支付意愿值的关键因素。具体变量的解释及赋值如表 10－1 所示。

表 10－1 变量解释及赋值

变量	假设	变量赋值
Y		游客对天阶山国家森林公园非使用价值的支付意愿值
X_1	+	游客的实际年龄
X_2	+	男＝1；女＝0
X_3	+	已婚＝1；未婚＝0
X_4	+	小学＝0；初中＝1；高中＝2；中专＝3；大专＝4；本科＝5；研究生及以上＝6
X_5	－	三明地区＝1；省内其他地区＝2；省外＝3
X_6	+	游客每月收入实际值
X_7	－	游客在旅行过程中的总花费
X_8	+	相当了解＝3；比较了解＝2；有一定了解＝1；没有多少了解＝0
X_9	+	非常满意＝4；较为满意＝3；一般＝2；不满意＝1；非常不满意＝0
X_{10}	+	非常满意＝4；较为满意＝3；一般＝2；不满意＝1；非常不满意＝0
X_{11}	+	非常满意＝4；较为满意＝3；一般＝2；不满意＝1；非常不满意＝0
X_{12}	+	非常满意＝4；较为满意＝3；一般＝2；不满意＝1；非常不满意＝0
X_{13}	+	非常满意＝4；较为满意＝3；一般＝2；不满意＝1；非常不满意＝0

结合文献综述，本书提出如下假设：①年龄。由于年轻人结婚、购房需求，所以对森林游憩资源非使用价值的支付意愿较低。②性别。假设男性支付意愿值较高。③婚否。对于已经结婚的人，可能更会考虑森林保护对后代的影响，因此对森林公园游憩资源的非使用价值的支付意愿值更高。④受教育程

度。假设受教育程度越高，越理解可持续发展的重要性，对森林公园保护的意识越强，支付愿意值越高。⑤居住地点。假设居住地点离森林公园越近，森林公园的游憩资源潜在价值越容易给自己带来效用，支付意愿值越高。⑥月收入。假设月收入越高，越有能力支持森林公园生态保护，对森林公园游憩资源的非使用价值的支付意愿值越高。⑦旅行费用。假设旅行费用越高，对森林公园游憩资源非使用价值的支付意愿值越低。⑧了解程度。假设对森林公园越了解，它的游憩价值越能得到认可，支付愿意值越高。⑨满意度。假设对森林公园的卫生条件、交通条件、景观条件、娱乐设施、管理服务水平越满意，越愿意捐赠，对森林公园游憩资源非使用价值的支付意愿值越高。

10.1.2.2　计量结果分析和解释

本研究以游客对非使用价值的支付意愿值为因变量，以年龄、性别、婚否、受教育程度、居住地点、月收入、旅行费用、了解程度、卫生条件满意度、交通条件满意度、景观条件满意度、娱乐设施满意度、管理服务水平满意度为自变量，应用 Tobit 模型，利用 Stata12.0 软件对天阶山国家森林公园非使用价值的支付意愿值的影响因素进行了回归分析，计量分析结果如表 10－2 所示。从表中可以看出，模型的对数似然比（Log likelihood）为－482.273 1，对数似然比检验的显著性水平 P 值（Prob＞chi2）为 0.009 5＜0.01，说明模型整体上是显著的。受教育程度、月收入、交通条件满意度、管理服务水平满意度对天阶山国家森林公园非使用价值的支付意愿值具有正向的显著影响（白斯琴，2016）。具体如下：①受教育程度对应的回归系数为 26.825 02，P 值为 0.086＜0.1，说明受教育程度在 10％的统计水平上通过了显著性检验，且显著为正，表明受教育程度越高，对天阶山国家森林公园非使用价值的支付意愿值越高，这与假设一致。②月收入对应的系数为 0.013 807 5，P 值为 0.035＜0.05，说明月收入在 5％的统计水平上通过了显著性检验，且显著为正，表明月收入越高，对天阶山国家森林公园非使用价值的支付意愿值越高，这与假设一致。③交通条件满意度对应的系数为 70.549 85，P 值为 0.073＜0.1，说明交通条件满意度在 10％的统计水平上通过了显著性检验，且显著为正，表明交通条件满意度越高，对天阶山国家森林公园非使用价值的支付意愿值越高，这与假设一致。④管理服务水平满意度对应的系数为 62.928 17，P 值为 0.083＜0.1，说明管理服务水平满意度在 10％的统计水平上通过了显著性检验，且显著为正，表明管理服务水平满意度越高，对天阶山国家森林公园非使用价值的支付意愿值越高，这与假设一致。

根据计量分析结果，结合第 8 章的描述性统计分析结果，可以推测目前天阶山国家森林公园游憩的非使用价值评估值低的主要原因是样本游客受教育程度不高、月收入较低、对交通条件和管理服务水平的满意度不高。

表 10-2 变量的 Tobit 模型检验结果

	回归系数	估计标准误	t 值	P 值#	95%置信区间	
年龄 X_1	−2.862 141	2.477 367	−1.16	0.25	−7.762 617	2.038 336
性别 X_2	38.979 26	56.471 56	0.69	0.491	−72.727 06	150.685 6
婚否 X_3	19.550 63	67.705 48	0.29	0.773	−114.377 5	153.478 8
受教育程度 X_4	26.825 02	15.529 15	1.73	0.086	−3.893 169	57.543 2
居住地点 X_5	−9.026 939	42.546 84	−0.21	0.832	−93.188 78	75.134 91
月收入 X_6	0.013 807 5	0.006 483 9	2.13	0.035	0.000 981 6	0.026 633 3
旅行费用 X_7	0.006 723 7	0.018 685 8	0.36	0.72	−0.030 239	0.043 686
了解程度 X_8	−3.832 982	29.373 34	−0.13	0.896	−61.936 35	54.270 38
卫生条件满意度 X_9	17.387 53	32.124 91	0.54	0.589	−46.158 71	80.933 77
交通条件满意度 X_{10}	70.549 85	38.981 05	1.81	0.073	−6.558 519	147.658 2
景观条件满意度 X_{11}	−23.900 52	46.22	−0.52	0.606	−115.328 3	67.527 21
娱乐设施满意度 X_{12}	−20.607 76	25.265 3	−0.82	0.416	−70.585 02	29.369 5
管理服务水平满意度 X_{13}	62.928 17	35.988 66	1.75	0.083	−8.260 958	134.117 3
C	−441.211 1	178.300 1	−2.47	0.015	−793.906 4	−88.515 87
Number of obs=145						
LR chi2（13）=27.86						
Prob>chi2=0.009 5						
Log likelihood=−482.273 1						

注：# 表示显著性水平。

10.2 旗山国家森林公园游憩的非使用价值研究

10.2.1 旗山国家森林公园的非使用价值估算

10.2.1.1 非使用价值构成分析

为了了解游客对旗山森林公园游憩资源的选择价值、遗产价值以及存在价值的支付意愿，本研究设置了三者在非使用价值中分别所占的比重，来间接推断其各自的支付意愿。根据对 428 名游客问卷调查数据进行整理，得到表 10-3，从表中可知，选择价值的支付意愿值占非使用价值支付意愿值的 24.68%；遗产价值的支付意愿值占非使用价值支付意愿值的 28.84%；存在价值的支付意愿值占非使用价值支付意愿值的 46.48%（杨秀云，2012）。可见，样本游客认为存在价值在非使用价值中占比最大。

表 10－3　非使用价值构成及支付比率

非使用价值构成	支付比率（%）
选择价值	24.68
遗产价值	28.84
存在价值	46.48
合计	100

10.2.1.2　WTP 值的描述性统计分析

本研究在应用条件价值法时，为了避免部分极大、极小值的干扰，计算人均 WTP 选择采用中位值法（累计频度为 50%时的支付金额），来估算旗山森林公园的非使用价值，这也是国内外学者的常用方法。根据表 10－4 及图 10－1 支付意愿频率分布情况结合插值法，可算出 WTP 的中位值为 4.17 元/月，进而可以估算出游客每年愿意支付的 WTP 为 50.04 元/人。

根据福建省林业统计年鉴，福州旗山森林公园旅游 2017 年旅游人数为 37.2 万人（表 8－18），可以估算旗山森林公园旅游 WTP 总值＝37.2×50.04＝1 861.49万元。其中选择价值为 1 861.49×24.68%＝459.42 万元；遗产价值为 1 861.49×28.84%＝536.85 万元；存在价值为 865.22 万元。

表 10－4　样本游客支付意愿分布情况表

支付意愿（元）	人数（人）	正支付频率（%）	正支付累计频率（%）	支付频率（%）	累计频率（%）
0	104	0	0	24.30	24.30
1	10	3.09	3.09	2.34	26.64
2	14	4.32	7.41	3.27	29.91
3	30	9.26	16.67	7.01	36.92
5	127	39.20	55.86	29.67	66.59
8	8	2.47	58.33	1.87	68.46
10	36	11.11	69.44	8.41	76.87
15	8	2.47	71.91	1.87	78.74
20	11	3.40	75.31	2.57	81.31
30	44	13.58	88.89	10.28	91.59
40	12	3.70	92.59	2.80	94.39
50	10	3.09	95.68	2.34	96.73

（续）

支付意愿（元）	人数（人）	正支付频率（%）	正支付累计频率（%）	支付频率（%）	累计频率（%）
80	6	1.85	97.53	1.40	98.13
100	4	1.23	98.77	0.93	99.07
150	2	0.62	99.38	0.47	99.53
200	1	0.31	99.69	0.23	99.77
300 及以上	1	0.31	100	0.23	100
合计	428	100	100	100	100

注：根据问卷数据整理所得。

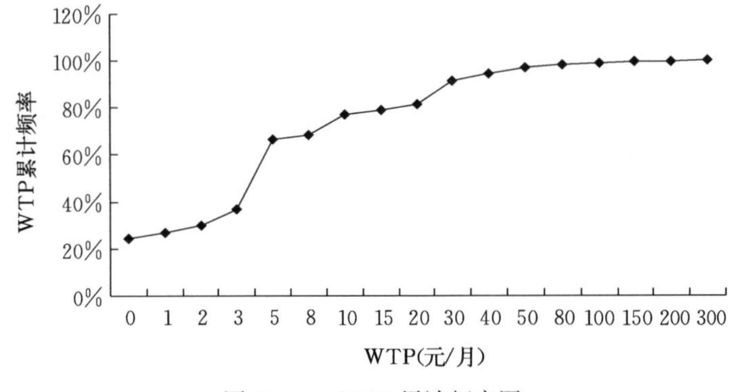

图 10-1　WTP 累计频率图

可见，旗山国家森林公园游憩的非使用价值（支付意愿值）低，原因之一是 24.30%的游客没有支付愿意（表 10-4），以下进一步分析其原因，即受哪些因素影响。

10.2.2　旗山国家森林公园非使用价值的影响因素分析

10.2.2.1　变量解释及模型构建

影响游客是否愿意支付的因素有很多，根据文献综述，本研究选取了游客的性别（X_1）、年龄（X_2）、婚否（X_3）、受教育程度（X_4）、月收入（X_5）、居住地点（X_6）、游览次数（X_7）、对旗山森林公园的满意度（X_8）作为自变量；是否愿意支付（Y）作为因变量。具体解释见表 10-5。

本研究选用二元 Logistics 回归模型进行计量分析，计量模型如下：

$$\ln\left(\frac{P}{1-P}\right)=\beta_0+\beta_1 X_{1i}+\beta_2 X_{2i}+\beta_3 X_{3i}+\beta_4 X_{4i}+\beta_5 X_{5i}+\beta_6 X_{6i}+\beta_7 X_{7i}+\beta_8 X_{8i}$$

表 10－5　变量的定义及赋值

变量	假设	解释及赋值
Y		否＝0；是＝1
X_1	＋	女＝0；男＝1
X_2	＋	18 岁及以下＝1；19 岁至 25 岁＝2；26 岁至 35 岁＝3；36 岁至 55 岁＝4；56 岁至 65 岁＝5；66 岁及以上＝6
X_3	＋	未婚＝0；已婚＝1
X_4	＋	小学及以下＝1；初中＝2；高中（或中专）＝3；本科（或大专）＝4；研究生及以上＝5
X_5	＋	1000 元以下＝1；1000 元至 1999 元＝2；2000 元至 2999 元＝3；3000 元至 4999 元＝4；5000 元及以上＝5
X_6	－	福州市区及周边地区＝1；省内其他地区＝2；省外＝3
X_7	＋	1 次＝1；2 次至 3 次＝2；4 次至 5 次＝3；6 次至 8 次＝4；9 次至 12 次＝5；13 次及以上＝6
X_8	＋	非常不满意＝1；不满意＝2；一般＝3；满意＝4；非常满意＝5

10.2.2.2　计量结果分析和解释

采用二元 Logistics 模型，运用 SPSS17.0 进行回归分析，结果如表 10－6 所示，月收入、居住地点、受教育程度显著影响游客对旗山森林公园游憩资源非使用价值的支付意愿。

表 10－6　模型估计结果

	回归系数	标准误	卡方值	自由度	显著性水平
月收入	1.246	0.131	91.151	1	0.000
年龄	0.203	0.306	0.439	1	0.508
婚否	－0.265	0.493	0.290	1	0.590
居住地点	－1.046	0.285	13.476	1	0.000
年龄	－0.302	0.658	0.211	1	0.646
受教育程度	0.369	0.169	4.798	1	0.029
游览次数	0.459	0.394	1.359	1	0.244
对公园满意度	0.043	0.314	0.019	1	0.891
常数项	2.529	0.784	12.009	1	0.006

从月收入来看，显著性水平为 0.000，说明在 1％统计水平上通过了显著

性检验，其回归系数为 1.246，是正数，说明游客的月收入越高，越愿意支付；从居住地点的回归分析结果来看，显著性水平为 0.000，说明在 1%统计水平上通过了显著性检验，其回归系数为－1.046，是负数，说明游客的居住地点距离森林公园越远，越不愿意支付；从受教育程度的回归结果来看，显著性水平为 0.029，说明在 5%统计水平上通过了显著性检验，其回归系数为 0.369，是正数，说明游客的受教育程度越高，越愿意支付。

根据计量分析结果，结合第 8 章的描述性统计分析结果，可以推测旗山国家森林公园游客不愿意支付的原因主要是大部分样本游客月收入较低、部分样本游客受教育程度较低。

11　本篇研究结果与建议

11.1　本篇研究结果

11.1.1　天阶山国家森林公园游憩价值的评价结果

综合分析得出以下结论：①游客对天阶山国家森林公园不满意的方面主要是娱乐设施、管理服务水平和卫生条件。②游客对天阶山国家森林公园生态保护不愿意捐款的原因主要包括收入有限、对资金的使用存在疑虑、保护意识不强等。③根据门票收入得到2017年天阶山国家森林公园游憩直接使用价值为203万元；利用ITCM模型（基于旅行费用法的个人旅行费用模型）计算出间接使用价值为66 822.23万元。④采用条件价值法，根据非使用价值的WTP值的平均值和游客量求得天阶山国家森林公园游憩的非使用价值为1 397.82万元，这是用总的支付意愿值来代表非使用价值。⑤在非使用价值构成中，存在价值占比31.88%，遗产价值占比33.73%，选择价值占比34.39%，选择价值占比略大，说明样本游客更关心选择价值。⑥计量分析结果表明：受教育程度、月收入、交通条件满意度、管理服务水平满意度对森林游憩非使用价值的支付意愿值具有正向的显著影响。随着中国居民受教育程度、月收入的提高，支付意愿值也将提高。

11.1.2　旗山国家森林公园游憩价值的评价结果

首先，根据旗山森林公园门票收入得到2017年直接使用价值为853.37万元，利用ITCM模型计算出旗山森林公园游憩的间接使用价值为29 112.72万元。

其次，在样本游客支付意愿调查的基础上，运用条件价值法计算非使用价值，该数据表示在某种社会经济条件下，游客对森林生态保护的重视程度。根据计算结果，旗山森林公园游憩的非使用价值为1 861.49万元。可见，旗山国家森林公园游憩的非使用价值（支付意愿值）低，原因之一是24.30%的游客没有支付意愿。通过进一步计量分析发现，旗山国家森林公园游客不愿意支付的其他原因主要是绝大部分样本游客月收入低、部分样本游客受教育程度较低。

旗山森林公园作为省会城市近郊型森林公园，起到的作用不仅在于增加福州当地的旅游收入，更重要的是发挥其巨大的社会效益和生态效益。因此，在旗山森林公园游憩资源开发与保护问题上，应该是保护重于开发，也就是在保护旗山森林公园游憩资源的前提下，对其旅游产品进行开发，并且在开发过程中，也应尽量做到不破坏森林游憩资源。

11.1.3 福建省森林公园游憩价值的评价结果

根据分析和计算结果，2017 年天阶山国家森林公园游憩的直接使用价值为 203 万元，间接使用价值为 66 822.23 万元，非使用价值为 1 397.82 万元。2017 年天阶山国家森林公园游憩总价值等于直接使用价值、间接使用价值和非使用价值之和，即 68 423.05 万元。

根据分析和计算结果，2017 年旗山国家森林公园游憩的直接使用价值为 853.37 万元，间接使用价值为 29 112.72 万元，非使用价值为 1 861.49 万元。2017 年旗山国家森林公园游憩总价值等于直接使用价值、间接使用价值和非使用价值之和，即 31 827.58 万元。

根据福建省林业统计年鉴，2017 年天阶山和旗山森林公园的建设面积分别为 14 085 亩和 53 805 亩，两者的总面积之和为 67 890 亩。天阶山和旗山森林公园的游憩总价值分别为 68 423.05 万元和 31 827.58 万元，两者合计为 100 250.63万元。通过计算可得，样本森林公园每亩游憩价值＝100 250.63 万元/67 890 亩＝1.476 7 万元/亩。根据福建省林业统计年鉴，2017 年福建省森林公园总面积为 255.64 万亩，所以根据样本数据推算，福建省森林公园游憩总价值＝1.476 7 万元/亩×255.64 万亩＝377.50 亿元。这个计算结果略大于基于选择实验法的计算结果 314.26 亿元，原因之一是前者包括森林游憩资源的使用价值和非使用价值，后者只包括使用价值，没有包括非使用价值；原因之二是计算方法不同。

11.2 建议

11.2.1 对天阶山等山区森林公园管理的建议

根据研究结果，改善交通条件、卫生条件和娱乐设施，提升管理服务水平，提高收入和教育水平，明确资金去向，增强生态环境保护意识，有利于支付意愿值的提高和游憩价值的实现。基于此，提出以下建议：

11.2.1.1 加强基础设施建设，提高游客满意度

根据计量分析结果，交通条件和管理服务水平满意度越高，游客对森林公园游憩资源的非使用价值的支付意愿值越高。交通条件、管理服务水平满意度影响游客重游森林公园，也影响游客对森林公园游憩价值的评价。为了提升森林公园的游憩价值，首先要提高管理服务水平，比如增设咨询服务台，免费提

供森林公园地图，特定景点配备讲解人员等。其次，应该进一步完善森林公园的相关基础设施，特别是游客对天阶山国家森林公园反映较为强烈的娱乐设施和卫生设施，以及对支付意愿值产生显著正效应的交通设施。因此，购建娱乐设施，增加娱乐项目，满足游客的娱乐需求；增设卫生设施，尤其在森林公园游客密集的场所，增加清洁人员，缓解游客反映的卫生条件差、厕所拥挤等问题；增加到森林公园附近的公交线路和班车数量，方便游客出行。

11.2.1.2　加大宣传教育力度，增强生态保护意识

根据问卷调查结果，20.99%的游客认为居住地点离景区较远，不愿意支付保护费用，这说明样本游客对天阶山国家森林公园的保护意识不是很强，因此应该加大对人们的宣传教育，增强人们的生态保护意识。宣传教育可以多种形式相结合，比如：利用新闻媒体的宣传，让更多的人意识到保护国家森林公园的重要性；创办各类环保宣传活动；通过开设专题讲座、知识竞答等形式介绍国家森林公园，增进人们对森林文化和非使用价值的了解。

11.2.1.3　实行资金使用公示制度

根据问卷调查结果，在不愿意支付的游客中，6.17%的游客认为所支付费用很可能用不到保护上，这说明一部分人对资金的用途存在疑虑。针对这个问题，可以建立资金使用公示制度，加强对资金的监督管理，提高资金的使用效益。可以通过公告栏、公园网站、新闻媒体、QQ、微信等进行公示。同时，可以建立资金跟踪系统，记录资金的用途，让游客能够随时随地了解资金的去向，实现资金使用的透明化，这样不仅能够使游客放心，而且能够起到监督的作用，从而使游客捐赠的资金能够真正用到森林公园的保护上，促进森林公园游憩价值的提高。

11.2.1.4　加强公园森林资源的保护和建设

根据问卷调查结果，2.07%的游客对天阶山国家森林公园的景观条件感觉不满意，11.72%的游客对景观条件感觉一般，47.59%的游客对景观条件感觉较为满意，这说明森林景观建设还有进一步提升的空间，所以应该加强公园森林资源的保护和建设。首先，森林公园的开发建设要以保护风景园林、景观树种为前提；可以建立管护网络，严厉打击盗伐林木的行为；对原有的一些珍稀树种进行挂牌保护。其次，按照风景园林设计，开展园林绿化活动，进行园林苗木种植，提升天阶山国家森林公园景观；种植珍稀树种和景观树种，以提高天阶山国家森林公园的游憩价值。

11.2.2　对旗山等市郊森林公园管理的建议

根据旗山森林公园的满意度调查结果，78%的游客对娱乐设施感到不满

意；49%的游客对交通条件感到不满意；23%的游客对卫生条件感到不满意；16%的游客对管理服务水平感到不满意。从上面这组数据可以看出，样本游客主要对娱乐设施和交通条件不满意，这在一定程度上说明旗山森林公园的设施供给不足，需要进一步加大建设力度。

11.2.2.1 加大旅游资源的开发力度

通过核算得知旗山森林公园具有较高的游憩价值，但是其游憩资源的非使用价值超过其直接使用价值，主要原因是该公园开发程度较低，目前旗山森林公园主要开发景区仅有四大瀑布、月亮桥和索桥。因此，管理层应该从多方面着手，在不破坏旗山森林公园游憩资源的前提下加大对其开发力度，以吸引周边县市的游客到旗山森林公园游玩，从而在不降低非使用价值的前提下，进一步提高其直接使用价值，使旗山的森林游憩资源价值得到提升。

11.2.2.2 进一步完善公园基础设施

为了进一步发挥旗山森林公园的游憩服务功能，应完善相关的旅游配套设施。在保护森林公园环境的大前提下，开发各种娱乐项目，建设相应的娱乐设施，满足游客的游玩需求。可以在公园入口处以及四大瀑布区等游客密集的地方，增设卫生设施；也可以增加福州市区到公园附近的公交线路与班车数量，以满足游客的出游需求，还可以考虑在周末和节假日增开公交专线。

11.2.2.3 增强旅游营销，增加游客量

根据样本游客调查结果，非常了解旗山森林公园的游客比例不高，仅占5%；比较了解的样本游客占29%；有一定了解，看过听过有关介绍的占39%；没有多少了解的占27%。由此可见，样本游客对旗山森林公园的了解程度不高。因此，应该通过各种途径（比如电视、广播、报纸、杂志、网络、微信等）进行宣传，让越来越多的人了解旗山森林公园。

通过对游客了解途径的调查，也可看出旗山森林公园目前宣传力度不足，宣传方式单一，加之旗山森林公园在福州以外的地区知名度低，从而出现外地客源数量少的局面。旗山森林公园的管理层可针对此情况，加强相关方面的宣传力度，努力打造出具有旗山特色的品牌。通过图文并茂的宣传，可以让人有身临其境的感觉，从而吸引游客前来游玩。旗山国家森林公园的旅游产品开发及旅游市场的运作，如果单靠自身的力量是远远不够的，可以主动融入福州市全域旅游圈，甚至可以融入福建省大旅游圈，拓宽客源市场范围，广泛开展各类营销活动，同时注重与福州周边地区的旅行社进行旅游合作，以招揽更多的游客。

11.2.2.4 加强景区管理队伍的建设

通过实地调查，发现到访旗山森林公园的游客存在乱扔垃圾、吐痰、扔烟

头等不文明现象，因此，为了更好地保护旗山森林公园的游憩资源，应加强公园管理人员队伍的建设。可以从管理人员数量和管理人员服务质量两方面同时进行。增加森林公园管理队伍，在公园内安排更多的服务员，以及时制止游客的不文明行为。此外，导游在讲解过程中，还可进一步对游客进行教育，以提高游客自觉保护生态环境的意识。

11.2.3　通过森林游憩筹集森林保护资金

通过计算已知，森林公园每亩游憩价值为 1.476 7 万元，其中：(1) 森林公园每亩直接使用价值（门票收入）为（203 万元＋853.37 万元)/67890＝155.60 元，仅占 1.05％。2001 年福建省实际区划界定的生态公益林面积为 4 294 万亩，假设其中 10％可以用于森林游憩，那么福建省生态公益林游憩直接使用价值为 66 814.64 万元（155.60×4 294×10％)。如果从中提取 10％作为生态公益林保护和建设费用，每年可以通过森林旅游筹集资金 6 681.46 万元。(2) 森林公园的间接使用价值占 95.70％，比重较大，如何从中筹集资金，需要进一步深入研究。(3) 森林公园的非使用价值（潜在价值)，可以通过社会捐款等方式筹集资金，通过捐款方式筹集森林生态建设和保护资金是国际上，尤其经济发达国家常用的方式。

本篇主要参考文献

白斯琴，2016. 福建省森林公园游憩价值评估［D］. 福州：福建农林大学 .

蔡秀飞，2012. 城市河道游憩价值评估研究：以杭州市为例［D］. 杭州：浙江工商大学 .

蔡银莺，张安录，2008. 应用 ZTCM 和 ITCM 两种模型评估农地景观的游憩价值［J］. 农业技术经济（1）：66－71.

蔡志坚，杜丽永，杨加猛，2013. 森林环境价值 CVM 评估有效性改进的研究进展［J］. 南京林业大学学报（自然科学版），37（1）：153－159.

陈琳，欧阳志，王效科，等，2006. 条件估值法在非市场价值评估中的应用［J］. 生态学报，26（2）：610－615.

陈伟琪，刘岩，洪华生，等，2001. 厦门岛东部海岸旅游娱乐价值的评估［J］. 厦门大学学报（自然科学版）（4）：914－921.

陈应发，1994. 美国的森林游憩［J］. 华东森林经理（1）：45－50.

陈应发，陈放鸣，1994. 国外森林游憩价值评估的两种流行方法［J］. 北京林业大学学报，16（3）：97－105.

戴广翠，高岚，艾运胜，1998. 对森林游憩价值经济评估的研究［J］. 林业经济（2）：65－74.

迪克逊 J A，斯库拉 L F，卡朋特 R A，等，2001. 环境影响的经济分析［M］. 北京：中国环境科学出版社 .

董雪旺，张捷，蔡永寿，等，2012. 基于旅行费用法的九寨沟旅游资源游憩价值评估［J］. 地域研究与开发，31（5）：78－84.

高岚，王富炜，李道和，2006. 森林资源评价理论方法研究［M］. 北京：中国林业出版社 .

古扎拉蒂 D N，2009. 计量经济学基础［M］. 北京：中国人民大学出版社 .

古扎拉蒂 D N，2012. 计量经济学原理与实践［M］. 北京：中国人民大学出版社 .

郭剑英，王乃昂，2004. 旅游资源价值评估的意义与评估系统的构建［J］. 乐山师范学院学报，19（7）：121－125.

韩宏，马明呈，赵昌宏，等，2009. 北山国家森林公园游憩价值经济性评价［J］. 西北林学院学报，24（1）：208－211.

郝伟罡，等，2007. 自然保护区游憩价值评估的分组旅行费用区间分析法［J］. 旅游学刊，22（7）：23－28.

何爱红，2012. 甘肃国家级自然保护区旅游资源的游憩价值评估［J］. 资源开发与市场，28（12）：1129－1135.

贺庆棠，1999. 森林环境学［M］. 北京：高等教育出版社 .

胡喜生，洪伟，吴承祯，等，2013. 条件价值法评估资源环境价值关键方法的改进［J］. 生态学杂志，32（11）：3101－3108.

黄宰胜，2017. 基于供需意愿的林业碳汇价值评价及其影响因素研究［D］. 福州：福建农林大学 .

焦扬，敖长林，2008. CVM 方法在生态环境价值评估应用中的研究进展［J］. 东北农业大学学报，39（5）：131－136.

兰凤英，2015. 天阶山国家森林公园经营与管理分析［J］. 青海农林科技（2）：63－66.

李京梅，刘铁鹰，2014. 基于旅行费用法和意愿调查法的青岛滨海游憩资源价值评估［J］. 旅游科学，24（4）：49－59.

李梅，2004. 森林资源保护与游憩导论［M］. 北京：中国林业出版社.

李巍，李文军，2003. 用改进的旅行费用法评估九寨沟的游憩价值［J］. 北京大学学报（自然科学版），39（4）：548－555.

李湘豫，陈玉兴，梁留科，等，2013. 开封大相国寺游憩价值 TCIA 分析［J］. 地域研究与开发，32（2）：145－153.

李雪艳，2010. 喀纳斯景区旅游资源游憩价值评价［J］. 林业资源管理（4）：88－97.

梁爽，姜楠，谷树忠，2005. 城市水源地农户环境保护支付意愿及其影响因素分析：以首都水源地密云为例［J］. 中国农村经济（2）：55－60.

林爱瑜，2008. 杭州城市湿地游憩价值评价研究：以西湖和西溪湿地为例［D］. 杭州：浙江工商大学.

林小玲，2007. 福州旗山国家森林公园度假旅游开发 SWOT 分析［J］. 四川教育学院学报，23（12）：52－54.

刘杰，2013. 基于 CVM 法的陕西长青自然保护区游憩价值评估［D］. 杨凌：西北农林科技大学.

刘晴，杨新军，王蕾，等，2010. 西安大唐芙蓉园国内游憩利用价值评估［J］. 人文地理（5）：118－123.

刘亚萍，2008. 生态旅游区游憩资源经济价值评价研究［M］. 北京：中国林业出版社.

刘亚萍，潘晓芳，钟秋平，等，2006. 生态旅游区自然环境的游憩价值：运用条件价值评价法和旅行费用法对武陵源风景区进行实证分析［J］. 生态学报，26（11）：3765－3774.

吕欢欢，2013. 基于选择实验法的国家森林公园游憩资源价值评价研究［D］. 大连：大连理工大学.

陆云，1990. 环境资源估价研究：非市场评估方法［J］. 经济论文，18（1）：305－325.

欧阳勋志，廖为明，黄晓全，2006. 婺源县森林景观游憩价值的经济评价［J］. 地域研究与开发，25（1）：78－82.

皮尔斯 D，沃福德，1996. 世界无末日：经济学・环境与可持续发展［M］. 北京：中国财政经济出版社.

乔旭宁，杨永菊，杨德刚，2012. 渭干河流域生态系统服务的支付意愿及影响因素分析［J］. 中国生态农业学报，20（9）：1254－1261.

阮氏春香，2011. 森林生态旅游非使用价值的 CVM 有效性研究［D］. 南京：南京林业大学.

施德群，2010. 基于旅行费用法的观鸟游憩价值评估：以中国（洞庭湖）国际观鸟节为例［D］. 北京：北京林业大学.

王胜男，2011. 基于支付意愿的生物多样性非使用价值评估［D］. 南京：南京信息工程大学.
吴小旋，张合平，田红灯，2012. 天际岭国家森林公园游憩价值评估［J］. 中南林业科技大学学报，32（10）：113－115.
谢贤政，马中，2006. 应用旅行费用法评估黄山风景区游憩价值［J］. 资源科学（3）：128－136.
许抄军，2012. 历史文化古城游憩利用及非利用价值评估方法与案例研究［D］. 长沙：湖南大学.
徐赫，2010. 基于CVM与TCM的城市滨水空间游憩价值评估对比［D］. 杭州：浙江大学.
徐慧，蒋明康，等，2000. 鹤落坪自然保护区非使用价值的评估［J］. 农村生态环境，20（4）：1－5.
杨净，2010. 鼓山风景名胜区旅游资源经济价值评估研究［D］. 福州：福建师范大学.
杨秀云，2012. 旗山国家森林公园游憩价值评价研究［D］. 福州：福建农林大学.
杨志耕，2011. 基于CVM的井冈山和三清山森林游憩资源价值评估与对比研究［D］. 北京：北京林业大学.
尤建林，2009. 天目山国家级自然保护区森林游憩价值评估方法研究［D］. 临安：浙江林学院.
詹丽，2005. 用改进的旅行费用法评估文化旅游资源的经济价值：以湖北省博物馆为例［J］. 软科学，19（5）：94－96.
张红霞，苏勤，王群，2006. 国外有关旅游资源游憩价值评估的研究综述［J］. 旅游学刊（1）：31－35.
张红霞，苏勤，2011. 基于TCM的旅游资源游憩价值评估：以世界文化遗产宏村为例［J］. 资源开发与市场，27（01）：90－93.
张眉，刘伟平，2011. 生态公益林生态效益价值居民支付意愿实证分析：以广州市为例［J］. 江西农业大学学报（社会科学版）（3）：42－49.
张甜，2014. STATA统计分析与行业应用案例详解［M］. 北京：清华大学出版社.
张茵，蔡运龙，2004. 基于分区的多目的地TCM模型及其在游憩资源价值评估中的应用：以九寨沟自然保护区为例［J］. 自然资源学报，19（5）：651－661.
张茵，蔡运龙，2005. 条件价值法评估环境资源价值的研究进展［J］. 北京大学学报（自然科学版），41（2）：317－328.
张颖，2007. 绿色财富：森林社会效益评价与核算［M］. 北京：中国林业出版社.
张颖，2010. 中国城市森林环境效益评价［M］. 北京：中国林业出版社.
张颖，杨志耕，2011. 江西省三清山森林游憩资源价值评价［J］. 中国人口·资源与环境，21（12）：221－225.
张永聚，2009. 杜威实用主义评价观研究［D］. 洛阳：河南科技大学.
赵玲，王尔大，苗翠翠，2009. ITCM在我国游憩价值评估中的应用及改进［J］. 旅游学刊，9（3）：63－69.
郑江炜，2009. 福建南平石佛山森林公园自然旅游资源经济价值评估研究［D］. 福州：福建农林大学.

郑金凤，2006. 天阶山国家森林公园风景资源评价 [J]. 林业勘察设计（福建）（1）：106-108.

钟全林，彭世揆，2002. 生态公益林价值补偿意愿调查分析 [J]. 林业经济（6）：43-46.

周春波，林璧属，2013. 景区游憩价值的多方案条件价值评估 [J]. 社会科学家（7）：98-102.

Bowker J M，Stoll J R，1988. Use of dichotomous choice nonmarket methods to value the whooping crane resource [J]. American Journal of Agricultural Economics（70）：372-381.

Boyce R R，Brown T C，et al，1993. The role of question order and respondent experiences in contingent valuation studies [J]. Journal of Environment and Economics and Management（25）：80-90.

Boyle K J，Johnson F R，McCollum D W，et al，1996. Valuing public goods：Discrete versus continuous contingent-valuation responses [J]. Land Economics，72（3）：81-96.

Carson R T，Flores N E，Martin K M，et al，1996. Contingent valuation and revealed preference methodologies：Comparing the estimates for quasi-public goods [J]. Land Economics，71（1）：80-99.

Carson R T，Mi B，Conaway W，et al，2003. Valuing oil spill prevention：a case study of California's central coast Boston [M]. Boston：Kluwer Academic Press.

Choong K L，1997. Valuation of nature-based tourism resources using dichotomous choice contingent valuation method [J]. Tourism Management，18（8）：587-591.

Choong K L，Sang Y H，2002. Estimating the use and preservation values of national parks' tourism resources using a contingent valuation method [J]. Tourism Management（23）：531-540.

Ciriacy Wantrup，1947. Capital returns from soil conservation practices [J]. Journal of Farm Economics（29）：1181-1196.

Clawson M，1959. Methods of measuring the demand for and value of outdoor recreation [M]. Washington，DC：Resources for the Future.

Dachary-Bernard J，Rambonilaza T，2012. Choice experiment，multiple programmes contingent valuation and landscape preferences：How can we support the land use decision making process [J]. Land Use Policy，29（4）：846-854.

Davis R K，1963. Recreatin planting as an economic problem [J]. Natural Resources Journal（3）：239-249.

Donnelly D M，Nelson L J，1986. Net economic value of deer hunting in Idaho [J]. USDA Forest service resource bulletin，14（2）：179-184.

Fix P，Loomis J，1997. The economics benefits of mountain biking at one of its meccas：an application of the travel cost method to mountain biking，Utah [J]. Journal of Leisure Research，Third Quarter，29（3）：342-352.

Haila A, Adamowicz W L, Boxall P C, 2000. Complements, substitutes, budget constraints and valuation [J]. Environmental and Resource Economics, 16 (1): 51 - 68.

Hanemann W M, 1984. Welfare evaluations in contingent valuation experiments with discrete responses [J]. American Journal of Agricultural Economics (66): 332 - 341.

Iamtrakul P, Eknomo K, Hokao K, 2005. Public park valuation using travel cost method [J]. Proceedings of the Eastern Asia Society for Transportation Studies (5): 1249 - 1264.

Liston - Heyes C, Hyes A, 1995. Recreational benefits from the Dartmoor National Park [J]. Journal of Environment of Management (55): 69 - 80.

Liston-Heyes C, Stated VS, 1999. Computed travel data: a note for TCIVI practitioners [J] . Tourism Management, 20 (1): 149 - 152.

Loomis J B, Walsh R G, 1997. Recreation economic decisions: Comparing benefits and costs [M]. 2nd ed. Edmonton: Venture Publishing Inc.

Mary J K, Bishop R C, 1986. Theoretical and empirical specifications issues in travel cost demand studies [J]. American Journal of Agricultural Economies (8): 660 - 667.

Mitchell R E, Robert C, Richard T C, 2005. Using surveys to value public goods [J]. Resources for the future (4): 91.

Priskin J, 2001. Assessment of natural resources for nature-based tourism: the case of the central coast region of Western Australia [J]. Tourism Management, 22 (6): 637 - 648.

Richard T, 1998. Carson valuation of tropical rain forests philosophical and practical issues in the use of contingent valuation [J]. Ecological Economics (24): 15 - 29.

Robert P, Anex, 1995. A travel-cost method of evaluating household hazardous waste disposal services [J]. Journal of Environmental Management (45): 189 - 198.

Rulleau B, Dehez J, Point P, 2012. Recreational value, user heterogeneity and site characteristics in contingent valuation [J]. Tourism Management, 33 (1): 195 - 204.

Silberman J, Andereck K L, 2006. The economic value of highway vehicle recreation [J]. Journal of Leisure Research, 38 (2): 208 - 223.

Soderqvist T, Eggert H, Olsson B, et al, 2005. Economic valuation for sustainable development in the swedish coastal zone [J]. Ambio, 34 (2): 169 - 176.

Venkatachalam L, 2004. The contingent valuation method: a review [J]. Environmental Impact Assessment Review (24): 89 - 124.

附录 2-1　森林公园游客调查问卷

您好：

本人单位是福建农林大学，现正在开展“福建省森林生物多样性和游憩功能监测与评价技术研究”，需要征询您的意见。问卷中的信息仅用于学术研究，我们将对问卷信息严格保密。谢谢您的支持与合作！

受访者姓名：____________________（可以不填）

电话（或手机）号码：____________

调查员姓名：____________________

一、受访者基本情况调查

1. 性别：（　　）。　　A. 男　　B. 女

2. 年龄：________岁。

3. 婚否：（　　）。　　A. 已婚　　B. 未婚

4. 居住地点：________省________市__________县（区）________________乡镇（街道）。

5. 受教育程度：

A. 小学　　B. 初中　　C. 高中　　D. 中专

E. 大专　　F. 本科　　G. 研究生

6. 游客类型：

A. 工人　　B. 农民　　C. 学生　　D. 企事业职员

E. 政府公务员　　F. 个体户或经商　　G. 无业或待业　　H. 退休/离休

I. 其他________________________

7. 您每个月的收入大约为__________元。

二、旅游费用调查

8. 您来过几次了：______________次。

9. 您是报团呢，还是自助游？（　　）。　　A. 旅行团　　B. 自助游

（1）如果是自助游的话，大约花费________元/（人·次）。

（2）如果是报团的话，回答以下问题：

合计费用____________元/人，其中您向旅行社交纳费用____________元/（人·次）。

三、游客满意度调查

10. 您对这个森林公园的了解程度？（　　）。

A. 相当了解，熟悉主要景点及其历史文化等

B. 比较了解，熟悉主要的景点

C. 有一定了解，看过、听过有关介绍

D. 没有多少了解

11. 您通过哪几种途径获悉这个森林公园（可多选）？（　　　　　）。

A. 亲朋好友介绍　B. 报纸杂志　C. 政府宣传　D. 电视广播

E. 网络　F. 旅行社　G. 其他______________

12. 您对本次森林公园的旅行是否满意？（　　）。

A. 非常满意　B. 较为满意　C. 一般　D. 不满意

E. 非常不满意

13. 请您对该森林公园各个方面满意程度填入下表（请打√）

	A. 非常满意	B. 较为满意	C. 一般	D. 不满意	E. 非常不满意
卫生条件					
交通条件					
景观条件					
娱乐设施					
管理服务水平					

四、游客支付意愿调查

14. 假如请您捐赠一定数目的生态环境建设费用，用于景区的生态景观维护，您每个月最多愿意支付__________元？

15. 为保证这里的森林环境和风景质量不下降，以便自己将来能再来愉快游玩（选择价值），您每月愿意最高支付________元（或若按上一题支付金额来分配，此项占________%）。

16. 为了子孙后代还能有机会来欣赏这里的风景（遗产价值），享受这里舒适的森林环境，您每月愿意最高支付________元（或若按上面支付金额来分配，此项占________%）。

17. 为了保护现有仅存的野生动植物和其他珍贵的生物资源，即为了保护珍稀物种（存在价值），您每月愿意最高支付________元（或若按上面支付金额来分配，此项占________%）。

18. 如果上述都不愿意支付，您主要出于下列哪些原因（可多选）？（　　）。

A. 收入有限，无能力支付；

B. 所支付费用很可能用不到保护上；

C. 保护费用应该由政府或旅游企业（景区）支付；

D. 门票价格高，应该包括保护费用（选此项者，您认为门票费________元较合理）；

E. 本人居住地远离此地，对此保护不感兴趣；

F. 其他原因，请说明：__________________。

附录 2－2　森林公园管理部门调查问卷

市、区、县：____________________

单位名称：____________________

受访者姓名：__________________（可以不填）

受访者电话号码：________________

1. 贵单位成立时间________年______月，员工数量________人。

2. 贵单位性质（　　　）。

A. 国有企业　　B. 民营企业　　C. 三资企业　　D. 集体企业

E. 其他____________

3. 目前贵单位资产总额________万元，注册资本________万元，负债总额________万元，近 5 年年均利润大约__________万元。

4. 受访者情况：您的年龄________岁，性别（　　）（A. 男性　B. 女性），您的受教育年限________，单位职务__________。

5. 森林景区面积__________亩，有林地面积__________亩，其中中幼林面积________亩，生物多样性保护面积________亩。中幼林单位面积平均青山买卖价______元/亩，近熟林和成过熟林平均采伐净收入________元/亩。

6. 填表

表 1　森林旅游情况表

年份	森林旅游门票收入 （万元）	年旅游收入 （万元）	年总收入 （万元）	年旅游人数 （人）

表 2　主要树种面积、收益（机会成本）

树种名称		幼龄林	中龄林	近成熟林	成熟林	过熟林	合计
	面积（亩）						
	收益（元/亩）						
	面积（亩）						
	收益（元/亩）						
	面积（亩）						
	收益（元/亩）						
	面积（亩）						
	收益（元/亩）						
	面积（亩）						
	收益（元/亩）						
	面积（亩）						
	收益（元/亩）						
	面积（亩）						
	收益（元/亩）						
	面积（亩）						
	收益（元/亩）						
	面积（亩）						
	收益（元/亩）						
	面积（亩）						
	收益（元/亩）						
	面积（亩）						
	收益（元/亩）						
	面积（亩）						
	收益（元/亩）						
合计							

注：幼龄林和中龄林收益为青山买卖价（或者评估价）；近成熟林和成过熟林收益为采伐净收入（或可变现净值）。